U0117631

趙尺子著

趙尺子先生全集

第一冊　趙尺子先生文集（上）

文史哲出版社印行

國家圖書館出版品預行編目資料

趙尺子先生全集 第一冊：趙尺子先生文集（上）/ 趙尺子著. -- 初版 -- 臺北市：文史哲, 民 106.10
頁; 公分
ISBN 978-986-314-392-5（平裝）

1. 論叢

078　　108008747

趙尺子先生全集 第一冊

趙尺子先生文集（上）

著　者：趙　尺　子
出版者：文史哲出版社
http:// www.lapen.com.tw
e-mail：lapen@ms74.hinet.net
登記證字號：行政院新聞局版臺業字五三三七號
發行人：彭　正　雄
發行所：文史哲出版社
印刷者：文史哲出版社
臺北市羅斯福路一段七十二巷四號
郵政劃撥帳號：一六一八〇一七五
電話886-2-23511028．傳真886-2-23965656

九冊　定價新臺幣三〇〇〇元

民國一〇八年（2019）六月初版

ISBN 978-986-314-473-1　08982

趙尺子先生全集 總目

趙尺子先生全集序

趙尺子先生，遼寧省錦縣人。民前六年生，六十四年卒，享年六十九歲，爲東北名宿，一生學養之深殖，事功之建樹，待人之寬厚，無不令人稱頌。既仰其學，復敬其德。

論治學，早年既詳究先秦諸子，更閱二十五史一過有半。故學養深廣，博古通今。有著作三十八種，都六百餘萬言。其中尤以「因國史」，最爲著名。「因國史」，前東北大學校長臧啓芳先生，既譽之爲「史學中之創作」。名將趙家驤，復倍加推崇，認爲「即在古今戰史之林，亦必有其不可估計之價值。」復深究西伯利亞，乃不解中國古代史，西人之誤譯。應將西伯利亞，正名爲鮮卑利亞。更廣探夏語殷文，蒙漢語文之奧密，及其與漢滿蒙回藏語文之關係。皆言前人所未言，極具深遠之影響。

論事功，則建樹頗豐。其尤要者，一爲參加東北義勇軍。先任第二十九路司令，後任熱河政治特派員、第二師副師長。曾展開爲期三年，對日之戰鬪。二爲在青海、內蒙，嘗逮捕潛伏內蒙十餘年，日本之大特務笹目恒雄，與盛島角房。有電影「塞上風雲」，轟動全國，以述其事，以彰其功。三爲抗戰勝利，即命其報請中央委任之三騎兵挺進縱隊司令，僞綏西聯軍第一師師長劉秉義，光復包頭。僞厚和市市長徐榮侯，光復歸綏。僞綏西聯軍總司令王英，光復大同。以待傅作義，完成接收。故能獲頒「功在國家」之獎狀，勝利勳章，以爲崇榮。

論待人，寶恩溥先生，「義救同盟」之盟友，因年事已高，曾奉養十年，卒於陝北之榆林。王震先生，奉其命，潛入松嶺山區，從事抗日之游擊戰陣亡。一子王樹德尚幼，即負起全責，舉凡生活、就學、結婚、工作，無不爲之經營，務使之成立而後已。謝在善、唐健侯、郝瑞林三先生，均未婚。乃爲操辦一切，使之成家，各有美滿之家庭。考取東北大學，離職之李××先生，仍按月寄發原薪，直至畢業。更用張學良副總司令，所贈之大洋三百元，將友人管滌之先生之遺棺，運回安葬。凡此，無不令人深爲動容，油然而生，敬佩之心。

先生之公子兆平，令媛肅莊，深具孝思。經數月之整理已將先生之著作結集爲「趙尺子先生全集」，計十一種，凡九册，行將付梓。囑爲書序，實愧不敢當。然以不才嘗蒙先生嘉惠殊多，當勉力爲之。是爲序

袁國藩敬序于新竹寓所

趙尺子先生遺像

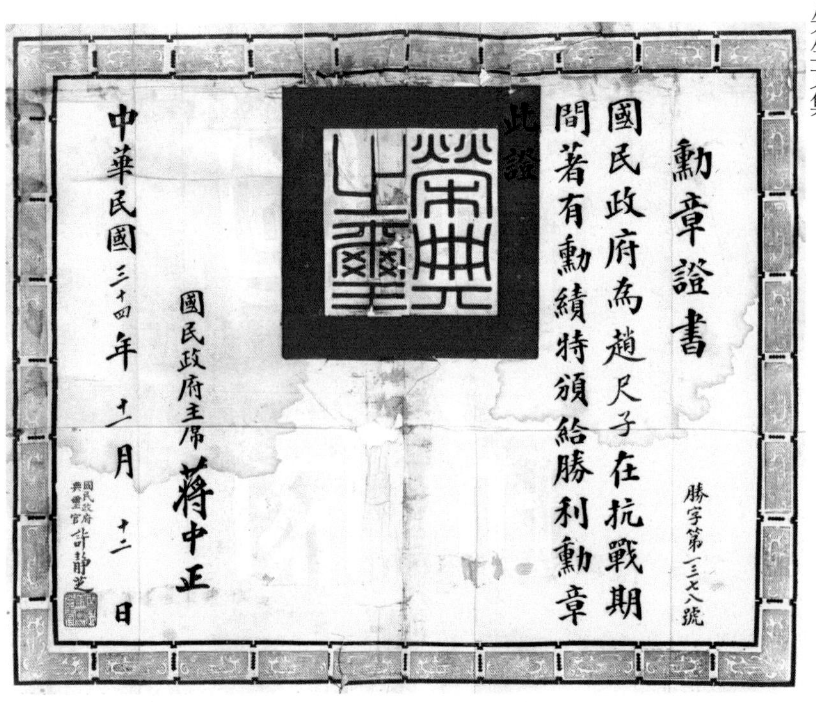

勳章證書

勝字第一三七八號

國民政府為趙尺子在抗戰期間著有勳績特頒給勝利勳章此證

國民政府主席蔣中正

國民政府典璽官許靜芝

中華民國三十四年十二月十二日

國民政府勝利勳章

同是脈務何如家中主
婦每人時我々卿々應
惱話先謨一字牢々
記佳哄是家之肥爰
之素　你阿夫愛比兒
親比父兒哭不怒父
罵不怒轉須學貓做
狗養志承歡甘孝
慈不反顧　遠纔
是哄到極處也愛到
極處胡推夫錯亂了
桃源路直把箇哄字
兒謨作了欺人術
相哄愛不足相爭懟不
足謨已謨家更把新
民謨大殺夫婦　明
年此日花滿樹把你倆
泥水捏成箇娃兒摶
來相陪

右如意曲一首趙兩時
先生所作趙先生隨地
鍾情而家庭生活亦極
和穆自謂得力於一哄
字此曲慕揮哄字哲
學樹々有辭熟讀之可
悟出許多道理前在滬
談及是中秘鑰事趙先
生書是曲餘此曲為禮
因此々命墨以傳
是中志事　一笑
桂芳女士
經亭敬祝

趙尺子先生遺墨

成字第叁肆壹號

中國國民黨中央執行委員會證明書

茲查趙尺子同志業經本會革命勳績審查委員會決議認爲確合於公務員任用法第三條第四款所規定致力國民革命七年以上而有成績經證明屬實者之資格准予發給證明書此證

中國國民黨中央執行委員會
革命勳績審查委員會
主任委員 吳敬恆

中華民國三十五年十二月 日

右給趙尺子收執

革命勳績審查委員會第九十四次會議決議發給

國民黨革命勛績証書

茲聘趙尺子同志
為本院研究委員會革命反攻理論與方法研究組專題研究委員自本年五月份起至八月份止

院長 蔣中正
主任 陳誠

中華民國四十六年五月 日

革命實踐研究院聘書

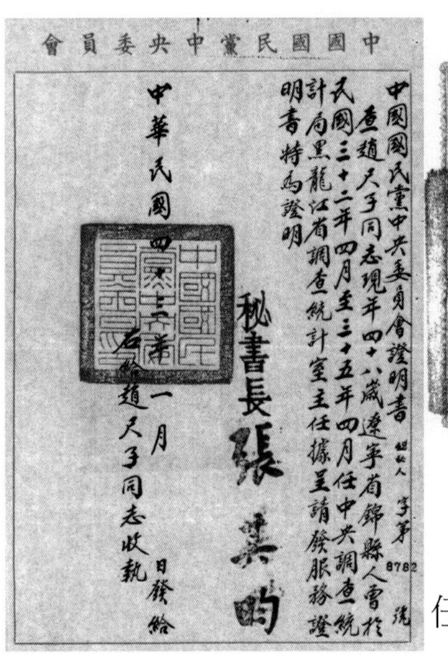

中國國民黨中央委員會

字第8782號

中國國民黨中央委員會證明書

查趙尺子同志現年四十八歲遼寧省錦縣人曾於民國三十二年四月至三十五年四月任中央調查統計局黑龍江省調查統計室主任據呈請發服務證明書特為證明

秘書長 張其昀

中華民國四十六年一月 日發給

右給趙尺子同志收執

任黑龍江省統計室主任証書

極處胡樵夫錯亂了
桃源路直把箇哄字
免誤作了欺人術
相哄愛不足相爭惱不
足誤己誤家更把新

民誤大哉夫婦明
年此日花滿樹把你倆
泥水揑成箇娃兒携
來相晤

右如意曲一首趙雨時

先生所作趙先生遣地鍾情而家庭生活之極和穆自謂得力於一哄字此曲蓋揮哄字哲學振振有辭熟讀之可悟出許多道理前在倫

趙尺子先生遺墨

同是肝膽何如家中主婦無人時我々卿々應惱豁先誤一字窄々記住哄是家之肥愛之素 佃阿夫愛比免親比父免哭不怒父罵不怒轉須學貓做狗養志承歡甘孝慈不反顧 這纔是哄到極處也愛到極處胡椎夫錯亂了桃源路直把箇哄字免誤作了欺人術相哄愛不足相爭惱不足誤已誤家更把新民誤大哉夫婦 明年此日花滿樹把你倆泥水捏成箇娃兒携來桐蔭

右如意曲一首趙兩時先生所作趙先生隨地鍾情而家庭生活極和穆自謂得力於一哄字此曲蓋揮哄字哲學振々有辭熟讀之可悟出許多道理 前在渝談及是中新婚事趙先生書送嬌饒此曲為禮因此々命墨以博是中志弟 一笑

桂芳女士

鍾亭敬識

趙尺子先生遺墨

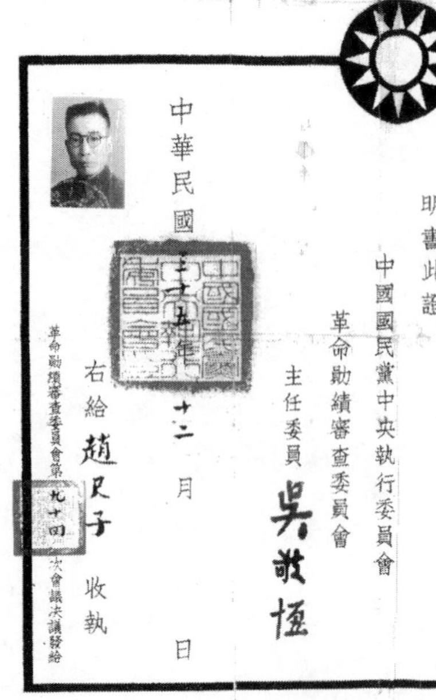

中國國民黨中央執行委員會證明書

成字第叁肆壹號

茲查趙尺子同志業經本會革命勛績審查委員會決議認爲確合於公務員任用法第三條第四款所規定致力國民革命七年以上而有成績經證明屬實者之資格准予發給證明書此證

中國國民黨中央執行委員會
革命勛績審查委員會
主任委員吳敬恒

中華民國三十五年十二月　日

右給趙尺子收執

革命勛績審查委員會第九十四次會議決議發給

國民黨革命勛績証書

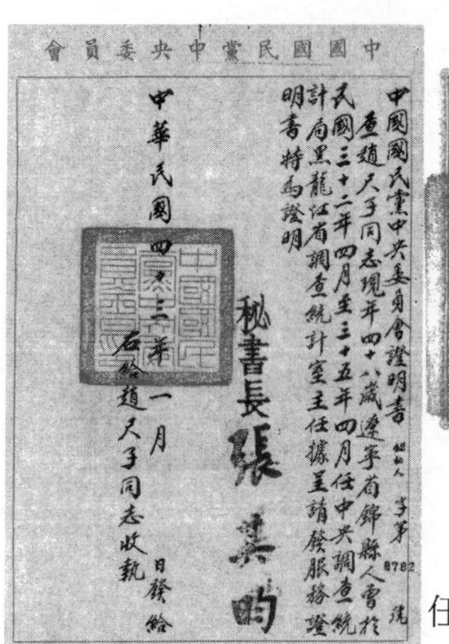

中國國民黨中央委員會

中國國民黨中央委員會證明書　字第8782號

查趙尺子同志現年四十八歲遼寧省錦縣人曾於民國三十二年四月至三十五年四月任中央調查統計局黑龍江省調查統計室主任據呈請發服務證明書特為證明

秘書長張其昀

中華民國四十三年一月　日發給

右給趙尺子同志收執

任黑龍江省統計室主任証書

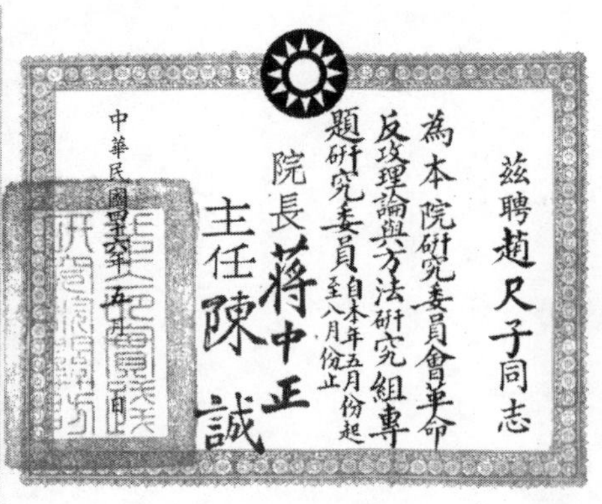

茲聘趙尺子同志為本院研究委員會革命反攻理論與方法研究組專題研究委員自本年五月份起至八月份止

院長蔣中正
主任陳誠

中華民國四十六年五月　日

革命實踐研究院聘書

趙尺子先生文集（上）目次

一、漢武帝天馬歌

四千年前夏朝人名今「窩瓦河」爲「余吾水」（古音渥瓦，今台音仍舊），二千年前漢朝人名之爲「渥洼水」。當年「窩瓦河」產名馬。漢武帝在元狩二年（公元前一二一年）業已知道「馬生余吾水中」，次年武帝撰「天馬」歌，載漢書禮樂志，云：

「太一况，天馬下。霑赤汗，沫流赭。志俶儻，精權奇。籋浮雲，晻上馳。體容與，迣萬里。今安匹？龍爲友！」

太初四年（公元前一〇一年），他寫出「天馬」歌第二首，題爲「太初四年，誅宛王，獲宛馬作」，云：

「天馬徠，從西極。涉流沙，九夷服。天馬徠，出泉水，虎脊兩，化若鬼。天馬徠，歷無草。經千里，循東道。天馬徠，執徐時。將搖舉，誰與期？天馬徠，開遠門。竦予身，逝昆侖。天馬徠，龍之媒。游閶闔，觀玉台。」

「宛」即大宛，在今中央亞細亞塔吉克。「西極」汎指今中央亞細亞以西。「流沙」即「山海經」

的「長沙」，汎指中亞的沙漠（今湖南長沙即夏朝「長沙」的東徙）。「無草」即今塔克拉馬干沙漠。「東道」即玉門關到大宛的大路。「執徐」即地支的「辰」，「執徐」爲夏語，「辰」是殷語，謂「辰」時。「搖舉」即遙舉。「昆侖　爲黃帝的都城，在今中亞以西。今由蒙語譯出的「庫倫」即「昆侖」的對音。「龍」即獅子，黃帝（夏朝）的圖騰也。殷的圖騰則爲鳳。

漢武帝田方士公孫卿輩口中知道黃帝乘龍仙去的神話，又讀過「山海經」，知道黃帝的都城在中亞以西，所以一心西征。公元前一〇一年臣服大宛，立蔡味爲王，貢來宛馬，名之爲「天馬」。早於俄國可夫曼一八六八年侵入古大宛者一千九百七十年。

——四十四年六月廿四日聯副

二、馬的歷史

馬，原音「磨林」（Malin），仍在今天鮮卑利亞語中保存著，這也是夏朝的音。殷朝，象形造成馬字，其後尾音「林」加強變為「阿」，遂讀為馬（Ma）了。

牠是古鮮卑利亞即今中亞的特產。山海經「人面馬身」（參看一一七頁圖）「馬面人身」諸神像，可以為證。紀元前二千七百年左右，夏人的始祖（北京人的後裔）公孫軒轅乘著馬，組成「師兵」，在古鮮卑利亞建立「軒轅之國」，討伐蚩尤，東征到達今外蒙古與鮮卑利亞之間的釜山。他的子孫，舜（？）始作「乘馬」，於是牠由戰爭工具變為生產工具。這在上古，是一個產業革命，「馬力」等於昨天蒸氣和今天原子動力的發明。中華民族首創用馬，這是歷史上的光榮。

軒轅黃帝的子孫再乘著馬，牧著羊，重返巴比侖（當地名用），這已是紀元前二千年的事了。他們並對埃及打了一個「閃電戰」，建立了牧羊王朝，「馬首人身」的神，也成了埃及的神。埃及稱之為「黑暗之神」。「黑暗之神」的妻也是「馬首人身」。（圖見韋爾思：世界史綱）。因為馬製造了埃及的黑暗？抑馬神原來即代表黑暗？已不可知了。

黃帝到夏桀，大約是七八百年。桀亡，其裔淳維北返鮮卑利亞，戰馬制度也跟著去了。殷朝創造了駕馬的戰車，中央研究處已經由侯家莊大墓裏發掘出來，見董彥堂先生「甲骨學五十年」。周朝更盛用馬車作戰，一車四馬，上載甲士三人，執弋持盾，這就是詩經所謂「其軍三單」，「軍」乃有篷的車，「單」即干也，即盾。這等於今天的坦克了。

流亡鮮卑利亞的夏人，不斷向南反攻，他們要「收復大陸」，這就是殷朝對鬼方之戰，普國對鮮虞之戰周朝對玁狁之戰。春秋時代和戰國秦初時代，中原諸夏防禦鮮卑利亞以南的流亡之夏，爲馬修築了一千五百英里的紀念碑，這便是「萬里長城」。

西洋人使用馬，僅是紀元後九百年的事。法蘭西人偶然發明了馬軛和挽繩，用馬拉磨。馬力遠較人力爲廉。因之引起歐洲奴隸制度的革命：由工奴變爲農奴，又由農奴變爲自由人。馬是歐洲歷史的解放者。美國近代地理學者史密斯說：「馬，是歐亞草地對歷史的大貢獻」。但他豈肯說這是古中國人的大貢獻？

——四十四年七月廿九日聯合副刊

三、龍

六月二十四日本刊所載拙作「漢武帝天馬歌」，談到「龍即獅子」。一位友人提出「質詢」，他說：「龍何以爲獅？」

龍是夏音 Log 的錄音字，甲骨文作[illegible]。當這個甲骨字寫出來的時代，古中國人已不懂得龍爲何物了。他們只知牠是十二屬肖（星）之一；但十二屬肖的子鼠、丑牛、寅虎、卯兔……巳蛇、午馬、未羊、申猴、酉雞、戌狗、亥豕，十一種動物，無一不是日常所需的，只有辰龍，他們沒有看見過。因爲這是夏人由古鮮卑利亞即今中央亞細亞以西——巴比侖帶來的星名。名詞的 Log 可以帶，眞物的 Log 卻帶不來。

現在要查 Leg 的來歷，請看巴比侖（此處作地名用）的十二宮。巴比侖的十二宮傳自蘇未的十二宮（不過也傳得走了樣），也就是夏人的十二屬肖。夏人即蘇未人，在巴比侖時，創造了天文學，由黃道裏找出十二個星座，名之爲金牛座（Taurus），相當於丑牛；獅子座（Log），相當於辰龍；馬座（Sogittarius），相當於午馬；白羊座（Arios）相當於未羊……到夏人流亡東來建國，中間相隔了至少六七百年，在中原所識黃道星座已和在巴比侖時方位不同，舊日十二宮的名詞也已大半遺忘，便新定了十二個星座，名之爲子鼠、丑牛、寅虎、卯兔、辰龍、巳蛇、午馬、未羊、申猴、酉雞、戍狗、亥豕。殷朝時，重定星名，又亂了夏朝的舊名，只有辰龍，因爲沒有人看過實物，卻幸得傳留下來，名爲龍星，實際則是獅子座：這便是「龍即獅子」的眞實來源了。

獅子座即龍星，在山海經上錄音爲离俞。山海經上凡帝王陵前，必由离俞等獸神守護，這也就是埃及金字塔（人首獅身像）的由來了。漢朝人還知道离俞（即俞）是星名。

至於龍被當作雨神，則起於山海經應龍作雨的神話。龍被周秦以後的人繪成有鱗有角的樣子，則出於「龍見而雲」的附會。其實在夏器及殷器（青銅器）上，牠是旣無鱗也無角的圖案形的獸。

這是一篇長文的擇要，當然說不周全。便要請這位友人原諒了。

——四十四年八月一日聯副刊

四、多倫駐馬記

說起來是九一八第二年的事了：東北義勇軍在對日軍苦戰；我們也在遼熱邊區的松嶺山脈開闢了游擊區。秋天迎接中央委員朱雨齋青先生出關抗日，我和李團長沐唐率領一部騎兵，經過建平、葉柏壽等地，到達察哈爾省的多倫縣。為了等候另一部友軍前來接應，在多倫駐馬三天。

多倫的全名是多倫諾爾。「多倫」係蒙古語的「七」，「滂打」音「諾爾」是湖；意為七個湖；故當地人呼之為七星湖。城是土築的，人口不到二千。位於上都河南岸，河北有很多的湖沼。我們曾到湖濱去射野鴨子。沿湖馳馬，看到許多新石器，想來在新石器時代，那裏已有人住著了。第二天，正趕上蒙古人祭奠鄂博，並舉行賽馬大會。鄂博在蒙古語意為社神，即內地人之所謂土地廟，北齊顏之推家訓錄音為奧博，遼更為捺鉢，清代始名鄂博，今人又由英文轉譯為鄂畢（Obe）。鄂博所在，堆滿雜石，四圍插著柳枝，枝上懸旗，原來是紅色，日曬風吹，業已變成白色。許多穿戴著紅頂花翎馬蹄袖的蒙古王公仕官，也有喇嘛，作著種種儀式，向鄂博叩頭。賽馬時，有一幼童，看樣子不過十餘歲，騎在不備鞍轡的駿馬士，左手抓著馬鬃，右手揮著皮鞭，絕塵飛奔，考中了第一名。參觀的蒙漢商人歡呼大笑，我們的騎兵是自愧不如的。

幾年之後，讀到二千年前司馬遷所寫的匈奴傳，才知多倫所見祭鄂博和賽馬，是古已有之的事。據載：「單于之庭，直代，雲中……五月，大啻蘢城，祭其先、天、地、鬼、神。秋，馬肥，大會蹛林，課較人畜。」，翻成今天的話，是「匈奴的政府，面對著代郡和雲中郡，即今綏遠省。五月，大會蘢城，祭奠祖先、天、地、鬼、神。秋天，馬肥了，大會蹛林，計算有多少人口和牲畜，即今天蒙族所謂的『比丁』。」龍城漢書匈奴傳作龍城。唐朝崔浩說：「西方胡皆事龍神，故名大會處爲龍城。」後漢書也說：「匈奴俗：歲有三龍祠，祭天神。」可知司馬遷所說「匈奴者，夏后氏之苗裔」，是不錯的，他們祭祖先、天、地、鬼、神和龍（獅）的文化，是和夏朝相同的。

龍城，經清朝學者考定，在外蒙古塔米爾河岸，正對著綏遠省，史漢所載是忠實的；但「大會蹛林」的蹛林又是何事抑係何地呢？據漢朝鄭玄說：蹛「林，地名」，李陵答蘇武書有「競趍蹛林」句，看來似乎也是地名。但唐朝顏帥古卻說：「蹛者，繞林木而祭也。鮮卑之俗，自古相傳，秋祭無林木者，尙豎柳枝，衆騎馳繞，三周乃止，此其遺俗也。」看來蹛林又像是祭鄂博了。疑不能明，二十年了。

近來稍讀舊書，才知道蹛林確是地名，原來就是我曾駐馬的多倫。按：蹛，漢書音義音帶，晉朝韋昭注：蹛，音多，林，音藍：史記李牧傳「大破匈奴，滅襜襤「，襜，音端，襤，音瀾。

帶、多、端是一音之轉，而林、藍、瀾也是一音之轉，統通是蒙古語「七」即「多倫」的歧音。又按：新唐書載：唐太宗「以鐵勒部思結爲蹛林州，隸燕然都護府」，遼史國語解也說：「蹛林，即松林故地」，這都說蹛林是地名，並不是，繞林木而祭」，其地望也在今綏遠省以北；即古之代郡和雲中郡以北。——多倫在戰國譯爲襜襤，秦漢譯爲蹛林，民國始譯爲多倫，這是可以成爲定說了。匈奴語和蒙古語，由這一地名和我所發現近二十個字上證明，古今還是相同。

關於鄂博，我所知者是社神即后土；另據「蒙古之今昔」作者托奇斯欽先生見告：「其中所祀爲龍王，蒙古語作**Loga**，口語作**Loas**」云云。這樣，社神和龍王又聯在一起了。按：周禮春官大宗伯注：句龍「共工氏之子，食於社」，也就是拙文「鎬京周殿記」所述「中室」的「神」，那麼，鄂博所祀的神，恐怕就是夏禹（句龍）吧？如果這推斷不錯，則司馬遷的話又得到民俗學和神話學上的新證了。

此外，我疑惑鄂博即奧博，大約就是「奧神」，而和鄂博有關的斡魯朶（史記譯爲甌脫），也許就是「屋漏」之神。「奧」，爾雅釋宮說：「宮……西南隅謂之奧」，論語說：「與其媚於奧，寧媚於灶」，曲禮說：「凡爲人子，居不主奧」，可見「奧」是神，其神位在宮的西南角，而且必在宮外，以「灶」爲近神，「奧」爲遠神，王孫賈對孔子說的話，本很明白的。至於「屋漏」，見釋宮：「宮：西北隅謂之屋漏」，詩大雅抑說：「相在爾室，尙不愧於屋漏。無不顯，莫予云覯」，鄭玄箋說：「諸侯大夫助祭，在汝宗廟之室，尙無肅敬之心，不慚愧於屋漏。有神見人之爲也！汝無謂是幽昧不明，無見我者；神見汝矣！」可知「屋漏」是神位的所在，詩和鄭注雖把它列入屋中，但必也在宮外的西北隅的。如此說來，「奧」可能是二千五百年鄂博的錄音？而「屋漏」更是三千年前斡魯朵的錄音？我們知道，殷周人錄匈奴（夏）音，總是略去尾音的。例如「毋追」讀爲「牟堆」，也讀和「冒頓」，這是夏語帽子也即匈奴語首領，但殷周人譯「毋追」爲帽，古文作㈡，略去「堆」音。

這篇小文名「駐馬記」，現在竟跑起野馬，越跑越遠了。話往回來說：多倫即蹕林，從新石器時代就屬於夏后氏苗裔的匈人，秦漢時代，那地更是他們的要衝，後來蒙古人更在此建上都，誠然是歷史上的名城了。我於無意中遊覽一番，在個人可以說是幸運。如今它是被極少數不肖的中國人奉送給斯拉夫人了！記敘至此，不免長嘆！

——四十五年一月廿日聯合副刊

五、八卦

舊約申命記上的「占卜」和「觀兆」乃是一回事，現有殷墟出土的十萬片甲骨爲證。山東城子崖黑陶文化層有覺有兆，只是沒有文。這都是巫教！蘇未教東來後的教儀。有人說：蘇未本土無此教儀；我相信一定有，尚待發掘，否則「占卜」，「觀兆」不會見於舊約；舊約淵源於蘇未。「占卜」、「觀兆」有一套書，今天我們能看到的，是周朝人所作的周易。——在周易之前，有連山易和歸藏易。卻早已失傳或被吸收在周易中了。

周易的基本是八個符號，所謂八卦。卦者，「占卜」時所用的圭。圭是石器。推溯起來，「占卜」的來源必起於新石器時代。

圭產自八方的山，出於西北山者謂之乾圭即乾卦，出之西南山者謂之坤圭即坤卦，坎卦爲北山圭，離卦爲南山圭……餘可類推。

乾☰、坎☵、艮☶、震☳、巽☴、離☲、坤☷、兌☱是八座產圭的山名，語爲夏語，字則是殷朝造出字後，錄音而成。

何以知乾坤……八字是夏語？今天還可確實認得出的僅是乾坤兩字。

乾，即祁連山，也即「山海經」上的錢來山。祁連在匈奴語的原意是天，漢時尚知祁連山（此爲古祁連山在新疆，非甘肅祁連山）便是天山，北魏時也知祁連池乃是天池，現仍在天山之上，見魏收的北史，鮮卑語也。故周易云：「乾爲天」。成吉思汗的正確譯音是乾吉斯汗，通蒙古語者始知其音之妙：故成吉思汗即天皇。蒙古語裏面有一部分便是匈奴語，也就是夏語。

坤，即昆侖山（或空同山），也見於「山海經」。昆侖在爾雅（用殷周文注譯夏語的一部古字典）上注明爲城，所謂「昆侖三成」即三城，山海經云：「昆侖，邱也」即土邱。古城字即土，也即地，也即邱：故周易云：「坤爲地」。

易之有連山易，道理便由八卦皆山。但現在我還認不出來。

這是上古史和古代哲學上的一大秘密。

——四十四年八月十五聯副

六、嫁出的兒女

美國電影皇后葛麗絲・凱萊，下嫁摩納哥的國王雷納爾，業已搭船赴歐。臨行時向新聞記者保證：當她身任王妃之後，仍將保留美國公民地位云云。這是近來的花邊新聞，為讀者所爭光快睹；其實在古代也有許多這樣的「花邊歷史」，恰如種種小報所說的「昭君和蕃」、「文成嫁藏」，傳為千古的美談。乃至有一位同業，以外國人的眼光，也看出葛麗絲・凱萊可以稱為美國派赴摩國的「親善使節」。

在今天，甲國的女兒嫁給乙國的男士，丙國的男士娶了丁國的女兒，除了像這位王子娶影后，可以轟動一時，資人談助以外，早已成為普通而又多見不怪的事了。但在古代，這卻不是一樁平凡的事：甲國女兒的出嫁，不止是到乙國去做「親善使節」而已，從小處說來，她可以支配乙國和甲國的邦交；從大處說來，她也可以在夫國替母國製造「兒皇帝」，使令夫國成為母國的「因國」。十年以前，鄙人曾寫「因國史」一書，其中便說到這些故實。

談到她可以支配乙國的邦交一點，頂有名的故事，發生在春秋時代的秦國。時為公元前六四五年，秦穆公和晉惠公作戰，即姐夫和內弟作戰，因爲穆公夫人是惠公的姐姐。一仗打下來，穆公生俘了惠公，下令全國齋戒沐浴，將把惠公「祠上帝」，即烹了他祭祀上帝。穆公夫人得到這個消息，便穿起喪服，脫光雙脚，領著太子罃弘和公主簡璧，登上需台，下堆薪炭，準備全體自焚，並派員告訴穆公說：「上天降災，使令秦晉兩君兵戎相見。若晉君在早晨被烹，我便在晚上自殺；若晉君在今晚被烹，我便在明晨自殺！」於是秦穆公嚇軟了，釋回惠公，對晉言和。這段故事記在左傳僖公十五年和史記秦本紀中，可以看出這位晉國女兒嫁到秦國之後，在外交上的威力之大了。

至於說她可以在夫國替母國製造「兒皇帝」一點，在拙作「因國史」裏曾經舉出詳明的史例。依近年讀書所得有關史料，我也可以說明二千年以來註疏家所不能解答的「齊大非偶」問題了。

按「齊大非偶」是被詩人引用得濫熟的典故了。出處在左傳桓公六年，即公元前七〇六年。原文說：

「齊侯欲以文姜妻鄭太子忽。太子忽辭。人間其故；太子曰：『人各有耦。齊大，非吾耦也。詩云：自求多福，在我而已，大國何爲？』君子曰：善自爲謀。」

這是說：齊釐公有意把公主文姜嫁給鄭太子忽。太子忽婉拒了。有人問他爲什麼謝絕這門親事呢？太子說：「人人都有配偶。但齊是大國，大國的公主不可以做我這小國太子的配偶云云。這話說得很是涵蓄，使令後世讀者莫名其妙。其實他的意思是說：大國把公主嫁給小國的太子，乃是爲了把血統傳給小國，產生「兒皇帝」，這個小國將來便要受大國的支配了。

筆者這樣講解「齊大非偶」，並不是故意和漢朝的鄭虔先生及晉朝的杜預將軍——這兩位名註疏家立異；我有我的充份根據，可以證明筆者的見地是不錯的。我們先看戰國策。時爲戰國，趙國太后的公主，嫁給燕國。趙國的左師（左邊的「博聞師」即今蒙語的「巴克西」）觸龍（今蒙語涿鹿）說太后曰：

「媼之送燕后也，持其踵而泣，念其遠也！祭則祝之曰：『必勿使反』！豈非爲之計長久——爲子孫相繼爲王也哉？太后曰：『然』！」

這是說：「老太太！您送公主出嫁時，抱著她的腳哭泣起來，這是傷心她遠嫁到異國去了。您祭神時，卻禱告著說：『請神佛保佑，一定不要讓她返回趙國來』！這難道不是爲了長久計劃——使趙國的血胤一代一代地做燕國的王麼？』太后說：『是呀！』」原文經這一翻譯，我們明白了：甲國公主嫁乙國的太子，確是要她產生「兒皇帝」，一代一代地永遠做乙國的王。這是被趙太后爽直承認的了。

到了漢朝，我們在史記劉敬傳上又找出確實的證據。時爲漢高祖八年，公元前一九九年，北夏冒頓爲單于，有騎兵三十萬，數爲邊患。高祖開劉敬。劉敬說：

「冒頓殺父代立，妻群母，以力爲威，未可以仁義說也；獨可計久遠——子孫爲臣耳。陛下誠能以適長公主妻之，厚奉遺之，彼必慕以爲閼氏，生子必爲太子，代單于。冒頓在，固為子壻；死則外孫為單于，豈嘗聞外孫敢與大父抗禮者哉？兵可無戰以漸臣也。」

劉敬這套理論和上引觸龍說太后的話，是一致的，和上引鄭太子忽的意思，也是一致的，可知公元前七〇六年到一九九年——六百年中，甲國公主嫁給乙國太子或君王，原是為了製造「兒皇帝」。鄭杜兩君不懂這套「戰術」（「兵可無戰以漸臣」），所以註不出「齊大非偶」的確解；最可惜的是用十九年工夫編纂通鑑的司馬君實（光）先生評論劉敬說：「上世帝王之御夷狄也，服則懷之以德，叛則震之以威，未聞與為婚姻也！」何以不查查左傳、戰國策、史記乃至唐書？古代正是用「婚姻」以「御夷狄」的。

上面的史實是說：古代公主出嫁是為了製造「兒皇帝」。我們根據這一古說，現在也可以替負罪千古的吳起來明明冤枉了。吳起曾經「殺妻求將」，歷來被罵為薄倖的丈夫及無恥的將軍。史記吳起傳：「吳起事魯君。齊人攻魯，魯欲將吳起。吳起取齊女為妻，而魯疑之。吳起於是欲就名，遂殺其妻，以明不與齊也。魯卒以為將，將而攻齊，大破之。魯人或惡吳起，曰：『起之為人，猜忍人也！』……」司馬遷說吳起殺妻是「欲就名」——做大官，魯人說吳起是「猜忍人」：這都不免誤解。當年齊人把女子嫁給魯將吳起，正是為了製造「兒將軍」，或起碼也會不利於保防的。我曾記得，抗戰期間，兵學家蔣百里先生曾經迴避出任軍職，正因為他太太是日本人。若在古代，蔣先生如果也「殺妻求將」，似乎是未可厚非的。

撰文至此，太座看見原稿，除了大罵吳起之外，並指我妨害雷、葛家庭。鄙人頂禮謝罪之後，但說：這都是古代的事了，如今已是一九五六年，離鄭太子忽的時代已是二千六百多年，嘸啥子關係了也。於是奉准投稿則個。

——四十五年四月十三日聯合副刊

七、女神羲和的演化

羲和成為太陽神（日）的車夫，在離騷時代已經完全定型了。屈原「將往觀乎四荒」，玄想著乘坐鳳凰車：駕上玉龍，風雲飛舞，便登上了天路。他早晨田蒼梧動身，晚晌到達了縣圃。而替他御車的人，乃是羲和。原文說：「吾令羲和弭節兮，望崦嵫而勿迫。」

西漢劉安的淮南子天文訓云：「爰止羲和，爰息六螭」，東漢許慎云：「日乘車，駕以六龍，羲和御之」，公元前後五六個世紀裏，羲和已被編造成為神話的人物了。這套神話是：日神的車，製成鳳凰型，駕著六條龍（獅），由羲和駕馭著。但在山海經時代，這位羲和卻是女神。大荒南經云：

「東南海之外，甘水之間，有羲和之國。——有女子，名曰羲和，方日浴于甘淵。——羲和者，帝俊之妻，生十日。」

大荒西經則說：

「有女子方浴月。——帝俊妻當羲，生月十有二。——此始浴之。」

東經說羲和是帝俊的妻，生產過十個太陽，西經則說帝俊之妻常羲，養育了十二個月亮。羲和，常羲兩名只差一字，應是一人，既能生日生月並爲他（她）們洗澡，可知這位女子比起希伯來的耶和華還顯得神聖；怎會落拓成爲太陽神的車夫了呢？我們從這神話的演化，可以看出兩點：第一，山海經上的羲和是巫覡（薩滿教徒即蘇未僧侶）口中所說，其言不厭誇大；而離騷上的羲和是文學家所說，行文當求合理，因之她由生日月的聖母變成太陽神的車夫了。第二，由這演化，可證山海經成書時代，必較屈原時代爲早；而山海圖、山海經爲早。山海經是「山海圖」的說明書，圖必在說明書之前。

若在往上溯到堯典時代，羲和僅是兩個氏族名。堯典云：

「帝堯……，命羲，和，欽若昊天，曆象日月星辰，敬授人時。分命羲仲，宅嵎夷曰暘谷，寅賓出日，平秩東作……申命羲叔，宅南交，平秩南訛……分命和仲，宅西×曰味谷。寅餞納日，平秩西成……申命和叔，宅朔方曰幽都，平在朔易……帝曰：『咨！汝羲暨和，期三百有六旬有六日，以閏月定四時成歲。』……」

羲氏族「暨」（古及字）和氏族各有伯、仲、叔三位，共六人，都是唐堯時代的氣象官。羲伯——老大、和伯——老大隱在文裏，呼之欲出，是中央氣象台的正副台長，羲仲——老二是「嵎夷」分台台長，羲叔——老三是「南交」分台台長，和仲——老二是「西×」分台台長，和叔——，老三是「朔方」分台台長。他們都只是測候「日月星辰」的人而已，並不是神。到「山海圖」繪成時代，羲「暨」和兩氏族才變成爲浴日浴月的一位女神，而且成了帝俊的妻即帝俊也成爲神；到屈原時代，這位女神才又降格成爲太陽神的車夫了。

由這種話的演化，可以論證堯典比「山海圖」成書還早。堯典的羲，和是兩個氏族，配合山海經的「羲、和之國」看來，這兩氏族原住「東南海」之處，「甘水」之間，約在今中亞或西亞。在歷史上，掌理陰陽的羲伯後變爲掌理曆時的夏伯又退化爲掌理燎火的鮮卑；而和伯則變成神話上的河伯了。

——四十五年一月四日聯合副刊

八、燭龍的故事

「鍾山之神，名爲燭龍，人面蛇身，身長千里。其暝乃晦，其視乃明。不食，不寢，不息；息則爲風……」這是什麼神？

楚辭裏有「招魂」和「大招」各一篇。司馬遷說：「招魂」是屈原所作；王逸以爲「招魂」自是屈作，即「大招」也是屈作；有人則以爲「大招」是景差的作品。我們比較這兩篇，發現「招魂」作於「大招」之前；中心思想全屬於「山海經思想」即巫覡思想；我們也可以「大膽的假設」，這兩篇就是今天「黃曆」十載著的「拘魂單」的古典型式。我們沒有方法考定「拘魂單」是誰所作，故對「招魂」、「大招」作者究爲誰氏？可以置諸不問之列，就當它們是二千年前的「拘魂單」看，便也很有宗教學、民俗學和文學上的價値了。

這兩篇的作者都提到「燭龍」，這才是最有趣味的問題。「招魂」作者屈原，在本文裏雖沒有明顯說到「燭龍」，僅囑咐遊魂說：「北方也是住不得的呀！冰塊像巨山，飛雪滿四方！」這是「燭龍」活躍的背景；但在「天問」裏，他卻對「燭龍」發出疑問，說：

「日安不到？燭龍何燿？」

這是問：「太陽，那兒照不到，燭龍有啥子光耀？」離騷正文出現了「蛟龍」，也是神通廣大的。可知屈原在楚先王廟壁畫上，必是看到「燭龍」的神話了。至於「大招」，則鄭重地警告遊魂說：

「北有寒山，逴龍絕只！」

「逴龍」就是「燭龍」。這是說：「北方有一座寒冷的大山，『燭龍』正在山下盤（音普阿）著呀！」可知「大招」雖作於「招魂」以後，其作者也用「燭龍」的神威出恫嚇遊魂。——這條「燭龍」支配著楚辭的思想，是顯而易見的。

我們要問：「燭龍」究竟又是什麼？神？鬼？人？物？

都不是：原來僅是一個古戰場的地名。——黃帝打蚩尤的「涿鹿」。

古代夏、商、周三朝和周朝的楚國，都在國都建立神社。拙作「鎬京神殿記」可見周朝神社的一斑。神社每階層都繪有壁畫，這就是「山海圖」。到殷、周兩朝，守社的巫覡用文字將原圖記述說明出來，這就是「山海經」。舊說：「山海經」係禹、益所繪，這雖是不確的；但出於夏朝史皇一班人的手筆，似乎已經不成問題了。我們看商湯放桀以後，「欲遷夏社；不可。作夏社。「（書序）；漢人注解說：「以後世無及句龍者，故不可」，這位句龍正是夏禹的另一名字。這幾句話的意思是說：「湯王有意遷徙夏朝的神社，但當時沒有像夏禹這班能繪『山海圖』的人了，所以不能動，以免損毀了原圖。並寫了『夏社』一篇，記錄神社情況。」可知夏禹總是和「山海圖」有關係，而另由史皇等執筆罷了。「夏社」這篇逸書，可能就是「山海經」的原本（起碼其中有「山海經」資料），可惜漢朝初年便不見了。因此，「山海圖」本是世界最古的地圖，記述古中國的史地，但被巫覡加入許多神話，成爲「山海經」今本的模樣，便大大地損害了原圖的價値，譬如這黃帝戰場——「涿鹿」之被巫覡演化爲「燭龍」，就是一例。

夏朝繪「山海圖」，未作文字說明，所有史地全用實物標示義意（古代的象徵主義）。許多圖中的涿鹿戰爭圖，有一幅繪著一座雪山，山下盤著一條蛇。蛇在夏語，音爲「祝犁」（司馬遷云：「未在已曰祝犁」，已，殷蛇字），並沒有字；殷朝已有字，巫覡乃用殷字錄「祝犁」音爲「燭龍」，更從這一「燭」字一「龍」字上大打巫腔，寫道：

「西北海（按：鮮卑海，即今巴爾喀什湖）之外，赤水之北，有章尾山。有神人面蛇身而赤，直目，正乘。其瞑乃晦，其視乃明。不食，不寢，不息。風雨是謁。是燭九陰，是謂燭龍。」（大荒北經）

又寫道：

「鍾山之神（按：畢沅云：「即章尾山」），名曰燭陰（按：郭璞云：「燭龍也」），視爲晝，瞑爲夜，吹爲冬，呼爲夏。不飲，不食，不息；息爲風。身長千里，在無脊之東。其爲物，人面，蛇身，赤色。居鍾山下。」（海外北經）

大荒北經和海外北經所記，就是尙書大傳「北方之極」即「自丁零北至積雪之野」——今外蒙古到鮮卑利亞的景物，也就是爾雅「北極」即「祝栗」一帶的景物。「祝栗」、「燭龍」、「逴龍」、「涿鹿」都是「祝犁」即夏語「蛇」的錄音，「燭龍」是殷語，「祝栗」是周語，「逴龍」是楚語，「涿鹿」則是漢語，同出於夏語「祝犁」（無字有音）而已。

這些先後歧出的詞，只說明蚩尤是「蛇」族的酋長，而黃帝的圖騰爲龍（獅），黃帝打蚩尤之戰，乃是龍族對「蛇」族之戰。大荒北經說：

「蚩尤作兵，伐黃帝。黃帝乃令應龍攻之冀州之野。應龍畜水。蚩尤請風伯、雨師，從大風雨。黃帝乃下天女曰妭。雨止，逐殺蚩尤。」

我在「女妭的神話」裏已解說了這段神話的眞正義意，乃表示黃帝打蚩尤是在沙漠地帶颶風暴雨中作戰。在此，我還可以說「應龍」即代表龍族的。我們由這龍「蛇」作戰的神話背後尤其巫覡對於「燭龍」的描寫處，看出代表「蛇」族的蚩尤確是異常勇武可畏的敵人。

涿鹿之役，見於史記。司馬遷不會說假話（不知致誤處則有之），他寫此戰，必有史古料的根據。可惜漢朝以前蚩尤子孫的「蛇」族早由今鮮卑利亞西部東遷到今內蒙古來，漢朝時代他們並在今河北省北部出現，仍沿用夏音名自己爲「祝犂」，漢朝征服了他，在其他設縣，名爲「涿鹿」，故司馬遷及以後的人逐認「涿鹿」在長城或雁門以北了。這一族，到唐朝又出一名將，即安祿山，幾乎篡奪了唐朝的王座。安祿山還是自名爲「豬龍」，也不過是「燭龍」、「祝栗」、「逴龍」、「涿鹿」的音便耳。

神話爲文學的一部；但也是歷史的文學化。神話而涉及戰史，如荷馬的「奧德賽」，我們的「山海經」，都是值得用番心思加以研究的。我這小文，只向有志此道者拋磚而已。

——四十五年三月九日聯合副刊

九、維吾人吃「抓飯」

維吾人禮待貴賓時，必吃「抓飯」，他們名之為 Pau-Lao。主人先在大廳的地毯上舖置白色的油布，作門形，上列餐具、酒、點心、水果之類；但沒有筷子。客人到廳門，主人手中持水瓶，注水於客人手上，洗拭乾淨，按序席地而坐。時，侍者持巨盆，中盛「抓飯」的飯，陳油布上；主客四人一組，就盆用手，抓而食之。客人多，則飯盆也就多了。飯的做法，大體是這樣的：在飯鍋裏注入菜油，加鹽去油味，然後炒牛、羊肉塊，變色後加入調料及蘿蔔塊，再炒，加湯，俟沸，下米（大米），煮熟便可吃了。這類似江南的所謂「菜飯」。

由內地去新疆而受招待「抓飯」，在心理上感謝主人的隆情，這是眞的；但在習慣上也確實感到吃勿消。這因為內地人早已忘掉這一中國的古文化了。

這種「體失而求諸野」的文化，載在孔門傳留的曲禮上。曲禮云：「共飯，不澤手；勿摶飯；勿放飯。」

註疏云：

「古之禮，飯不用箸；但用手。既與人共飯，手宜潔淨；不得臨時始挼莎手乃食，恐爲人穢也。」

管子弟子職篇也說：

「飯必奉擥；羹不以手。」

可見「抓飯」原是周朝的文化，至少由二千七百年前的管仲時代到二十五百的孔子時代，內地人已採用這種吃飯的方法。

周朝人何以會像今天維吾人一樣吃「抓飯」？

原來周朝人始祖后稷，名棄，於四千餘年前的夏朝時代，在今天新疆羅布泊一帶種田。山海經云：「西望泑澤，后稷之所潛也」，泑澤就是羅布泊，漢朝人還懂得這一古名。后稷的子孫有一位名爲亶父的人，周朝尊之爲古公，又稱太王，才移住到陝西省來。我推算「抓飯」文化就是周族從新疆及其以西帶來的文化。

看孟子？周太王東遷，「從之者如歸市」，可知他是帶來不少的百姓；但依歷史上任何民族遷徙時都是走的少留的多的例子推測：當時周族還有大部留在新疆。果然不差，周朝建國到穆王（公元前一〇〇一——九四五年），他便由洛陽動身，經陝西、寗夏、甘肅、回到老家新疆去了一次，祭祀了塔里木河，參觀了周族的圖書館（策府），瞻禮了黃帝的宮殿，並到「西北大曠原」（Siberia）打獵了三個月；主要的是他對留在新疆的貴族名爲長肱的人，倍爲親切，封他爲「留國」之君。這就是說：自從周穆王以後，新疆仍是周族「留」在當地的「國」家。——這段歷史，略見於司馬遷的史記，詳見於晉代出土的竹書紀年和穆天子傳。穆天子傳是一篇眞實的遊記，由當時史官執筆，絕不是僞造的。近代有確實講疏本，考證忠實，頗可看。

——四十四年十二月廿二日聯合副刊

十、蒙古人吃「全羊」

從維吾人吃「抓飯」，想到蒙古人吃「全羊」。

吃「全羊」是蒙古人禮待貴賓的隆重宴席。記得第一次吃「全羊」，是民國二十一年六月間，在救國軍十六師師長王澤民先生的家裏。他住在熱河淩南縣的二道溝，地屬東土默特旗。王師長係蒙古人，可能是「巴洪」（清朝貴族下嫁蒙古王公時陪嫁的工人）。一天，我和田樹森特派員騎馬到他府上，去送朱總監霽青頒發的師長委任狀，他請我倆吃「全羊」。

那頓盛宴大約費去半下午的時間。所有羊身上的東西除了毛和角之外，都被製成一樣一樣的菜肴。先上的一道，是一大碗湯，燴著羊頭皮，用海參作伴。第二道是滷羊眼，一小碟，切成飛薄的片片，黑白分明。以下共有一百多樣，作法包括煎、炒、烹、炸……所有的中國技術，用具包括盆、碗、碟、鍋……所有的中國容器。最後是燒羊尾，這是北平東來順、西來順的拿手菜，而我倆能在蒙古地吃著了牠，特別感到興趣。

第二次吃「全羊」是二十四年十月在百靈廟。主人是蒙古地方自治政務委員會委員長雲端望楚克即雲王，和秘書長德穆楚克棟魯普即德王。客人有蒙奸陶克陶（白廣瀛）、日本特務中島、蒙藏委員會的楊芬（蔭村）和郭王等等。我是主客，德王是主人，雲王未到。

頭兩天，聽招待員錫拉瑋說：「王爺要請你吃全羊了。」我不禁垂涎欲滴，以爲又可以吃燴羊頭、燒羊尾了。到入座以後，才知道這一次吃「全羊」的局面，和三年前是大不相同了。那一次在王師長處吃，是坐在中國式的房裏北方式的火炕上；這一次是席地坐在蒙古包裏。這一次有蒙古樂隊在包外奏樂；而上一次是沒有的。

當樂隊奏起音樂時，有四位穿戴著滿清衣服的侍者，托著一個巨大的硃紅木盤，走進包來。盤中盛著熱氣騰騰的一隻「全羊」」，放在地毯上邊。主人拿起他的刀子來（這是每人先給了一把的），在羊頭上割了兩下；隨後這四位侍者又原盤托了出去。不到片刻，換成小紅木盤，又托了進來，樣樣俱全；於是大家開始「抓」著吃起。最後是一盌掛面，結束了這頓宴席。

散席後我問楊芬先生，才知道這次是純蒙古式的「全羊」，而我在東土默特旗所吃的，乃是經清朝改良過的宮庭吃法，所謂「滿漢全席」者是也。不久，我又在百靈廟西南數百里的梅力更召（廟）吃了一回「全羊」，陳紹武、鮑裕如請客，只是白水煮羊肉，稍加些鹽蔥之類的調料耳。

「全羊」帶給我二十多年前的回憶。王澤民、田樹森、雲王、德王、郭王、楊芬、陳紹武、鮑裕如、錫拉瑋一班老友大半均已成爲古人了；縱有隱身在鐵幕之中的，生活和精神也不會怎樣過得去吧？眞是令人懷念不已。甚至當年作爲敵人看的陶克陶以及中島，我也決定赦免了他們，頗有點「不打不成相識」之感呢。

——四十四年十二月三十日聯合副刊

十一、維吾人的老家：窩瓦河

記得六月十二日本刊敬之先生所作「夏朝的窩瓦河」，考證今俄境的「窩瓦河」，就是山海經上的「余吾水」，也就是漢武帝得天馬的「渥洼水」，這是不刊之論。

近來讀陶希聖先生的「中國民族戰史」，他說：「回族畏吾兒即回紇之後，回紇乃匈奴之一，而匈奴則爲夏后氏之後，根本就是漢人的一支」；又讀扎奇斯欽（蒙籍國代于寶衡）先生的「蒙古之今昔」，也談到「畏吾兒……的首都設在鄂爾渾河上。中國的史書稱他們爲回鶻。九二〇年，向西退去，大部分選擇了現在新疆的南部地帶，爲他們的定居之處。」畏吾兒近代錄音爲維吾。新疆陷共以後，他們的領袖堯樂博士、艾沙、伊敏等人，率部反共抗俄，創造了許多光榮的戰蹟。

維吾就是畏吾兒，也就是回紇或回鶻，這是早見記載而被大家所公認的史實。但陶先生說他們「根本就是漢人的一支」，在不專門研究中華民族史的人看來，卻是難於置信。其實，今天的所謂漢人，乃是公元前十八世紀夏朝分裂時，留在中原的夏人，史名中夏、東夏或南夏；而維吾遠祖匈奴人則是分裂當時，退回老家蒙古地方及鮮卑地方（siberia）的夏人，而且是貴族，史名北夏、西夏及大夏。這情形和三十八年以後的大陸同胞與遷台人士，是完全相同的。漢人一名，起於公元前三世紀初年劉邦建立漢朝，當時的歷史家還熟知「匈奴其先祖，夏后氏之苗裔」。那時的夏、漢、匈只是一個夏字的三種寫法而已。我們離開狹義民族主義，恢復古史本來面目，今天可以肯定地說：匈奴（胡）、東胡（「通古斯」）和後來演化出來的韃靼（蒙古）、烏桓、鮮卑、回紇（回鶻、突厥）、滿飾（滿州）、契丹、女眞……乃是流亡的（或回老家）的夏人，也可以說即老漢人。陶先生的話是百分之百的正確。滿、蒙、回人今天不了解這篇歷史，有可說也；至於我們漢人，如果也不認識這篇歷史，那就要由史地老師負責了。

據我研究，維吾也就是「余吾」、「渥洼」、「窩瓦」。這一夏朝的老支派，在公元前二十七世紀夏族入主中原之前，便住在今天的窩瓦河流域，因此山海經上才名之爲「余吾」。到公元前二世紀的漢武帝時代，仍住在今天的窩瓦河流域，因此漢書才名之爲「余吾」即「渥洼」。公元後三世紀到十世紀（晉、唐），他們東來並建立突厥大帝國，建都今外蒙古的鄂爾渾河；十世紀初被吉爾吉斯人所逐，又退回窩瓦河新疆一帶，我史又名之爲「畏吾」（兒）。直到十三世紀哲別、速不台遠征窩瓦河，才又發現了他們，名之爲「窩瓦」。

何所據可說維吾就是「余吾」、「渥瓦」、「窩瓦」？按：「余吾」水名，初見於夏朝人所作的山海圖（山海經的北山經）。「余」古音「我」即「渥」；「吾」古今都音「吾」。漢書武帝紀「元狩二年（公元前一二一年），馬生余吾水中」，同書禮樂志「元狩三年，馬生渥洼水中」，「余吾」、「渥洼」乃是一水一音。此水，應劭注：「在朔方北」，王先謙注「在匈奴北邊」，當年匈奴疆域東至今東北，西至今中亞裏海以北，上云「在匈奴北邊」的「余吾」即「渥洼」，毫無疑問是今之窩瓦河，因爲「余」、「渥」、「窩」、「畏」、「維」都是一音，「吾」、「瓦」也是一音；其地又歷四千餘年均有維吾人也。

史地老師何不把窩瓦河譯爲維吾河？這裏是十六世紀被俄侵吞以去的維吾人的老家呀！

——四十四年十二月廿六日聯合副刊

十二、成陵奉移記

——紀念成吉思汗「三月會」

「埃金霍洛」

中華民族始祖軒轅黃帝的陵寢，在陝西省黃陵縣；中華民族英雄元太祖的陵寢，在綏遠省東勝縣。我們翻開「中華民國地理教科圖」第三十五幅，在經一一〇和緯四十下邊地方，查到東勝縣，東勝縣西南三十公里有「伊金霍洛」。註明「成吉思汗陵」，這就是元太祖的陵寢所在了。「伊金霍洛」係蒙語，按標準國音念，應爲「埃金霍洛」。「埃」即周朝的「禰」，「金」是蒙語的「的」，「霍洛」即周朝的「戶落」。「埃金霍洛」即「禰的戶落」，用今語說即「主的院落」。

成吉思汗

元太祖是正史上的稱呼；秘史則稱爲成吉思汗。「成吉思」依正確的蒙語原音，應念「青吉思」。「青吉思」即周朝的「乾」，「汗」即周朝的「后」，成吉思汗即「乾后」，也就是「天皇」。西洋學者講成吉思汗爲「衆汗之汗」或「海洋的汗」，是不正確的。他姓奇渥溫，名鐵木眞。他統一了蒙古地方和鮮卑地方（Siberia），於宋開禧二年（一二〇六），在斡難河即成吉思活位。宋嘉定十五年（一二二二），平定中亞，派大將哲別、速不臺，翻越高加索，解放了被俄羅斯人奴役數百年的鮮卑人、突厥人和蒙古人，並製定解放匈牙利、保加利亞等地滿洲人、蒙古人的大計。他薨於宋寶慶三年（一二二七）。十三年後的宋嘉熙四年（一二四〇），他的裔孫拔都，達成了他預定的任務，解放在歐洲的滿（馬加）、蒙人，建立欽察汗國，定都維吾河，（舊譯窩瓦河）西岸，名之爲「夏」，蒙古原文爲「夏勒」，舊譯薩萊。

太祖遺跡

元太祖的陵寢舊有兩說：一說返葬外蒙古，陵址迄未發現；一說在「埃金霍洛」。民國二十五年，達拉特旗出土「拔都西征記」蒙文原稿，筆者曾與張樂軒先生譯成國語。據這七百年前初手史料，元太祖確實葬在「埃金霍洛」。「西征記」有一段說：「大汗親征西夏，薨於六盤山，返葬祖塋。途經赤老圖，遺櫬不動，寶劍自飛。從人以爲大汗喜歡長眠於此，因葬當地。」我們翻譯時，出現赤老圖這一地名，但不知其地何在。至抗戰第二年，蒙旗獨立旅白海風部駐赤老兔溝，距「埃金霍洛」很近，我們才證實赤老兔就是赤老圖。「埃金霍洛」有巨形蒙古包（房）兩座，前後接聯。後一包內有太祖的銀棺和妃的銀棺，中貯他們生前服用的衣冠。當地並藏有太祖御用的銅鑼、馬鞍和「蘇律定」五枝。「蘇律定」一大四小，大者高七尺，小者高一尺五寸，均作矛形，錫頂，黑纓，係太祖指揮大軍的纛（套格）桿，極爲神聖威武之物，分藏「蘇律定霍洛」。守護這些「霍洛」的親兵，名爲「達爾扈特」，當七百年前係五百戶，民國二十八年僅剩四五十戶了。守陵的官名爲「吉農」（明史作「吉囊」），七百年來，奉祀不絕。「埃金霍洛」爲太祖薨後蒙人瞻禮的聖地。每逢「三月會」，外蒙前來摸拜者人數極多，一如耶教徒的耶露撒冷或回教徒的麥加。從地下文件和遺跡看來，「埃金霍洛」之爲太祖陵寢，是沒有疑問的。尤其當我考證出「埃金霍洛」就是「禰的戶落」之後，更令人相信了。「禰」非亡父不能當之。

陵寢內景

組成「埃金霍洛」的兩個蒙古包，門向南開。包由毛氈製成，內掛黃綾，前包稍小，後包較大。稍小的包內可以容納三十人的站立。內設香案，是爲祭堂。馬鞍，銅鑼陳列其內。香案後有帳、啓帳，進入後一包，安置銀棺兩具。太祖的銀棺較大，其妃的銀棺較小。都是絕對不許「達爾扈特」以外的人啓視的。據「達爾扈特」用蒙語透露：棺內只有帽子衣服頭帶（女冠）等物。他們又說：太祖和妃子的遺體是埋入包下的地中，非常之深，並有一萬多人跟從太祖，生葬地下云云。我們參看董作賓博士「甲骨學五十年」，知道殷朝曾有大規模殉葬制度，如侯家莊大殷墓內便生葬了一千多人；再看魏書、北史的記載，鮮卑人也有殉葬制度，蒙古野史上也提到生葬。因之可以推定，他們祖先口傳的萬餘臣民殉葬說，大體許是不會錯的。

日閥陰謀

七七事變以前，日閥導演僞「蒙古軍政府」，於民國二十五年春在察哈爾省加卜寺傀儡登場。日閥指導僞「興安總署」，在大廟子地方興建成吉思汗紀念堂。二十六年冬，日閥侵佔綏遠省以後，僞「蒙古軍政府」遷到歸綏，改名僞「蒙古聯盟自治政府」，後又遷往張家口。歸綏則被改名爲「厚和豪特」，「厚和」雖係蒙語「青」字的譯音，但日閥指示譯成「厚和」，實含有「厚愛大和」（親日）的「妙義」；「豪特」係蒙語「隍」即「城」字的譯音。當時日閥便鼓動僞組織，渡過黃河，南侵東勝縣，進軍口號爲「奉迎成吉思汗陵」，準備遷入紀念堂。並密令僞師長森蓋麟慶在黃河南岸達拉特旗作內應。

我獲得這項消息在二十七年七月。原報告人是華登托拉固爾。華登托拉固爾，名石柱，係我的邊疆通信社附設郡王旗小學的學生，拜我爲師，介給他加入本黨。綏遠淪陷時，在中央政校包頭分校讀書，經僞組織資送留日。二十七年夏，他不甘奴役，逃回群王旗，任伊盟盟長沙王的秘書。

初步對策

當時我的對策是這樣：一、通知沙王、「吉農」圖王、準格爾旗護理扎薩克奇文英、烏審旗扎薩克奇玉山，和東北挺進軍馬占山、北路軍傅作義、騎二軍何柱國、二十一集團軍鄧寶珊、蒙旗獨立旅白海風。二、通知本社駐蒙旗各特派員，尤其達拉特旗特派員谷一非同志和扎薩克旗特派員劉鐵符同志特別注意。三、寫成漢文並譯蒙文「奉移成陵的理由和辦法」（漢文原稿尚存），各油印二十份，漢文分送中央黨部、蒙藏委員會和蒙旗駐軍將領。蒙文分送沙王等參考。四、指示華登托拉固爾對沙王切實建議移陵，各特派員一體用蒙語展開宣導工作。這份文件之送到傅作義河曲總部的一份，被掃蕩報記者黎聖倫先生看（？）到，發出「十字軍乎？大刼盜乎？」長篇通信，刊於重慶該報，把日閥企圖刼陵的消息公開了。聖倫兄現在臺北，想尚憶及？

奉移成陵

伊盟盟長兼綏境蒙政會委員長沙王，閱悉蒙文本並聽取華秘書和劉臺長（鐵符）的報告後，召集委員會，決定親赴中央，謁見蔣委員長，請求撥款奉移成陵，以免危及祖靈並示堅決抗日。這位七十餘齡的老盟長，於二十八年春入京，書面並口頭向各方呼籲。結果，中央允爲撥款一萬元，並令派沙王、圖王、傅作義、鄧寶珊、何柱國、高双成、石華嚴、貢補扎布、楚明善等人爲奉移成陵祭祀官。六月，沙王返回伊盟，各祭祀官也先後由防地到達「埃金霍洛」。經過隆重儀式，這一代民族英雄元太祖的銀棺、妃棺、大小「蘇律定」和一切遺物，全部「達爾扈特」，敬謹奉移到甘肅榆中的興隆山去了（詳拙編「伊克昭盟志略」）。

奉移當時，蒙古王公民衆一方痛恨日僞刼奪祖陵，祈禱他神靈的安全，一方依戀七百餘年朝夕奉祀的主陵，痛遭播越，無不號啕大哭，並衷心感激蔣委員長和沙王的關心蒙古。本來，自日僞勢力到達黃河北岸後，南岸伊盟王公如阿王和森蓋麟慶等便已投僞。二十七年春，沙王、圖王也被日閥特務太田永四郎刼持，正赴歸綏。幸經本社副社長張××、郡王旗特派員張凡林（文友）兩同志遇在中途，急行通知孟旅長文仲，派兵追到黃河，把這幾位王公搶求出險。一般蒙胞對於抗日是莫名其妙的。直到成陵奉移，他們才說：「我們的老祖宗都上中央去抗日了，我們也必得抗日。」

日閥變計

日閥原定計劃是乘著二十八年「三月會」，刼移成陵；而我們奉移成陵已是晚到「三月會」後三個月的六月，何以他們變更了原定計劃？這應歸功於僞森蓋麟慶師第一團長馬錫伯葉爾（子禧）的反正。按：森蓋的僞師，實際上僅有這一個馬團，四百多人馬槍枝。森蓋投僞受編後，仍駐黃河南岸達拉特旗。上面說過：日閥刼陵，預定使用森蓋僞部作內應的。

本社駐達拉特旗特派員谷一非同志，兼任達旗小學校長。二十五春，他和傅作義部李文山連長，逮捕日本特務盛島角房，被馬錫伯葉爾帶兵硬行搶救出去。盛島角房化名「金喇嘛」，在伊盟有十幾年的地下工作歷史，所有王公喇嘛都和他很有交誼，都說他是蒙古人。這事當時鬧得很大，子禧和一非幾乎失了交情。不久，盛島公開身份，任關東軍百靈廟特務機關長；二十六年冬，森蓋帶著子禧赴包頭和日閥商議投降，遇見盛島，才知道「金喇嘛」果然就是日本特務。子禧連怕帶惱，跑回達旗先看一非，稱譽他的眼力，並委一非作隨從副官，引為左右手。

到二十七年七月，由於森蓋投偽而殃及的達拉特旗康王，早被馬占山將軍俘獲並抄家，囚在西安。我在通告一非同志注意日偽密令森蓋內應刼陵的同時，指示他領導馬團長於必要時先送信並反正。一非和子禧說過；他以開釋康王並擴編馬部為條件。經我轉報中央黨部而獲准，並奉何部長電飭我與鄧寶珊接頭。

轉過了年，二十八年二月，黃河已經開凍。一非鼓動森蓋、子禧，三人一道親赴包頭，面見日軍，偵察「奉迎成吉思汗陵」的確實日期；日軍告訴他們是「三月會」。這時，沙王已赴重慶，移陵毫無消息。前方我軍雖在警戒，萬無一失；但鄧寶珊要求我，還是早日讓馬團長反正，瓦解了偽森蓋師，以絕日軍的企圖。我向持「用敵人的餉，養我們的兵」辦法，並為了取得敵後通信，不願意發動太早。最後，鄧有點懷疑我拉不過馬子禧來（後來他告訴我這是「激將」）；我只好答應了，子禧和一非（時已任營長）便在「三月會」以前宣佈反正。這就是日閥變更二十八年「三月會」刼奪成陵計劃的基本原因。當時如等日僞來到「埃金霍洛」，正面是我軍迎擊，後方是子禧反正，日軍固然是會吃苦頭的；但我軍終是要傷亡的，鄧迫我命令馬子禧即日反正，便消彌了這一戰事。

出力同志

抗戰勝利後，筆者憑弔「埃金霍洛」，向太祖遺像獻上香燭哈達（貨幣）和點心，行三跪九叩大禮。並在陵前架上電臺，籲請有關方面，依照「奉移成陵的理由和辦法」，早日奉安，先復原位，再謀興建。由於復員接收，便沒人注意這樁大事了。馬團長、沙王、圖王、貢補扎布、華秘書、白委員（音倉）於勝利前先後作古；谷一非同志爲了策動森蓋反正，慘死黃河洪疏之內，張凡林同志於「四二七」事變中遇害，劉鐵符同志也在多倫游擊警備司令任內被害！這都是我辛苦訓練的蒙古語文專家，東北青年！今天臺灣只剩我一人，只有鄭重寫出十八年前爲奉移成陵而告無罪於元太祖及抗戰的諸位故人行誼，以保存這段史實，聊盡後死的責任而已。

——四十六年四月十六日反攻半月刊

十三、中國的干支字

中華民國的創建，開始於遜清宣統三年農曆八月十九日中華革命黨人的武昌起義。因爲當年是辛亥年，所以歷史上稱爲「辛亥革命」。按照中國傳統的干支紀年方法，從辛亥革命到今年十月十日恰好是六十年花甲重週之年，中國人的傳統觀念，對於六十年的週而復始特別重視。不但一個人的六十華誕要舉行慶祝，就是一般政府機關或私營企業，對於成立六十週年紀念嘉辰，也要鄭重其事的慶祝一番；因此，今年的辛亥革命六十週年國慶紀念，實在是中華民國建國以來的第一件大事。張其昀先生在華岡文物展覽會中曾有一付對聯是：「六十年花甲重周，開國辛亥，復國辛亥；九萬里河山再造，美哉中華，大哉中華。」這付對聯，可以說充分表露了全國上下對於辛亥革命六十週年慶典的熱烈心情。

所堪惋惜的是中國人用干支紀年的傳統方式，近年來已因西曆紀元的盛行而漸趨沒落，有許多青年學子，已竟不甚了解天干地支的涵意，究竟天干是什麼？地支是什麼？用干支紀年的目的何在？是不是算命先生拆字打卦用的迷信工具？恐怕已經很少有人肯加留意，這也是復興中華文化聲中應該重加檢討的項目之一。

一、中國曆法的特點

所謂曆法，是古代人把觀察自然現象的多年經歷，逐漸歸納統一而製訂的一種配合自然現象便利人類生活的生活法則。古人說：「天行有常」，寒暑的往來，朔望的交替，晝夜的輪廻，自從地球形成幾億萬年以前就有了。這些變化是我們人類能夠在地球上生長，在地球上繁殖綿延的主要條件，也是人類求生存謀生活所不可須臾離的自然現象。因此古代人類觀象定曆，作爲共同生活的準則。製定曆法，一定要兼顧自然現象和人類生活：合於自然現象而不便人類生活的不能算作好曆法，只顧人類生活而不合於自然現象的也不能算作好曆法。中國文化以「天人合一」爲原則，中國的曆法，也以配合自然現象，便利人類生活爲原則；在原則上，它以地球環繞太陽一週爲一年，月球環繞地球一週爲一月，地球本身自轉一週爲一日，對於年的決定以寒暑往來，太陽南至北至爲標準，把一年分爲四季，二十四節，用四立（立春、立夏、立秋、立冬）來決定起訖，便利人民記憶。黃帝內經素問篇說「三百六十五日又四分日之一爲歲。尙書堯典上說「期三百有六旬有六日，以閏月定四時成歲。」就是我們祖先決定歲時頒訂曆法的最早紀錄。對於月的決定，以晦朔望爲標準，把一月分爲上弦下弦，哉生魄既生魄等等階段，來便利人民記憶；另以閏月來調合太陽和月球的週期，便利人類生活，使人們能夠因寒暑而知冬夏，因朔望而知月令，因旦暮而定日時，因此太古之民，可以日出而作，日入而息；夏葛冬裘，忘懷歲月，不用計時論月，自然能夠順應天道，與大自然的氣候變化相適應。

因爲中國曆法是兼顧自然現象與人民生活的，所以許多古代經典及學人著作上，習慣的把自然現象的一年叫作「歲」，把人爲的一年叫作「年」，像堯典上「以閏月定四時成歲。」詩經上「曰爲改歲入此室處。」論語上「歲寒然後知松柏之後凋也。」都是指自然現象的「歲」說的。尚書「肆高宗之享國五十有五年。」詩經「億萬斯年，不暇有害。」論語「假我數年，五十以學易。」都是指人爲的曆法上的一年說的。漢代學人對于這一點解釋的最爲清楚，像周禮太史注說：「中數曰歲，朔數曰年，自今年冬至至明年冬至歲也，自今年正月朔至明年正月朔年也。」淮南子說：「天行謂之歲，人行謂之年。」許叔重說文解字以「星步一週爲一歲，穀熟節日爲一年。」都是把中國曆法之自然現象的歲，和人爲區分的年分別解釋的。不但是學術界，就是現在一般農村社會，也有把年歲兩項分別計算的習慣。一般人對于文書契約上時間的計算，多半採用曆年制（以正月一日至十二月三十日爲一年）。對于年齡的計算，則按照自然的歲法（從本年立春之日起到明年立春前一日止爲一歲），例如中華民國六十年農曆正月初九日立春，初七八出生的小孩，雖然是本年出生，仍然算五十九年（庚戌）生人，屬狗而不屬豬，今年農曆十二月二十一日立春，從當日起，初生的小孩就算作壬子年出生屬鼠，不但陰陽家照此算命，一般人也都照此計算年齡。這種年歲分離的方法，看似麻煩，卻有它的理論根據，因爲人類生活，固不能脫離自然現象的支配，但也不能求其與自然現象完全趨于一致；必須雙方兼顧，纔能便于適應。反之，像現在通行的西曆，可以說是純就地球繞日的自然現象來決定的，但其一年四季的區分卻無法與天氣的寒暑相配合，十二月的劃分也有許多牽強不可理解之處，究竟七八兩個月為什麼必須長，每年的二月為什麼必須短，實在找不到合理的解釋。

二、干支紀年的作用

自從人類文明進步，能夠用文字紀錄歷史開始，各國歷史家所共同感覺的困擾就是對于年代的紀錄無法統一；不但各人有各人的出生紀年，各國有各國的開國紀年，各種民族各種宗教也都有其不同方式的紀年，因此「今夕是何年」？就成了歷史紀錄上的一項沉重負擔。譬如說：今年是中華民國六十年、西元一九七一年，但印度聯邦有其佛教的紀年，阿拉伯聯邦有其回教的紀年，此外各國也有各國的紀年，要想逐一記牢，殊非易事。再進一步，問到中華民國建國於何年？西曆紀元開始於何年？我們除了旁徵博引把其他國家紀年拉來作證以外，很難找到統一正確舉世公認的答案。為了統一歷史紀錄，為了便利人類文明的將來發展，實在有依據大自然的進化現象，排除人為的紛歧條件，另行創建一種統一紀年方法的必要。

西曆紀元本來就是針對此一問題而創設的，可惜它採用的方式仍以個人生元為依據，缺乏世界公證的客觀標準。假若說耶穌是神，可以超越其他國家和私人，然則釋迦牟尼、穆罕默德又何嘗不是神？中國的公輸般、張魯、馬祖，也不能不算神，以神來作爲人類歷史紀元，又何以區別神話與現實之不同？（世界上的聖人，只有孔子不算神，因爲孔子主張敬鬼神而遠之，子不語怪力亂神，不是對於上天不發生興趣，而是明知不應把神和人拉到一起。）因此，我們可以覺察到，西曆紀元並不是理想的永久的人類歷史的紀年方法，在人類過去及未來世界中，似乎仍應尋求一種明確、妥適、舉世公認的紀年方法。

說來慚愧，似乎中國古代聖人忒多，而現在的炎黃子孫好像都沒有多大出息，我們的祖先，在距今四五千年以前就已經想到用干支字來代替帝王建立公曆紀年的方法了。據歷史紀載，干支是黃帝史官大撓所作，但因史闕有間，無法找到實證；干支字的實證，以故宮博物院所存的商代鼎彝中所見爲最古。其次要數殷墟甲骨文字中的月日干支紀錄，而以甲骨文的干支紀年表最爲具體明確。實際年代約爲西元前一四〇〇年，假若不是我們祖先早已發明了干支紀年方法，詩經上的「十月之交，朔日辛卯，日有食之」，就無法考定其爲何年何代。殷墟甲骨文字要是沒有干支紀年，王國維先生的先王先公考，董作賓先生的殷曆譜，勢必無法作成，殷商三百年的歷代帝王也將無法確定其先後。除此之外，清代學人依賴干支紀年的幫助，對於歷代史實的考正刊誤貢獻更大，像顧炎武的日知錄，錢大昕的二十二史考異，趙翼的陔餘叢考，對於許多不同歷史本子的舛誤紀錄，以及家傳碑版與歷史紀錄不同的地方，多半依賴干支紀年來比校訂正，祛除疑惑，干支紀年對於中國文化學術貢獻之大，決非一般方技所可比擬。

試想我們祖先能夠在數千年前人類文化草昧時期，發明了干支紀年方法，提供了幾千年來文化傳統中一脈相傳有條不紊的紀錄系統，以年系月，以月系日，教人一望而知其爲某年某月某日某時，何者正確，何者錯誤，這種偉大發明，又豈只是五行八卦數術方技的迷信工具？而其特點是合乎自然現象、適應人類生活，不武斷、不偏私，使任何國家任何私人都樂於使用。

三、干支命名的來源

中國的干支字，究係由何人何時所發明，已無明確紀錄可資考信。所謂大撓作甲子之說，因爲現存的歷史資料，在商代以前並無使用干支的紀錄，無法採信。（尚書堯典有關羲和授時定曆的紀載，以及舜典「正月上日」、「月正元日」，大禹謨「正月朔旦」各種紀載，都不用干支配合月日。）商書伊訓篇，始有「十二月乙丑伊尹祠于先王」的紀錄，似乎干支字的發明使用始於商代是比較可信的。再則就現存的金文資料證明，故宮博物院及歷史博物館所存的金屬刻詞，干支字的使用也以商代銅器爲最早，甲骨文中始有使用干支紀月紀日的方法，更足證明商代爲中國開始使用干支文字的初期。至於商人用干支紀年的用意，可能與帝王名字有關，商代帝王自帝乙（商湯）至帝辛（紂王）都是用天干命名，因此商人用帝號建首紀錄年月，似乎是順理成章的事。

關於干支字的解釋，以漢朝許愼的說文解字爲最詳，但因爲：

㈠漢時殷周金文出現尙少，且無拓印流傳方法，故許氏無法看到金文甲骨文字，對於秦以前的字體構造無法追本溯源求其本意，難免望文生義之失。㈡漢代學人講經，多數偏重於五行八卦陰陽生尅之說，對於干支的解釋自不能例外，所以易於偏差而不能得其要領。因此我們尋求干支字的來源，及文字製作的本義，只能從現存的金文甲骨文字構造形體，及古代經典使用文字的涵義方面，來考訂研究，尋求其比較合理的解釋。因爲個人腹笥儉嗇，所能見到的資料有限，對於干支方面的各種功用，尤未能博採旁通，充分瞭解。本文目的，只希望說明干支紀年的功效，祛除陰陽八卦等等迷信觀念，使我們祖先這一項偉大發明能夠脫去神秘色彩，恢復其學術地位。

首先說天干的「干」字。漢許愼說文解字，對於干字的解釋是「干犯也，從一，從倒入。」所謂干犯，是指干求、干涉、干預而言，這只是干字的引伸義而不是本義；若從現存的甲骨金文字形研究，干是一種古代武器的象形字，一横兩叉下有長桿，極可能就是杆或桿的本字；另外從古代經典使用干字的文句證明，干不但是一種武器，而且是各種武器的共名，且有時用作代表強大武力的總稱：像詩經上的「載戢干戈，載櫜弓矢」、「干戈戚揚，我伐用張」，是說明干爲武器，像詩經上的「糾糾武夫，公候干城」，禮經上的「承王命總師干」，則是以干爲師旅武備之總代表。因爲干是各種武器之代表，所以天干二字也可能是古代人用以代表武力或武功之總名，而殷代帝王所以取天干命名，如帝乙帝丙等等，或許也寓有炫耀帝王武功的意思。這在古代原始漁獵社會中，爲了加強統制力量，宣示帝王威信，實在是有其必要的。直到現在仍有好多人喜歡用劍戈鉞韜等武器名稱作別字齋名，也許是古代流風遺澤足以影響人心使然。至於天干諸字，依照金文甲骨的筆畫形式分析，多數屬於武器，茲就歷代文字學者所作的考證解釋附列於後。

（小篆）漢代許愼說文解字對於甲字的解釋爲「木戴孚甲之象」，在春天樹芽未發之前，頂端外表包著一層硬殼，就叫孚甲，對於樹梢的幼苗有保護作用，因此引伸推廣對於虫類之具有硬殼者叫作甲虫，對於魚類之具有硬殼者叫做甲魚，對於人類用作保護身體之武裝也叫作甲士，因爲甲士之甲是一種戰爭用的鐵衣，可以說是最基本的武器，所以列爲天干之首。

（且乙卣文）禮記月令鄭康成注說：「乙之言軋也，」爾雅釋名也說，「乙，軋也，」軋是用刀除去，就字形研究，鼎文的乙字，很像一個短刀片，可能是一種軋物之刀，現在一般人把塗去文字叫塗乙，仍本軋刀之解釋。

（父丙爵文）古文丙字象刀鎛之形，後來加木爲柄，音義均與古文相符。

（齊侯鏄文）象釘子的頂端，後代文字加尾爲丁，又加金爲釘，音義相同，清代朱駿聲說文通訓定聲說：「丁，鐕也，象形，今俗以釘爲之，其質用金或竹若木。」

（父戊舟爵文）朱芳圃先生說：「戊象斧鉞之形。」

（庚羆卣文）朱芳圃先生說：「己者弋之繳也，由弗字叔字之從己可以知之。」按叔是弓之弱者，弗是弓已弛者，己字象鬆弛的弓弦。

（豚作父庚彝文）依照秦漢小篆字形解釋，庚字為兩手舉干之形，不能指定是什麼武器，對於上列鼎文字形的解釋，多數學者認為是鉦鼓之屬。

（串父辛鼤文）漢白虎通義五行篇說：「辛所以殺傷之也，」對於上列鼎文的解釋，多數學者認為是兵器之屬。

（父王壬子形爵文）象兩刃相背柄在中間之形，吳其昌先生說「壬為兩刃之斧。」

（癸作父乙鼎文）漢許慎說文解字說：「癸，冬時水土平可揆度也。」揆度，即現代的土地測量，古代人對於土地測量的方法，近者用步，遠者用矢，所以稱土地面積為若干弓步；篆文的癸字，上面從步（）下面從矢，係用步弓兩者構成一字，金文的癸字，則有弓無步，用兩矢交錯成文。

天干之名多取象於武器，地支之名則多取象於人類生活：因為商代帝王多以武器命名，所以當時的史官紀錄史實，用當時的帝號作綱，用人民的生活為維，作為紀錄時間的符號：創製了干支紀歲的方法。古代人對於干支二字文義的解釋有兩種不同的說法，其一人是天幹地枝，其二是天罡地煞，幹枝是就干支二字的原音生義，罡煞是就干支二字的轉音生義；但一為綱領，一為支派則大致相同。地支的命名可以說完全配合一年十二月的生活而來，從每年十一月開始至次年十月為止，年年固定，不像天干的每年變動，六十年還原一次，因此地支的取象固定，從漢到今，在解釋上也無大差別。

（毛公鼎文）許愼說文解字，對於子的解釋爲：「十一月陽氣動萬物滋，人以爲稱。」這完全是配合時令取義，在殷商農業社會、黃河南北一帶，十一月農作完畢，是一年最清閒的時候，正是農暇課子的大好時光，所以取象於子。

（鄀公敨文）說文對丑的解釋爲：「十二月萬物動用事，象手之形。」農曆十二月正當春節以前，人人忙於慶祝新年的一切準備，所以取象於手，而以事前綢繆的綢字爲音。

（甝伯彝文）在過去經典用語中寅字多作敬用，像尚書上的「寅賓出日」、「夙夜惟寅」、「嚴恭寅畏」，歷代註釋皆作敬解，爾雅釋詁也說「寅敬也」，新年正月人人都有虔敬之心，所以以寅取義，寓有教人敬謹在一歲開始的意思。

（小篆）說文對卯的解釋爲：「象開門之形，故二月爲天門。」這可能是依照漢代社會習慣所作的解釋，因爲仲春農作方始，人人出外活動，故作開門之形。

（小篆）說文對辰字的解釋是「辰震也，三月陽氣動，雷電震，民農時也。」辰字的本義是動作，因此凡從辰之字皆有動意，像振、娠，震、脤等是。

（小篆）古文己已不分，且有時與子字相混，因此說文說「已已也，四月陽氣已出，陰氣已藏」，萬物生長而未成熟，故巳字有期待之意。

（伯晨鼎文）說文對午的解釋是「與矢同意」，有中正前進之意。

（小篆）說文對未的解釋是：「味也，木老於未，象木重枝葉之形。」味是從聲取義，木重枝葉是從形取義，六月萬物成熟風味醇厚，故從味示意，草木繁茂枝葉重疊，故於木上重疊一畫示意。

（申卣文）申字的字形象兩手分持兩端用力引伸之形，有長大伸展之意，在七月萬物成長而延伸未已，故以申字形容。

（師酉敨）說文對酉字的解釋是：「酉就也，八月黍成可爲酎酒。」農曆八月正當秋收，一年農作於此成就，農人飲酒慶祝，故以酉字作代表。

（小篆）說文對戌字的解釋是「滅也」，九月天氣漸寒，草木零落，有肅殺之象，戌字從戈從卜，金文或作鉞形，故有滅意。

（乙亥方鼎文）古文的亥字和豕字幾乎完全相同不易分別，所以有亥豕不分的傳說，因爲亥當十月之交，農事已畢秋收冬藏，所以有結束考核之義，所以從亥的字皆有盡意，像垓頦骸皆指完畢，該賅劾皆指考核，閡指間隔，核指成熟等是。

——六十年十月十日——十二日聯合報

十四、牛年談十二生肖

時序更新，中華民國六十二年的春節降臨人間了。依農曆的曆法，今年的干支是癸丑，春是一年的開始，今年二十四氣中的第一個節氣——立春，是農曆正月初二的辰時，丑年的時序從立春那天起才正式揭開。

中央氣象局今年編印的天文日曆說：「干支紀日法是我國特有的，干支也用於紀年；」「由於甲骨文的研究，殷代以來已經有完整的紀日系統，是世界上最悠久的紀日法。」這一段話說明古代用干支紀年、紀日有一段遙長的年代。傳說黃帝曾以干支相配造甲子，這個說法雖然缺乏直接的證明，但東漢以前確曾用干支紀日，光武帝建武以後並以干支紀年、紀月和紀時。干支紀日法自殷代算起，已經有三千多年不斷的歷史（見天文日曆），干支紀年法自建武以後算起也有一千九百多年。

干支這兩個字取義於木的幹枝，它包括甲乙丙丁戊己庚辛壬癸十個天干，和子丑寅卯辰巳午未申酉戌亥十二個地支。古人以干代表天，以支代表地，干支相配會得出自甲子起至癸亥止的六十個甲子，干支紀年以六十年（六十個甲子）爲一個週期，週而復始的不斷運行，今年癸丑就是自民國十三年甲子起的週期中的一年。

十二地支各自擁有一個生物做它的生肖，古人叫它爲十二肖、十二屬、十二屬相。屬，一說以人出生的年份決定他屬的生物，一說以十二種生物分配於十二地支，以爲十二時辰的所屬。梁朝沈烱寫過一首十二屬的詩。北周宇文護的母親寫給他的信說：「昔在武川鎭生汝兄弟，大者屬鼠，次者屬兔，汝身屬蛇。（周書卷十一）可見用十二種動物做人的生年所屬，很早就有。這十二種肖屬是「子以鼠配，午以馬配，丑以牛，未以羊，寅以虎，申以猴，卯酉兔鷄，龍蛇配辰巳，豬狗配戌亥」（見蠡海集）。癸丑年的丑在十二生肖中肖牛，所以今年是牛年。

丑爲什麼肖牛而不肖馬肖羊？爲什麼只有地支有屬物？天干爲什麼沒有？這些問題很有趣味而又叫人難以解答。根據古今圖書集成記載，天干是動的，輕的，清的，所以沒有生肖的物；地支是靜的，重的，濁的，在重濁中有物存在，所以地支有屬肖的物。至於十二種生肖的分配，完全以十二種動物的足趾的爪的奇偶數爲標準。一本名戴冠筆記的書對這個問題有下列的分析：

㈠以子肖鼠，鼠的足爪前偶後奇，子是在陰極的時候生陽，當夜半時分萬物都息的時候，只有鼠在動，這種情形，象陰中有陽，靜中有動。

㈡其他的虎、龍、馬、猴、犬等都屬陽性的動物，牠們的足爪都是單的奇數，例如老虎的足趾有五爪。

㈢（三）牛、兔、羊、鷄、豬都是陰性的動物，牠們的足爪都是雙的偶數。以牛爲例，易經說：牛蹄折，牛蹄是分開的偶數。

㈣蛇沒有足，巳肖蛇是因爲巳在月是純陽的月，在時是純陰的時，故用蛇象巳，因蛇本是陰性的動物，牠的舌並是分開的，不須蛇足就可以發現蛇象陰。

以十二生肖的陰陽爲分配十二地支的標準，清人褚人穫堅瓠集曾引述郎仁寶舉的下面幾個實例：㈠子雖然屬陽，但上四刻是昨夜的陰，下四刻才是今日的陽，鼠前足四爪象陰，後足五爪象陽，故以鼠配子。㈡丑未亥屬陰，牛羊蹄豬蹄都是分開的，都象陰。㈢巳屬陰，蛇的舌是分開的，蛇沒有足，象陰。㈣午屬火，馬蹄圓形，屬陽。㈤辰龍、寅虎、申猴、戌犬都是五爪，卯兔、酉雞四爪，兔並缺唇，所以辰寅申戌都屬陽，卯酉屬陰。

郎仁寶並說：子，陰極轉陽，性動，潛伏，隱晦、藏迹，跟鼠的動作一模一樣，故以鼠配子。午，陽極，顯明，剛健，馬行走快速，故以馬配午。丑，陰性，慈愛，牛有舐犢之愛，故以牛配丑。未，謙順，秉禮持義，羊有跪乳就義之情，故以羊配未。寅屬三陽，陽勝就暴躁，故以虎配寅。申，性黠，以聰明的猴子配申。卯酉是日月的門，故以雞配酉，以兔配卯。龍蛇變化多端，辰巳常起伏，多動作，故以龍配辰，以蛇配巳。狗守夜，豬鎭靜，戌謹持，亥陰斂潛寂，故以犬配戌，以豬配亥。

王充論衡物勢篇認爲一般人以五行生尅用於十二生肖，這個理論很難成立。以水勝火爲例，子鼠（水）為何不敢追午馬（火）？以火勝金為例，巳蛇（火）為何不敢咬申猴（金）？土不勝金，申猴（金）為何怕戌犬（土）？王充認為十二生肖中的動物有被別的動物馴服，甚至被吃掉的，完全是由於動物本身的原因，跟五行常理不生絲毫的關連，凡是筋骨強，觸角利，氣勢猛，動作快，齒牙長的動物，一定會勝過不如牠的對象而把牠吃掉。

綜上分析，說明古人用十二種生物肖配十二個地支，不但用意非常深長，而且有它的哲學基礎，最後終於得到古人的認同。現代的人對於這一類欠缺科學依據的問題的想法、看法如何？那是另外的問題，這篇短文不擬再分析下去。談到今年的牛年，牛的好處時人已經說得很多，牠的確是一種很善良而柔順的動物，不論牠為人類耕田，為人類運輸，牠從不怠惰，從不偷懶。牛造福人類很大，人類除了要向牠學習外，還希望人類要善待牠。

——六十年十二月刊於聯合報

十五、朝鮮考

二十四日本報發表鄙人談話，我提到「朝鮮民族似係鮮卑人之一支」。有些朋友要求我把這一新的史題詳細地談一下。這個問題，確是問題，似乎沒有人談過。但我也只能把這問題提出，按照我的學力和目下可能找到的資料，還沒有正確解答這個問題的把握。所以我想用寫歷史小品的型式，請本刊刊出，希望不被看作是一個嚴肅的學術論究。並請求朋友們指正。

鮮卑一名，雖然出現在秦漢時代，見楚辭大招「小袖秀頸，若鮮卑只」；但在殷周之際，我們已知道有個朝鮮。而從整個亞洲史上看，遠在殷周之前，已有鮮卑人由今天的鮮卑利亞（即「西伯利亞」）南下，到達東北的黑龍江、吉林一帶。到殷末周初，甚至堯舜時代，他們被叫作「息愼」。用「息愼」作反切，拚出的音，恰是「鮮」字。他們會把楛矢和石砮貢給成王。

周朝時代，有一種「東北夷」，被叫爲「貉」，又作「貊」，音卑，音陌。周禮夏官職紀有「七閩九貉」，東漢注疏家鄭衆注：「北方曰貉狄」。清孫詒讓著周禮正義云：

「秋官敘官『貉隸』，注云：『東北夷』。漢書高帝紀『北貉』，顏注云：『貉有東北方，三韓之屬，皆貉類耳。』案：『貉即』今朝鮮國地。」（商務版）孫氏說得很明白，「朝鮮皆貉類」。殷周既把今韓國人叫作朝鮮，內有「鮮」字，而「貉」又音卑，住三韓地，使我們可以初步判斷出鮮卑大概就是「貉」。這個「貉」字，雖然看起來很使人不痛快，表示周代譯人的不正常心理，但在譯音方面，似乎很忠實。

當作這種「貉」人的文化形態，我們也可以從古史料上，找出幾點：第一，他們善於「養獸」？看周禮秋官「貉隸」注「掌養獸而教擾之，掌與獸言」，可知。「貉隸」是周朝征「東北夷」時，所獲的俘虜，見鄭注。第二，他們是厚德福「烤鴨子」的祖師，看爾雅釋名「貉炙」注：「貉炙，全體炙之，各以刀割，出於胡貉之爲也」，可知。清王先謙爾雅疏證補云：

「御覽八百五十九引搜神記云：『羌煮，貉炙，翟之食也。自太始（按：公元四六五年）以來，中國尚之。』先謙曰：『即今之燒豬也。』……」今天朝鮮人是否吃「燒豬」或「烤鴨子」，我不知道；但他們吃「燒狗」，卻是眞眞確確的，吃了幾千年。二十多年前，鄙人遊歷漢城，便在一位崔同學的家裏大吃「燒狗」，倒是滿美滿好的。

我們再往周代以前看。周朝上接殷朝，殷人和鮮卑人的關係，我雖然還沒有弄清楚，但殷人正式文件的「商頌」上，說他們的祖先是「天降」的「玄鳥」；而鮮卑人的祖先，則也自稱是春鳥卵而生。到今天鮮卑人（滿人）家家還在供奉著「素倫竿子」，放上五谷，植於庭前，專以齋鳥。從這裡不難看出殷人和鮮卑人關於祖先來源神話的一致性。假如朝鮮也有這種傳說，則這三種人之爲一源，殆已毫無疑義，可惜我手頭沒有書可查。但有一事，可以說明殷人和朝鮮人頗有不平常的關係，即殷朝行將亡國時，箕子先避地到朝鮮去。據我推測，殷朝和朝鮮的關係，殆類似大陸和台灣。我們在大陸淪陷以前，可以避地到台灣來，正因爲台灣是本國的一省，而台灣人也和我們是同族。——箕子既到朝鮮去，朝鮮很可能和殷人同族。前文說：殷人和鮮卑人關於祖先的神話有其一致性，即說明殷人可能是鮮卑人；而殷人又和朝鮮人有同族的可能：故朝鮮人更大可能是鮮卑人了。

鮮卑的「卑」字，在楚辭大招以前，或譯作「比」，戰國策趙策「遂賜周紹胡服、衣冠、具帶、黃金、飾比……」，這裡的「飾比」即鮮卑的另譯。在楚辭以後，史記匈奴傳把鮮卑譯爲「胥紕」，漢書譯作「犀毗」，高誘注淮南子譯作「私鈚」，張宴匈奴傳注又復譯作鮮卑，他說：

「鮮卑郭洛帶，東胡有服之。」

清代又譯爲「西伯」及「錫伯」。我總疑惑「卑」即「貉」，鮮卑或可譯成「鮮貉」，不知有沒有這種譯文？倘若有，則朝鮮之爲鮮卑人，可以成爲定論了。

我的看法：鮮卑人在我國歷史上，分譯則成「息愼」（鮮）和「貉」（卑），連譯便成「飾比」，「胥紕」，「犀毗」，「私鈚」，「西伯」和「錫伯」。在韓國則譯爲鮮，又譯爲「貉」。因爲他們在東方，所以又叫朝（音招）鮮，即東方的鮮卑，或有朝氣的鮮卑。

——民國四十二年七月一日刊於新生報

十六、一首民族詩及詩話

造字商人費苦心：
截將夏語第一音——
「頭」顱正是「討魯蓋」；
「戶」落應從「霍洛」尋；
「鮮卑」本來爲「夏伯」；
「多倫」古譯作「蹛林」。
要通漢滿蒙回史，
細向邊疆語裏參。

昨今（六月八、九日）兩天，患流行性感冒，躺在夢夏草堂裏讀聯合報，看到監察院「一般政治設施之意見」已經發表完了。其中政治、外交、經濟等等，都是達官貴人才能懂得的事，鄙人一介老兵沒有意見；只有「邊政」第二項，引起我這從事十三年「邊疆屯墾員」者的極大興趣。

原文寫道：「為配合反攻，加強儲備邊疆人才及宣傳工作計，對蒙文、藏文及回文之學習，政府應即設班講授……」這正和半年以來中國邊政協會諸公所見略同。邊協為了決議創立中國邊疆語文專科學校，聽說已經召開好幾次籌備了。我從二十四年到二十九年，曾以一個區區通信社的力量，設立過「蒙藏文語訓練班」，訓練出三十多個精通蒙文蒙古學生，編輯蒙漢兩文的「邊疆通信報」，出版到抗日勝利。這些學生中的謝再善君，早在三十二年已是西北大學的名教授，並有劉鐵符、張文友諸君深入蒙古採訪，留下專門著作，乃至被中共殺掉了！若干年來，我對於「設班講授」邊疆文語必要理由的了解，不止於「配合反攻」、「儲備人才」、「宣傳工作」更重要的理由，那就是唯有精通這些言語，我們才能眞正了解中華民族的歷史；也唯有精通這些言語，我們才能確實建設中華民族的國家。想到這些，便口占了上面一首小詩。

近代西方語文學家和歷史學家曾先後說過：中國這兩個語系，一為「漢藏語系」，即漢語文和藏語文，這是一語（字）一音的；一為「阿爾泰語系」，即滿、蒙、回語文，這是一語（字）多音的云云。這些學者對於所謂「阿爾泰語」的來源，固然莫名莫妙。對於所謂「漢藏語系」尤其是我們這種「方塊」單音文語，更是莫測高深。他們幾乎一致主張：漢、滿、蒙、回、藏雖然屬於「蒙古利亞種」即同一種族；但漢和滿、蒙、回乃是兩個民族，甚至是四個民族，據云因為漢語屬於「漢藏語系」，而滿、蒙、同另屬於「阿爾泰語系」，其言語上不是同族等語。

其實正如這首小詩所說，根據我們研究邊疆語文所認識，在四千多年前的夏（古音系）族王朝即從黃帝、禹到桀這一時代，約十有餘年，中國人所說的話，恰是一語多音的所謂「阿爾泰語」，例如夏語的「母追」便是今語的「帽」，「屋漏」便是今語的「屋」，見一月十一日聯副拙文「多倫駐馬記」和大學雜誌拙文「夏朝的言語」。當夏朝分裂，商湯王趕跑了夏桀王，桀王或其子淳維退到鮮卑利亞的美奴辛期克，留下青銅文化之後，商朝人便截取了夏語第一首（母音），製成甲骨文，劃一匹馬，截取夏語「冒瑞」第一音而念成「馬」，畫一條龍，截取夏語「鹿斯」第一音而念爲「龍」（見反攻半月刊一五六趣拙文「甲骨文的這三點：認爲應有秘密」），繪一人頭，把夏語「討魯蓋」念爲「頭」，繪一扇門，把夏語「霍洛」念成「戶」……於是中國語（字）由一語多音變成今天的一語一音了，即由所謂「阿爾泰語系」變成所謂「漢藏語系」了，於是四千年前整個的夏族，變成今天漢與滿蒙回（藏待考）互不相認了。我嘗想：商朝造字可以名爲「文改」，眞是功過各半，功之所至，便是中原華（漢）族的形成；過之所至，便是製造了歷史上鬼方、獫狁、匈奴、鮮卑……和「五胡亂華」等等戰亂。試想一下：如果中共「文改」成功，大陸上「拉丁化」，我們仍用「方塊」字，四千年後，必會演成大陸子孫認定台灣子孫爲「異族」的悲劇，這才是我們必須澈底反對中共「文改」的重要道理。

上面談到「夏族王朝」即夏朝。夏字，甲骨文裏不見，或尚未認出，金文繪成有面有手有腳身佩飾物的人形，大約是首先發明絲的民族。從夏到商（古音失）到周（古音茲），夏字都念系、失、西的音（系古絲字）；周以後中國語文又有一次「文改」，即音下加韻，或發聲下加收聲，因之原本音系、失、西的夏字，音轉爲「系亞」切的夏字，即今天我們的讀音了。夏這個字，是夏語「系伯利」（「失伯利」、「西伯利」）的母音（第一音）。他們在四千年前自名其族爲「系伯利」（「失伯利」、「西伯利」）。到夏字造成時代，它還是念系、失、西，到詩「時邁」寫成時代，它還是念系、失、西。直到左傳時代，稱禹爲「夏伯」，乃至史記所據古籍稱文王爲「西伯」，還都沒有失去「系伯利」的原音；不過已被錯認爲公侯伯子男的「伯」了，由族名誤成爵名。到戰國時代，退往鮮卑利亞的夏族有返回中原者，還說一語多音的夏語，中原夏族早已說著一語一音的話，便不認得她們了，乃喊之爲「鮮卑」，鮮古音西，卑古音伯，「鮮卑」在讀音上雖與「夏伯」一致，但字面變了，於是「夏伯」與「鮮卑」被歷史家寫爲「異族」，中華民族從此便分裂了。——這是二十多年來我們這些學習過蒙古語文並細讀中國古史所得的眞正史實。唯有懂得滿蒙回語文的人，才能懂得這一部錯誤二千多年的歷史。

今天我們「要通漢滿蒙回史」，把「上洞老人」、「扎賚諾爾人」、「鮮卑利亞人」（現藏俄國民族學院）和「侯家莊人」（一部藏於台灣）——二萬年來中國祖先頭骨化石，供入一堂，證明漢、滿、蒙、回（藏待考）確屬同種（所謂「蒙古利亞種」）、同族（夏族）、同祖（上洞老人到黃帝）之外；唯有認眞「開班講授」邊疆語文，由教育部延聘台灣碩果僅存的廣祿（鮮卑利亞語）、陳翊周（蒙語）、阿不都拉（回語）、羅桑益西（藏語）和李敬齋（眞正認識中國古字的學者）諸先生，訓練內地學生懂得邊疆語文，主要的更要訓練邊疆學生懂得內地語文。等到他們從語文的研究上，證實我們所看到的「漢語系」及至「漢藏語系」確爲「阿爾泰語系」第一音之後，中華民族才能開始「復原」，一切狹義民族主義才能消滅。

——四十五年六月十四日聯合副刊

十七、扎賚諾爾人

——蒙古見聞記

扎賚諾爾（jalan noor）寫爲札（ja）榴（lan）淖（noor），意義是——象喇嘛（jalama）嗲經排成行列似的泥淖。位於黑龍江省東南部，在興安（sina 山崖）嶺（agola 阿岡嶺）東麓，乃中東鐵路的大站，舊名扎蘭（jalan）屯，今稱雅魯縣。山上富有煤礦。

三十五年四月，友人華其煒（光）少將主持東北高等日俘訓練事，感動了受訓的地理和生物學者兩名，獻出密埋地下的人頭骨化石二顆，名爲「扎賚諾爾人」。據說：這兩顆人頸骨係二十三年由扎賚諾爾煤礦中出土，二人負責研究，證明爲蒙古人種，年約一萬到一萬五千歲，爲「北京人」的子孫云云。華少將接收了人頭骨和日本人所作的研究報告，送請東北保安司令長官部，層轉南京國民政府，藏於北平地質調查所。當年報紙誤傳這就是太平洋戰爭起及在秦皇島失踪的「北京人」，失而復得。筆者會晤華少將時，後於扎賚諾爾人飛運南京僅三五日，頗以未得一見爲憾。

日人爲了提高扎賚諾爾人的學術地位而稱之爲「北京人」的子孫，固然値得存疑；但扎賚諾爾人之爲「上洞老人」的子孫，則完全無誤，因爲「上洞老人」已是純蒙去種了。而扎賚諾爾人之爲「侯家莊人」的祖先也無可懷疑，因爲「侯家莊人」也是純蒙古種的。所謂「侯家莊」是獨立的名詞。換句話說，這些名詞除了用以作爲宗族的名稱以外，並沒有其他的用途。

但蒙古一詞，和亞美利堅、錫蘭一樣，也應有其本來的意義。亞美利堅是開拓美洲的人名，及用作美國的國名；錫蘭是獅子。然則蒙古的意義是什麼？

現在看見元朝王惲（秋澗）的秋澗先生大全集，啓示我們知道蒙古可能是「銀」的意思。大全集載契丹產鑌鐵故名曰遼；女眞欲勝於鐵故名曰金云云。按鐵，在塞外各宗族名曰 tèmùr，譯音鐵木耳；中原宗族名曰鐵（tè）鈱（mù）鏤（r），說文：「鐵，黑金也」，集韻：「鈱，鐵也」，說文：「鏤，剛鐵」；因知契丹自名其國號爲 tèmùr（鐵鈱鏤）；中原人譯 r（鏤）爲遼。遼字的基本意義是鏤（剛鐵）。又按金，在塞外各宗族名曰 jis，中原宗族名曰金（ji）。Jis 本義是銅，書呂刑疏：「舜典言黃金，皆是今之銅也」，銅器名曰，吉金，可證。因知女眞自名其國號爲 jis；中原人譯 ji（金）爲金。金是譯音兼譯義的字。

契丹既然稱鐵以表剛強；女眞便稱金（銅）以表金貴於鐵；蒙古繼起，理應命一較金（銅）尤佳的名以勝金；那就非銀（ùlùgèi 銀鐐銀）及赤金（altan 鎰鏐釘）莫屬了。正好蒙文的銀又名曰 mùnggù 或 mùnggè，中原文字寫爲鑣鍦。Mùnggù 或 mùnggè 加語助詞的 L 便變成 mùnggùl 或

mùnggėl，音轉爲monggol，意義也變爲銀的。蒙古在一二七一年（世祖至元八年）始依中原文化稱爲元朝·，以前都稱大蒙古國，蒙文爲dėlėtėlė monggol ulus，寫成中原文字即大（dė）奅（lė）太（tė）奅（lė）鏞（mong）鎡（gol）墉（u）壘（lu），乃巨大的銀堡壘的意思。

王惲生於金朝，去遼未遠，仕於元朝，有遺著一百卷，他的話大約是可以信賴的。

十八、董作賓先生題尸子之墨寶

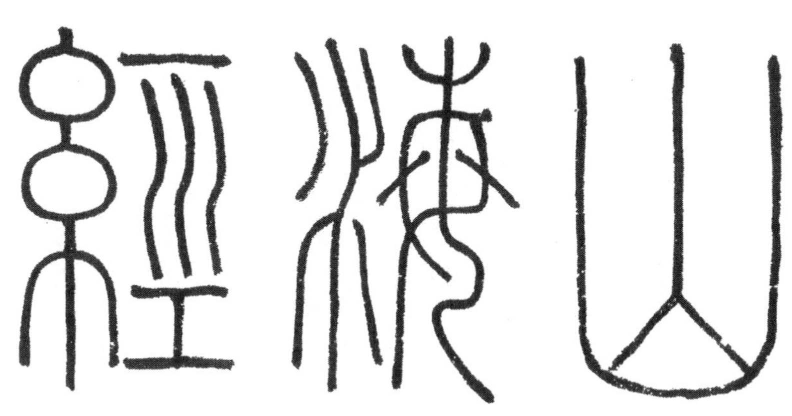

十九、山海經簡介

山海經

董作賓題

山海經是世界上唯一用圖文記載四千餘年前史地的古籍
歷代注者不知地名隨族轉徙之理用當時地名釋經上地名
致此中國國寶埋沒二千年被漢以後人認為荒誕不經之書
經趙尺子先生用十年工夫引書數百種加註並譯成語體文
其價值不在巴比倫泥磚埃及金字塔中國甲骨鐘鼎文以下
支配周公穆王孔子莊子屈原呂不韋劉安漢武帝許慎思想
證明中華民族在夏朝以前便住在鮮卑利亞及中央亞細亞
現在留住鮮卑利亞及中央亞細亞的黃種人是真正的夏人
證明漢滿蒙回藏苗日本朝鮮安南一切黃種都是黃帝子孫
世界史家讀此書後便知中國史與蘇末史巴比倫史的關係
此書出版後二十五史及一切中西古代史地均須從頭另寫
讀此書便知反共抗俄的最後目的在解放鮮卑利亞及中亞
應該讓我們的子女人手一册提高民族意志恢復穆王精神

二十、陶淵明「讀山海經十三首」新詮

一、前言

陶淵明的「讀山海經十三首」，依李辰冬教授「新編陶靖節集」，繫在東晉義熙二年，即西元四〇六年。上距穆天子傳自汲冢出土，已是一百二十四年，距郭璞註山海經和穆天子傳，已是八十餘年。山海經係巫者根據山海圖所作（故摻入許多神話），原文爲楚文，在漢武帝以前早已譯成漢文；穆天子傳原文爲蝌蚪文，經束晳譯成漢文。晉代玄風很盛。玄風原是巫風——黃老思想——的哲學化，其中仍然保留著巫風長生久視的迷信。淵明的思想裡既富有「成仙得道」的成份（李辰冬「陶淵明評論」一〇〇頁），又看到當時正流行的穆天子傳和山海經這兩部書，因之遂有「讀山海經十三首」的作品。而且淵明之愛讀山海經，是在仕途失意之後，這和屈原流放而作離騷，也是同一心境中的產品。屈原的離騷、天問、九歌都是在看過楚先王廟壁畫上的山海圖，而後寫出來的。

山海經在漢書藝文志裡列入「形法」之中，和「國朝」、「宮宅地形」、「相人」、「相寶劍刀」及「相六畜」等書並列，可見不單在屈原時代它有原圖，在漢武帝時班固時是有圖有文；便是到淵明時代也是有圖有文的。所以他的十三首第一篇便說：「流觀山海圖」：

「孟夏草木長，遶屋樹扶疏。衆鳥欣有託，吾亦愛吾廬。既耕亦已耘，時還讀我書。窮巷隔深轍，頗迴故人車。歡然酌春酒，摘我園中蔬。微雨從東來，好風與之俱。汎覽周王傳，流觀山海圖。俯仰終宇宙，不樂復何如？」

這裡所詠的「周王傳」就是穆天子傳，「山海圖」乃是繪圖的山海經，而不是山海圖的原圖。原圖繪在夏、啇、周、齊、楚各朝各國的明堂裡，到東晉時早已蕩然無存了。現在考出：明堂中室所繪的山海圖，是黃帝和句龍的歷史及統治的地方，即今本山海經的中山經所記山水，加上西山經一部分；東堂所繪，是伏羲和句芒的歷史及統治的地方，即今本東山經；南堂所繪，是赤帝和祝融的歷史及統治的地方，即今本南山經；西堂所繪，是少皡和蓐收的歷史及統治的地方，即今本西山經；北堂所繪，是顓頊和玄冥的歷史及統治的地方，即今本北山經。今本海內經、海外經、大荒經和海內經，爲中、東、南、西、北各經的註釋。全本山海經所記歷史，以黃帝及以後爲主，下至楚文王；所記地理，東至今東北九省；南至今河南省；西至今中歐，內記西亞、中亞爲尤詳；北至中央亞細亞及鮮卑利亞（Siberia）。今本山海經，也即淵明所讀者，係根據楚國明堂所繪山海圖而作的說明書；但楚圖已不是夏代的圖了，內中摻進許多巫者的神話，秦漢方士又添加許多秦漢以後的地名，距三代原圖更遠了。淵明所讀，係郭璞註本，圖爲匠人照書所繪。郭璞爲山海經的功臣；但也是山海經的罪人，因爲他用晉代所知的山水名，妄註經上的山水名，遺誤酈道元、畢沅、郝懿行，一致向中原山水中求經上的山水，致迄今無人得知山海經的眞山眞水之所在。

二、西王母

陶詩第二篇咏西王母：

「玉堂凌霞秀，王母怡妙顏。天地共俱生，不知幾何年？靈化無窮已，館宇非一山。高酣發新謠，寧效俗中言。」

西王母所居之地，名爲玉山。山海經西次三經云：

「（流沙）又西三百五十里曰玉山，是西王母所居也。西王母其狀如人，豹尾，虎齒而善嘯。蓬髮，戴勝。是司天之五殘。」

西次三經是西明堂壁畫第三幅的說明書（下放此）。西王母居於玉山，故詩云：「玉堂凌霞秀」，以見晉代所繪的圖，是玉山之上畫有樓閣，上沖霄漢，和雲霞爭秀；其中的西王母作女人裝，妙曼而怡悅。西王母在汲冢和穆天子傳同時出土的竹書紀年上，既記載著在虞舜時已曾來賓；穆天子傳又記載著周穆王曾拜訪過西王母，中間相距近二千年，故詩中說：「天地與俱生，不知幾何年？」西王母曾與穆王唱和，其詩云：「白雲在天，山陵自出。道里悠悠，山川間之。將子無死，尚復能來？」穆王和云：「予還東土，和理諸夏，萬民均平，吾顧見汝。比及三年，將復而野。」西王母的詩平易近人，並沒有神仙氣味，故陶詩云：「寧效俗中言」。西、穆唱和詩係用晉代漢文譯蝌蚪文，故不復詰屈聱牙。

西王母據「山海經新註」作者考定，古音蘇母，實是國名，而非人名，就是史記的羨門，元史的珊蠻，今之撒馬耳罕，也就是世界史上的蘇末（Sumeric）。蘇末於公元前二千八百年左右被來自今阿拉伯的白種人所滅亡後，其皇室流亡到今天伊朗高原及撒馬耳罕一帶建國。這可以稱爲「後蘇末國」，和黃帝、帝舜保持著血緣及文化的關係。其王曾作賓虞舜；至周代穆王又去回拜他們的王，乃有唱和。只因蘇末被譯成西王母，有一母字，才被繪成女性；古人不知其國存在頗久，乃以爲西王母長生不老。其後中國的蘇末教徒——覡巫（古音西母）——羨門爲了藝增西王母的神仙性，便把她裝成人面豹尾虎齒戴勝的怪模樣。今天我們如到蒙古喇嘛廟裡去玩，並參加蒙胞祭奧博（論語謂之奧）的大典，還可以看到西王母圖和許許多多的怪神圖，完全和山海經上怪神一樣，木刻彩印。西王母所戴的勝杖（簪），滿語稱爲「狍達渾車契格」，譯成漢語爲「狗秋千」。

三、玄圃

第三首是：

「迢遞槐江嶺，是謂玄圃丘。西南望崑墟，光氣難與儔。亭亭明玕照，落落清瑤流。恨不及周穆，託乘一來遊。」

槐江嶺即山海經的槐江之山，西次三經云：

「（泰器）又西三百二十里，曰槐江之山。邱時之水出焉，而北流注於泑水，其中多蠃母，其上多青雄黃，多藏琅玕、黃金、玉，其陽多丹粟，其陰多采、黃金、銀。實爲帝之平圃。神英招司之，其狀馬身而人面，虎文而鳥翼，徇於四海，其音如榴。南望昆侖，其光熊熊，其氣魂魂。西望大澤，后稷所潛也。其中多玉，其陰多榣，木之有若。北望諸毗，槐鬼離倫居之，鷹鸇之所宅也。東望恒山，四成，有窮鬼居之，各在一搏。爰有瑤水，其清洛洛。有天神焉，其狀如牛而八足，二首，馬尾，其音如勃皇，見則其邑有兵。」

槐江之山是黃帝的平圃，即玄圃，也就是縣圃。縣，就是山，爾雅「祭山謂之庪縣」可證。夏語楚語謂之縣，殷語周語謂之山。縣圃就是山頂花園。立在這山頂花園裡，可以「南望崑崙，其光熊熊，其氣魂魂」，故陶詩曰：「西南望崑墟，光氣難與儔」。邱時之水發源於槐江之山，其中「多藏琅玕」，又有「瑤水，其清洛洛」，故詩曰：「落落清瑤流」。周穆王曾登此山，故曰：「恨不及周穆，託乘一來遊。」

崑崙即昆侖，在夏朝在楚國，這一詞的原義是城，爾雅「三成爲崑崙丘」，三成就是三座城：在今天，蒙古語稱城仍是崑崙，不過我們已用庫倫二字翻譯了。崑崙是黃帝所建的城，其遺址當在今伊朗高原。崑崙左右的泑水，當即今塔里木河；大澤當即今之裏海；諸毗後又譯爲芝罘；槐鬼當即鬼方；有窮鬼當即有窮國。

四、玉液

第四首詩是：

「丹木生何許？迺在峚山陽。黃花復朱實，食之壽命長。白玉凝素液，瑾瑜發奇光。豈伊君子寶？見重我軒皇。」

峚山在不周山的西北，西次三經云：

「（不周之山）又西四百二十里，曰峚山。其上多丹木，員葉而赤莖，黃華而赤實，其味如飴，食之不飢。丹水出焉，西流注於稷澤，其中多白玉，是有玉膏，其原沸沸湯湯。黃帝是食是饗。是生兀玉，玉膏所出。以灌丹木。丹木五歲，五色乃清，五味乃馨。黃帝乃取峚山之玉縈而投之鍾山之陽，瑾瑜之玉爲良，堅栗精密，濁澤而有光，五色發作，以和柔剛，天地鬼神，是食是饗。君子服之，以禦不祥。」

峚山上生有丹木，故詩曰：「丹木生何許？迺在峚山陽。」丹木圓葉，赤莖、黃花，赤實，故詩曰：「黃花復朱實。」丹水多白玉，玉膏所出，故詩曰：「白玉凝素液。」峚山的玉縈，移種鍾山，長出瑾瑜，濁澤有光，故詩曰：「瑾瑜發奇光。」丹木的赤實可食，玉膏也可食，黃帝生前吃它們，死後，子孫用它們上供，故詩曰：「豈伊君子寶？見重我軒皇。」

不周山據筆者確實考定，就是今新疆吐魯番的北山，長春眞人西遊記稱之爲火焰山。——由於這一座山之被考定，和錢來山之被考定即祁連山，敦薨山之被考定即敦煌山，我論定山海經山水地方均在今西亞、中亞、鮮卑利亞、新疆、甘肅、外蒙古、東北九省；並不在中原。山海經係夏朝山海圖的說明書；經文爲楚文即夏文。——因知峚山爲新疆天山東端的一座山；丹水當爲今伊犂河；稷澤就是前首詩說的大澤，即今裏海。鍾山當爲今阿爾泰山的一部。

這裡所謂食丹實，服玉膏，爲蘇末教徒——後變爲中國覡巫（音西母）、蒙古喇嘛（音沙門）——服食導引的起源。

五、青鳥

第五首詩是：

「翩翩三青鳥，毛色奇可憐。朝爲王母使，暮歸三危山。我欲因此鳥，具向王母言：在世無所須，惟酒與長年。」

三青鳥記在海內北經，文曰：

「西王母梯几而戴勝杖。其南有三青鳥，爲王母取食。在昆侖虛北。」

又，大荒西經亦曰：

「有三青鳥，赤首，黑目，一名曰大鶩，一名曰少鵹，一名曰青鳥。」

郭璞註曰：「皆西王母所使也」。三危山見西次三經，文曰：

「（軒轅之邱西一千二百里，曰符惕之山）又西二百二十里，曰三危之山。三青鳥居之。是山也廣員百里，其上有獸焉，其狀如牛，白身四角，其豪如披蓑，其名曰獓（狪），是食人。有鳥焉，一首而三身，其狀如鶹，其名曰鴟。」

三青鳥住三危山，而為西王母所使。三危山東距西王母的崑山為一千七百里，故詩曰：「朝為王母使，暮歸三危山。」依蘇末教的研究，三青鳥即三個飛天。山海經對飛天都記有名字，為世界所有研究飛天的書物所不載，它誠然是世界最古的宗教史珍籍了。

三危山見尚書云：「竄三苗于三危」，國語也有此山名，云「廣運百里」，即上文的「廣員百里」。郭璞注山海經云：「今在燉煌郡」，畢沅注云：「山在今甘肅肅州北塞外」，均說在今甘肅，此為第一說。鄭玄注尚書，引河圖及地說，云：「三危在鳥鼠西南，與岐山相連」，劉昭注郡國志首陽，引地道記，云：「有三危，三苗處所。陸德明莊子音義曰：『三危今屬天水。』」：謂在今天水，此為第二說。水經云：「江水又東，過江陽縣南，洛水從三危山東過廣魏——漢洛縣南」，謂在今四川，此為第三說。筆者考定，上述三個三危山，都不是山海經上的三危山。因經上的三危山，在不周山（今吐魯番北山）以西四千八百四十里，古里小於今里，山之所在當在西亞以西。三、古音塞，危、古音兀，三危古音塞兀。如果今天塞爾維亞是四千年的古名（這待史地學證明），則塞爾維亞當爲三危山的原地。至於中國的三個三危山，則是「名隨族轉」，三危族跟夏朝人到了中國，其山名也就到了中國。三危就是三苗，淮南子「有苗與三危通爲一家」（俶眞訓），可證。而三苗仍當是蘇末、羡門、珊蠻、喇嘛的歧譯。塞、蘇、羡、珊、喇（沙）在阿爾泰語是「沙」字頭的聲轉。

「獒」，犬也，今蒙語仍稱「獒海」；「猢」，犬也，今滿語仍稱「猢達渾」。這兩個阿爾泰語族的犬字，都見於楚文所寫的山海經，並全被「截頭」製成漢字漢語了。自來以「獒猢」爲一詞；今知經原文係「獒」，「猢」字爲注，故加以括弧。山海經之爲楚巫用楚文所寫，並經齊巫用齊文加注，似乎毫不成問題了。

六、扶桑

第六首詩是：

「逍遙蕪皋上，杳然望扶木。洪柯百萬尋，森散覆暘谷。靈人侍丹池，朝朝爲日浴。神景一登天，何幽不見燭？」

扶木見海外東經，文曰：

「湯谷上有扶桑，十日所浴，在黑齒北。居水中有大木。九日居下枝，一日居上枝。」

又，大荒東經曰：

「湯谷上扶木，一日方至，一日方出，皆戴於烏。」

又，大荒南經曰：

「東海之外，甘水之間，有羲和之國。有女子名曰羲和，方日浴于甘淵。羲和者，帝俊之妻，生十日。」

陶詩的扶木，山海經或作扶桑，或作榑木。郭璞注：「榑，扶桑二音」，一字二音，一字三音乃中國古字的正確讀法，今謂之複音。中國古用複音，後漸進化爲單音。高本漢知其然而未得確證；今已得之。此「榑」一字而讀「扶桑」二音，爾雅、方言、廣雅例不勝舉。扶木、榑木，郭璞的東晉時代還念「扶桑木」。

陶詩的暘谷，山海經均作湯谷，這二字其一必譌。證以淮南（天文訓）與陶詩均作暘谷，知湯是譌字。陶詩日浴，和經所云「羲和生十日」、「方日浴于甘淵」是一回事。郭璞注：「言生十子，各以日名名之，故言『生十日』。數，十也。」日名就是用天干爲名，夏朝用「閼逢」、「旃蒙」等複音語；殷則用「甲」、「乙」等單音字。山海經大意是說：帝俊夫人名羲和，生產下十個太陽。她在甘淵裡替太陽兒子們洗澡。九個洗罷，在下枝晒陽，一個洗罷，在上枝晒陽。這是巫者所說的神話。

扶桑就是釜山，漢書作鬴山，全是阿爾泰語的音譯。從黃帝到漢武帝，扶桑地望都在今外蒙古和鮮卑地方之間，武帝兵力曾及於此。大約夏朝明堂所繪山海圖有這地名，並有歷史；到巫者作山海經時，才把神話寫上去。巫者就是陶詩所說的靈人，她們自稱爲神之使者，法力能以浴日。

七、三株樹

第七首詩是：

「粲粲三株樹，寄生赤水陰。亭亭凌風桂，八幹共成林。靈鳳撫雲舞，神鸞調玉音。雖非世上寶，爰得王母心。」

三株樹見海外南經，云：

「三株樹在厭火北，生赤水上。其爲樹如柏，葉皆爲珠。一曰：其爲樹若彗。」

厭火、國名，淮南子作裸國民，其北有讙頭國，其南有三苗國。三苗即蘇末。山海經皆稱之爲國，淮南子則降之爲民；其實都是氏族（山海圖時代）。赤水出昆侖東隅，東南流注於汎天之水，見西次三經。

三株樹係「巴比塔」的象徵。蘇末亡國後，貴族和忠貞義民東遷，流亡今伊朗高原，建「軒轅之國」即獫狁之國。蘇末教徒四出傳教，便以樹象徵「巴比塔」，上通天堂，下通地獄。這些儀注，由夏人帶到中原，夏商周各朝都在流行，蘇末被寫爲覡巫或羨門。夏桀北走大沙，桀子逎往北野，蘇末教正統轉往匈奴、鮮卑、契丹、女眞、蒙古、滿洲各朝各地，今稱喇嘛教。夏人及巫者留於中原各地，人變爲殷周秦漢人，教稱爲巫教。孔子、墨子、老子均爲此教的馬丁路德。

章太炎先生有見於此；惜未說得明白耳。三株樹在匈奴各地變爲神木即「索倫竿子」——「宋」字之「木」，祭山海經諸神，今尚用之；內地則演化爲三柱香。

陶詩所稱三株樹得王母心，今本山海經記載已逸。用陶詩補山海經，可證西王母正是蘇末教國家。

八、員丘

第八首詩是：

「自古皆有沒，何人得靈長？不死復不老，萬歲如平常。赤泉給我飲，員丘足我糧。方與三辰遊，壽考豈渠央？」

赤泉即赤水，出昆侖山，也即丹水。員丘當即員嶠，丘、嶠雙聲，仙山名。列子湯問篇尙有此山，云係海外仙山之名；今本山海經已逸此山之所在了。三辰即日、月、星。

九、夸父

第九首詩是：

「夸父誕宏志，乃與日競走。俱至虞淵下，似若無勝負。神力既殊妙，傾河焉足有？餘迹寄鄧林，功竟在身後。」

這首詩上的夸父，見於海外北經，云：

「夸父與日逐走。入日，渴欲得飲。飲於河、渭；河、渭不足。北飲大澤；未至，道渴而死。棄其杖，化爲鄧林。」

又見於大荒北經，云：

「大荒之中有山，名曰成都，載天。有人珥兩黃蛇，把兩黃蛇，名曰夸父。——后土生信，信生夸父。夸父不量力，欲追日景，逮之于禺父。夸父將飲河，而不足也；將走大澤；未至，死於此。」

又見於中次六經，云：

「（常烝之山）又西九十里，曰夸父之山。其木多椶枏，多竹箭。其獸多㸲牛、羬羊。其鳥多鷩。其陽多玉，其陰多鐵。其北有林焉，名曰桃林。是廣員三百里，其中多馬。湖水出焉，而北流注於河，其中多珚玉。」

前兩段經文說到夸父「與日逐走」，「欲追日景」，故陶詩云：「夸父誕宏志，乃與日競走」。虞淵見淮南子天文訓，云：「日出於暘谷……入于虞淵」，太平御覽引此作「日入虞泉」。詩中所說的鄧林，就是海外北經的鄧林，也就是中次六經的桃林，畢沅注云：「鄧林即桃林也。鄧、桃音近。高誘注淮南子云：『鄧、猶桃』，是也。」夸父死於北大荒的成都山下，其後發展爲幅幀三百里的桃林。桃爲壽菓。故陶詩云：「餘迹寄鄧林，功竟在身後」，謂後人吃了仙桃，可以長生。

夸父爲古氏族名。四千年前，這一氏族住於今塔里木河以北，裏海以南。唐朝司馬貞曾認出夸父「蓋非在中國」，可謂別具慧眼。這一氏族出於后土即句龍，即九黎，和蚩尤同時。我疑這個神話似乎和黃帝戰蚩尤的史話有關。「道渴而死」也似透露當年這一氏族曾遭大旱。

一〇、精衛與形天

第十首詩是：

「精衛銜微木，將以塡滄海。形天舞干戚，猛志故常在。同物既無慮，化去不復悔！徒設在昔心，良辰詎可待？」

精衛神話見北次三經，曰：

「（神囷之山）又北二百里，曰發鳩之山。其上多柘木。有鳥焉，其狀如烏，文首，白喙，赤足，名曰精衛。其鳴自詨。——是炎帝之少女，曰：女娃。女娃遊於東海，溺而不返，故爲精衛。常銜西山之木石，以湮於東海。漳水出焉，東流注於河。」

形天神話見海外西經，曰：

「形天與帝至此爭神。帝斷其首，葬之常羊之山。乃以乳爲目，以臍爲口，操干戈以舞。」

精衛的神話，也是我國文學上一則美麗的情話。她是炎帝之女。炎帝即錖帝，錖乃古赤字，炎字爲赤字之訛。錖帝古云即神農；其實神農是民族名，赤帝爲此族第一帝。神古音西，農古音内，合音西内，實與夏——匈奴——石紐——支那爲同音的歧文。這則神話或情話，是我國最古的佳話，它表徵了中國人在五千年前神農氏時代便有無限的癡情——塡海的精神。陶詩云：「精衛銜微木，將以塡滄海」，正是他從心底傾瀉出自己所繼承的中國精神。

形天的神話，與黃帝同時，也是四千七百年前中國人「死而不已」的精神表現。陶詩云：「形天舞干戚，猛志故常在」，正是他自道仕途失意之後卻依然保存著「猛志逸四海」（用李辰冬說）的精神。全詩後半首「同物既無慮」，這是他「與物多忤」（與子儼等疏）的傷心語：「化去不復悔」，這又是何等樣的大勇？但他吟到「徒設在昔心，良辰詎可待！」直是聲淚俱下了！淵明本有「塡海」，「操戈」的入世之志，只奈仕途太卑鄙污穢了，個人無可表現，只好退隱。

一一、天鑒

第十一首詩是：

「臣危肆威虐；欽駓違帝旨；窫窳強能變；祖江遂獨死：明明上天鑒，爲惡不可履。長梏固已劇，鵕鶚豈足恃！」

臣危的神話見海内西經，曰：

「貳負之臣曰危。危與貳負殺窫窳。帝乃梏之疏屬之山，桎其左足，反縛兩手與髮，繫之山上。木在開題（按：契丹）西北。」

同經又曰：

「（昆侖開明）東有巫彭、巫抵、巫陽、巫履、巫凡、巫相，夾窫窳之尸，皆操不死之藥以距之。——窫窳者蛇身人面，貳負、臣危所殺也。」

窫窳也見於海內南經，云：

「窫窳龍首，居弱水中。」

貳負見海內北經，曰：

「（昆侖虛北有人曰大行伯）貳負之尸，在大行伯東。鬼國在貳負之尸北……」曰：貳負神在其東，爲物人面蛇身。」

這些神話聯貫起來，是說人面蛇身的貳負，和其臣危，殺死蛇身人面的窫窳；帝乃桎梏臣危和貳負；窫窳則正由一群巫者用不死藥救治中。

欽駓的神話見西次三經，曰：

「（峚山）又西北四百二十里曰鍾山。（鍾山之神，名曰燭龍。）其子曰鼓，其狀人面而龍身。是與欽駓殺葆江於昆侖之陽。帝乃戮之鍾山之東曰瑤崖。欽駓化爲大鶚，其狀如鵰而黑文，白首，赤喙而虎爪，其音如晨鵠。見則有大兵。鼓亦化爲鵕鳥，其狀如鴟，赤足而直喙，黃文而白首，其音如鵠。見則其邑大旱。」

這條神話很具體。經中的葆江，陶詩作祖江。郭璞注：「葆或作祖」；張衡思元賦：「過鍾山而中休，瞰瑤谿之赤岸，弔祖江之見劉」，自注：「祖江，人名也」：故知祖江就是葆江。張衡也認出祖江是人。

陶詩云：「臣危肆威虐」，謂其殺窫窳；「欽駓違帝旨」，謂其殺祖江，下接：「明明上天鑒，爲惡不可履」，詩意頗爲明白，是痛斥殺人做惡的人。中云：「窫窳強能變」，謂窫窳和巫彭等等都已成仙了；又云：「祖江遂獨死」，卻似乎有所指而云然。按：李辰冬先生繫年置這十三首詩於東晉義熙二年，淵明三十五歲時，理由是第一首「怡然自樂」；但又云：「在那一年，亦不敢必；惟最晚不能過四十五歲。因四十五歲以後的詩，已表現出暮年的悽涼景象。」可知李先生並不堅持義熙二年之說。筆者細讀這些詩，以爲第九首尤其第十一首以下各詩，似乎作於晉、宋異代之際，他殆以臣危和欽駓象徵劉裕罷？將十一、十二首合看，我的推測似更有理。

據近來研究，黃帝統治和作戰的地區，未出中亞及西部鮮卑利亞一帶，最東只能到達扶桑即釜山，仍在外蒙古以北。所以上邊神話的舞台背景，必在今新疆以西。而這些神話也正「暗表」黃帝當時多有內亂，臣危、貳負、鼓、欽駓都是作亂的氏族；窫窳、祖江是內亂中失敗的氏族。後代巫者將他們供入神殿，才變成蛇身人面，人面龍身。龍（Leo）就是獅（Felis Leo）。人面龍身神當即人首獅身像。

二二、悼屈

第十二首詩是：

「鵸鵌見城邑，其國有放士。念彼懷王世，當時數來止。青丘有奇鳥，自言『獨見』爾。本爲迷者生；不以喻君子。」

鵸鵌見南次二經，云：

「柜山，西臨流黃，北望諸毗，東望長右。有鳥焉，其狀如鴟而人手，其音如𤸺（按：從畢沅校），其名曰鴸，其名自號也。見則其縣多放士。」

畢沅注云：

「鴸，見玉篇，云：『鳥似雞』。陶潛讀山海經詩云：『鵸鵌見城邑，其國有放士』，則鴸當爲鵃。」

青丘奇鳥見南山經，曰：

「（基山）又東三百里曰青邱之山……有鳥焉其狀如鳩，其音若呵，名曰灌灌。佩之不惑。」

陶詩自第九以下，似已成爲「時評」體；本首諷刺性更爲濃厚。他由鵃（鴸）鵌見其縣多放士的巫說，想到屈原的被放，不勝致其哀悼，故用懷王的典故；又由青丘鳥雖以「獨見」呵世，但卻可「佩之不惑」，評定離騷「本爲迷者生」，並非「以喻君子」。看其詩意似已扣上自身，以懷王擬東晉末帝，以奸回斥劉裕一輩人，而自擬爲屈大夫了。與第十三首合看，更爲明顯。

一三、哀鮌

第十三首詩是：

「巖巖顯朝市，帝者愼用才！何以廢共鮌，重華爲之來？仲父獻誠言，姜公迺見猜！臨沒告飢渴，當復何及哉？」

共鮌見海內經，云：

「黃帝生駱明，駱明生白馬，白馬是爲鮌。……鮌是始布土定九州。……洪水滔天，鮌竊帝之息壤，以湮洪水，不待帝命。帝令祝融殺鮌于羽郊。鮌復生禹。帝乃命禹卒布土以定九州。」

尙書、史記等書都記載著：堯命鮌治洪水，九年不成，被指爲四凶之一，舜殛鮌於羽山；並命鮌子禹治水。這是將鮌寫成瀆職而又兇惡的人了，而在屈原筆下的鮌卻是「婞直亡身」（離騷）。婞，即悻，脾氣大；直，性情剛，並不是凶人。屈原對鮌頗有好感，不像周、漢人的描寫。屈原之後，又見淵明，直將鮌說成管仲，謂爲人才，而將堯或舜說成齊桓公。正經正史那樣說；屈原、陶潛這樣說，我們何以去取呢？筆者以爲：山海圖繪於楚明堂，是屈原親眼看過的；而作爲山海圖說明書的山海經，是用楚文所寫，至周、秦、漢先後譯成漢文，這是原始史料，它裡面雖儘多神話，以致降低其被信賴性；但神話背景所透露的史實，總應近眞，而較周、漢人所寫歷史爲可靠。而且屈原、淵明都是有獨立人格自由信仰的偉大文人，並去古爲近，多有參考（例如仲父、姜公典故，自有所本，今已不見），當不致曲解歷史，顚倒是非：他們一致哀悼鯀之被廢，筆者寧信其對：淵明以堯、舜廢鯀加重十二首懷褱放屈的說法，以鯀之婞直擬屈原之婞直，如果他沒有確實的歷史根據，不太唐突屈原了麼？

鮌、鯀是一人，二字必有一誤。共鯀、共工也是一人，共工是楚文原文的音譯；而鮌或鯀係共工的拼音。鯀又稱白馬，這是十二屬肖的歷史記錄。禹又稱句龍，亦然，鯀肖馬；禹肖龍。

一四、結語

上文把「讀山海經十三首」詮釋一過，我們發現了下列三點意見：

一、這是一位被宦途逼迫退隱的志士，借山海經爲酒杯，來澆自己胸中的塊壘。所謂塊壘，是身經亡國篡弒之哀對亂臣賊子的衷心痛恨。

二、山海經（非山海圖）上的神仙思想，雖成爲淵明思想的一部；但他的主要思想還以入世成份爲多。看他把「天鑒」、「悼屈」、「哀鮌」排在最後，可知是含有結論性的意味。

三、屈原由於觀覽山海圖（非山海經）而作離騷、天問；這位自比屈原的隱士，乃以「讀山海經」為題，寫其新離騷。

——四十六年九月一日反攻月刊

二十一、山海經這部「怪書」

中國有許多的「怪書」，怪到幾千年來有無數的人愛讀牠，但都似懂非懂。後代的人仍然接著讀，還是似懂非懂。再後代的人又接著讀下來。山海經這部「怪書」，便是其一。我保險：三千年前的周穆王談過牠，引起絕大的興趣，坐上八套大馬車，由造父趕著，沿著「西次三經」的崇吾山脈，到中央亞細亞去拜訪西王毋，並祭奠約在今高加索以南軒轅黃帝的宮殿。這可以說是第一位「迷哥」。二千五百年前的孔子一定也讀過牠。論語上孔子說道：「鳳鳥不至，吾已矣夫！」這是他讀罷「南次三經」的「丹穴有鳥焉，其狀如雞，五采而文，名曰鳳凰，首文曰『德』，翼文曰『義』，背文曰『禮』，膺文曰『仁』，腹文曰『信』。是鳥也，飲食自然，自歌自舞。見則天下安寧」一段之後的慨嘆。他的學生顏子「拳拳服『膺』，終日不違『仁』」（見論語），明明是「膺文曰仁」的鳳凰信徒，也是一位山海經的「迷哥」。莊子也一定讀過牠。南華經上「南方之鳥，名曰鵷鶵。發於南海，飛於北海」，這是讀了「南次三經」南禺山的鵷鶵之後的筆記。類似這樣的筆記，不下數十條。屈原更毫無疑義地讀過牠。他除了要「登崑崙兮食玉英」（離騷）之外，並且寫出有名的「天問」，對山海經史地提出研究論文。（呂不韋的春秋，全部接受山海經的思想；但言以人慶，我且不提他。）淮南王劉安編著一部鴻烈記，內有幾篇專解山海經。漢武帝讀過牠。他派張騫去窮河源，李貳師征大宛，都是接受山海經的啓示。司馬遷作史記，這是世界有史以來第一部大歷史，也引用了山海經，譬如五帝本紀裡的黃帝本紀，許多話頭便都出於「西次三經」；只是他又說：「山海經所有怪物，余不敢言也。」西漢末季，新莽初年，劉歆（原名秀）校進山海經，朝士多奇之，文學大儒皆讀之。東漢許愼作說文，是中國最古的字典，許多字義出於山海經，譬如「狐，妖獸也」，分明是講九尾狐（圖一）的。東晉郭璞首先替山海經作注；陶潛在隱居生活裡是「流觀山海圖」。北魏酈道元寫出千古奇文水經注，開篇第一句「崑崙墟在西北，去嵩高五萬里，地之中也。其高萬一千里」（經文）云云，固然是山海經之說；酈注自此以下全書無數處，也全引山海經（但全部是穿鑿）。直到一百七十年前清朝畢秋帆（沅），以方面大員，親歷西北山水，作山海經新校正，可謂用功之至；結果對於山水道里卻越弄越糊塗了。一百五十年前郝懿行作山海經箋疏，較酈，畢是大有進步。到了當代，趙龍文、浦薛鳳……龍鳳云云，還是山海經思想在流行。我們不妨說：一部中國文化史或一部中國政治史中，山海經的「山」是史

九尾狐 狐身九尾能食人出青邱山
青邱奇獸
九尾之狐
有道翔見
出則銜書
作瑞周文
以標靈符

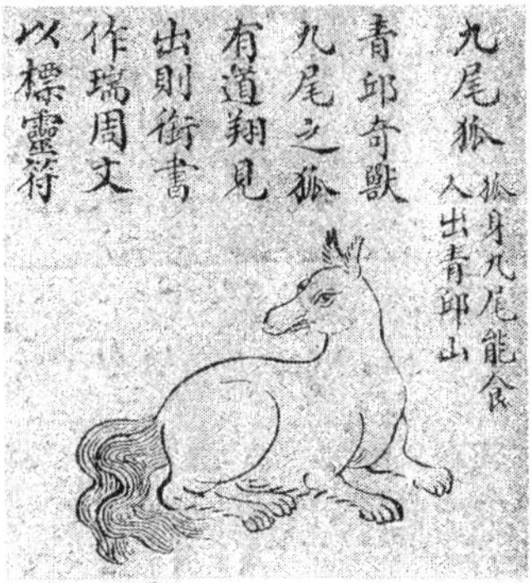

圖一

的骨子，山海經的「水」是史的血液，山海經的「啼」是史的靈魂。不懂山海經，便不會懂中國。周、漢、唐的精神在山海經；以後的中國人不懂山海經，中國人也便沒有了氣魄，再不出周穆王、漢武帝和唐太宗。

近一千多年來，誰都不懂山海經；但四十年前一位老畫師卻懂了牠。那時家大人正和許多老居士，在故鄉修建「三才寺」，幾十間雄偉的神殿，數百尊莊嚴的巨佛，從盤古、女媧、三皇、五帝到山神土祇，可以說儒釋道的「全家福」。請一位我記不起姓名的老畫師來繪壁畫，名為「畫牆皮子」。我看著他對照山海經在畫，九尾狐，一足鳥（圖二），生翅的馬（圖三），兩腳的驢……好生奇怪，流連終日不能去。我問：他答。如今只記得他說的這幾句話：「孩子，這些東西，都在老遠老遠西北的外國。」近幾年來，臥病木板房中，無書可讀，想起山海經。無意中證明老畫師——啊！想起來了，他姓王，說得真是對了：山海經上的山、水、人、神、蟲、魚、鳥獸，真正都是四千七百年前「外國」（那時中國人的「天下」）的東西。山水是中央亞細亞（應譯為「中夏」）和鮮卑利亞（誤譯為

圖二

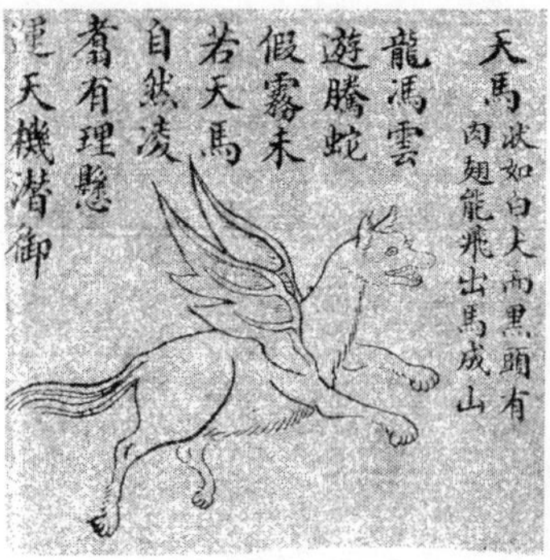

圖三

「西伯利亞」）的山水，神鬼是蘇末、巴比侖、埃及的神鬼，鳥獸蟲魚是那時的神話；人，卻來到中國，建立夏朝，後來大部成爲今天的中國人，一部成爲今天中國人裡的蒙古人、鮮卑人和滿洲人了；許多當年中亞和鮮卑利亞的山名水名也搬到中原來，一如今天南京和黑龍江會搬到台北。我住著的街便名爲「龍江街」，門前一道狹小而污穢的河流卻也名爲「黑龍江」了（這也是山海經思想）。難怪莊周、屈原、劉安、郭璞、酈道元以至畢沅、郝懿行弄不清山海經上山水位置（周穆王和漢武帝還懂一些）。今天用我門前的「黑龍江」來注釋東北的眞黑龍江，當然越註越糊塗；郭、酈、畢、郝諸君用晉魏山水解說山海經上所記中亞和鮮卑利亞的眞山水，也必越搞越亂人意。假定天地忽然翻覆，一切史料全燬，只人口流傳中國有一條黑龍江；四千七百年後，忽有一位考古家掘出我住的「龍江街」街口鐵牌，他便作成論文，考定這條小河便是中國黑龍江，因而得了博士，我的天呀！這可眞成「怪書」了。郭、酈、畢、郝諸君何以異於是？你要看眞黑龍江嗎？便須返回大陸，到黑龍江省去看，在我住的「龍江街」是看不到的；你要看山海經上的軒轅丘、大荒、渭水……也須返回「我們更老的老家」——鮮卑利亞（李濟教授語）和中亞去，那才是山海經上的眞山眞水。史地上偶有山水和山海經山水同名，這都是夏族從鮮卑利亞經中亞來到中原之後，爲了紀念故鄉山水，便以故名名其新到的山水，一如我今天住的「龍江街」者然。

上面說到山海經上的人，由中亞來到中國，這不是瞎話。大概在公元前四千二百年前，今天的中國人的老祖先，那時名爲夏人，已由鮮卑利亞搬到西亞肥腴月灣和中亞一帶很久了。公元前四千幾百年，那地的蘇末人（Sumerians）建立的蘇末國，可能便是夏人的作品。蘇末人建立了農業社會，用太陰曆，種植大麥和小麥，牧養家畜，紡織布匹，製造紅陶，造出文字，刻在泥磚上，文字作鍥形，這也說明他們知道用銅刀刻字，作有「洪水詩」，文化相當的高了。不意在公元前二千八百年左右，忽然從阿拉伯來了白種的閃族人，趕走這由東方來的蘇末人：蘇末的大陸便告淪陷了。以後蘇末人在世界史上失了蹤跡。但一百年後——公元前二千六百九十多年，中國出現了一位軒轅黃帝，五百年後，中國又出現了一位大禹。黃帝和大禹所遺留的文化，用太陰曆，種麥、養豬、養蠶、織絹，用紅陶、用銅刀刻字，字近於鍥形（筆者於三十五年旅行蒙古，獲新出土銅器，腹有一字，確作鍥形），作有「洪水書」……一一都像蘇末文化，而且比蘇末文化還高。特別是夏人使用的紅陶，和中亞、波斯、克里米亞的紅陶十分相似，由中亞到新疆、甘肅、陝西、山西、河南、河北、遼寧，構成一道「走廊」，地下都是紅陶。這豈不很怪？是否這一百年，西亞的蘇末人變成了東亞的夏人？他們離開第二故鄉的中亞，流亡到中原新大陸上來了？我猜：是的。夏人固然不能確說便是蘇末人（蘇末人屬於何種，迄今未明），但照古史格局看，夏人由中亞遷到今日大陸，十分可能。

我覺得這部山海經便是公元前二千七八百年之間，夏人從中亞遷居東亞的史證。山海經是山海圖的說明書。山海圖是夏朝五藏（五座廟兼國立圖書館兼資料室）的壁畫或所藏的地圖。山海經寫有「禹曰」云云字樣，傳是大禹所作，這雖未必盡然；但總是夏朝知識階級——薩滿教徒

（巫）所繪，當無問題。（薩滿教係清朝譯名，元朝時譯為珊蠻，秦朝譯為羨門，和蘇末何其音近？）大約到了殷周時代，由圖變成經；經文成為薩滿巫——後變為道士——的讀物，隨時有人往上增補文字，便把最初的經文的正確性和時代性弄丟了許多。周穆王、孔子、莊子、屈原、劉安到司馬遷所見本頭，必是古文；到東漢劉歆（秀）那麼一「省」（譯），成為今文，詰屈聱牙變為通俗易曉，看起來更不像古書了。劉歆「省」譯時，又添進去若干注釋，後亦亂入經文。當時內府只有前五卷，經他整理進呈；六卷以後——「海外南經」到「海內經」逸在民間，經漢朝人又添進來不少漢朝的史地資料，他不分青紅皂白，一古腦兒「省」譯進呈，更使人懷疑山海經的時代性了。

因此，二千年來山海經蒙了「怪書」之名。山海圖應是世界史上第一部地圖，必定隨著夏桀亡國而燬；（屈問「呵壁」時所見的圖，可能係抄本；）但我們從山海經裡還可以窺見這最古的地圖的全貌，這該是多麼值得拍案叫絕的一樁事？牠何以是夏人從鮮卑利亞經中亞遷居中原的史證？牠的山水何以都在中亞和鮮卑利亞？牠裡邊的神和「怪物」何以是蘇末、巴比侖、埃及的神？軒轅丘、不周山、共工台、堯台、舜台、西王毋的玉山大約在中亞的什麼地方？薩滿教和蘇末有什麼關係？「漢醫」、「本草」和山海經有什麼關係？中國文化和牠有多少關係？山海經是不是能幫助我們研究夏史，及世界史家研究蘇末史，埃及人首獅身像？山海經，可能有助於探索中華遠古文化與神話的根源，為世人尋求奇異世界的一大寶庫。

二十二、山海經西次三經今譯

山海經爲世界有史以來第一部古地圖的說明書。圖約作於公元前二十二世紀；說明書即山海經約作於公元前十二世紀。近二千年來無人領略山海經眞正史地價值。經筆者多年研究，業已證明山海經確係夏朝史地書，可與巴比侖泥磚、埃及金字塔、殷虛甲骨文比美。全書現經精校、新註，並譯成語體，名爲「山海經注譯」。茲刊布「西次三經」譯文，供同好快覩，並希指正。

夏朝國立圖書館西館壁畫第三幅，題爲崇吾山圖。這座山峙立在一條大河（按：今塔里木河）的南岸，向北可以望見冢遂山，向南可以望見䍃澤，向西望是（中華民族始祖）黃帝打獵的山，向東望是螞淵湖。崇吾山上有一種樹，葉圓，花托白色，開著紅花，木心是黑色的，果實像枳子，人吃了牠，多子多孫。山上有一種獸，樣子像母猴，兩腿長滿了花紋，兇爲虎豹，善於抓人，名字是舉父（圖一）。有一種鳥，樣子像水雞，一隻翅膀，一個眼睛，雌雄比翼才能起飛，名字是蠻蠻（圖二）。牠如出現，天下要發大水。

在崇吾山西北三百里，是長沙山。泚水從山裡發源，向北流去，注入泑水。山上沒有草木，有許多青色的雄黃。

在長沙山西北三百七十里，是不周山。向北望是諸毗山，鄰近有嶽崇山，向東望是泑澤（按：今新疆省羅布泊）。上邊所提到的大河，從不周山發源，源頭若隱若現，冒出無數的水泡泡來。因為水土很好，所以出產一種優良的水菓，像桃子，葉像棗樹，開著黃花，花托是紅色的。人吃了牠，可以解除疲勞。

在不周山西北四百二十里，是密山。山上生有許多丹（紅）樹，圓葉，紅枝，黃花，菓實紅色，味道像米糖，人吃了便不餓。丹水從這山裡發源，向西流去，注入稷澤，水裡有許多的白玉。這裡產有玉膏，由丹水裡流出，熱氣騰騰，很像一碗清湯。黃帝在世的時候，常吃這種玉膏；崩逝之後，子孫還是用玉膏上供。丹水裡出產黑玉；玉膏便是從黑玉裡流出來的。用這種玉膏澆灌丹樹，五年之後，五色的丹樹便越發鮮艷，發出的五味便越發馨香。黃帝曾經擷取密山玉膏的精華（按：原文「玉榮」，即玉英，

圖一

圖二

屈原要「登崑崙兮食玉英」，即此），種在鍾山的山陽，生出晶瑩的瑾瑜，粒堅質美，五色輝映，光潔潤澤，不剛不柔：黃帝便用牠來饗祭天地和鬼神。紳士人吃了玉膏，可以避除邪氣。從密山到鍾山，是四百六十里，中途儘是湖沼地帶。這裡有許多奇異的鳥，怪樣的獸，不知名的魚，全屬世不經見的東西。

在密山西北四百二十里，是鍾山。鍾山山神（燭陰）（圖三）的兒子名字叫作鼓（圖四），長相很怪：人面，龍身（按：此事可與埃及人首獅身像比照）。他和欽䲹（按：當是鮮卑之神）聯合，在崑崙山南，殺死了葆江。黃帝遂把欽䲹和鼓擒來正法了。正法的地方在鍾山的東面，名爲瑤崖。欽䲹死後，化爲大鶚，樣子像鵰，身有黑紋，白頭，紅嘴，虎爪，口音像鴻鵠在清晨的嘯聲。祂如出現，便有兵災。鼓死之後，也化爲鵕鳥，樣子像鴟梟，紅腿，箭嘴，黃紋，白頭，聲音像鴻鵠。祂如出現，那地方便要大旱。（按：以上均滲入薩滿教——蘇末教（？）神話，請讀者對照埃及、希臘、荷馬詩讀之，並細查背後所透露之史實。）

鍾山西一百八十里，是泰器山。觀水從這山裡發源，向西流

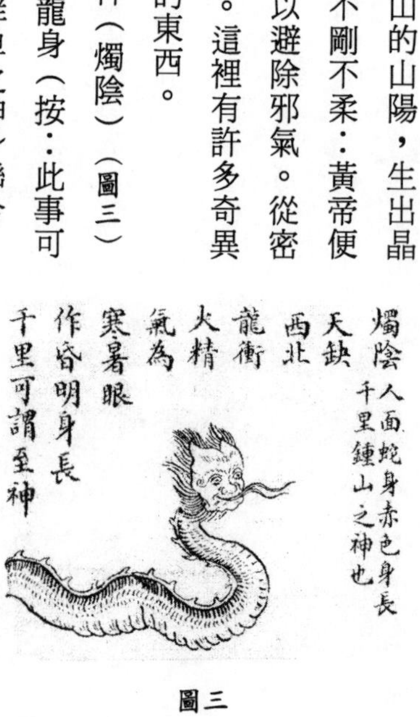

圖三

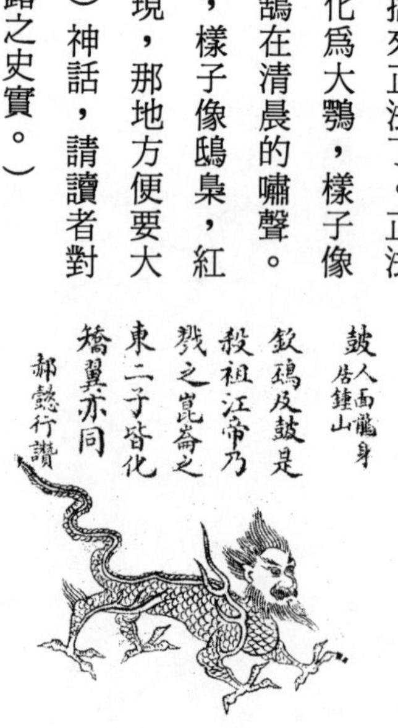

圖四

去，注入流沙（按：即今中亞大沙漠）。這水裡有許多文鰩魚（圖五），樣子像鯉魚，魚身，鳥翅，青花，白頭，紅嘴。常常從西海游到東海去。夜間能飛。聲音像鸞雞。肉味酸甜，人吃了牠，可以治精神病。牠如出現，天下豊收。

泰器山西面三百二十里，是槐江山。丘時水從山裡發源，向北流去，注入泑水。水裡有許多蠃母螺。山上有許多青色的雄黃。山裡隱藏著琅玕、黃金和美玉。山陽有許多紅沙（丹粟），山陰有人採出許多黃金和白銀。這裡實在是黃帝的玄圃。有一位神名爲英招（圖六），管理著玄圃。英招的樣子是：馬身，人面，虎紋，鳥翼。牠巡行的海。聲音像榴（按：原文「其音如榴」，榴不詳）。從這山上南望崑崙，山光閃耀，嵐影晶瀅；向西望是一個大湖，后稷在這裡避過難。湖裡有許多的玉石，湖陰長著茂密的榣樹，已枯的老幹又新生出幼枝來。向北望是諸毗山，槐國（按：原文「槐鬼」）首長離侖死後住在那兒，鷹鸇也巢在山上。向東望是恒山，山上有四座城，有窮國（按：原文「有窮鬼」）首長死後住在那兒，各在一摶（按：此四字不能譯）。左邊有瑤

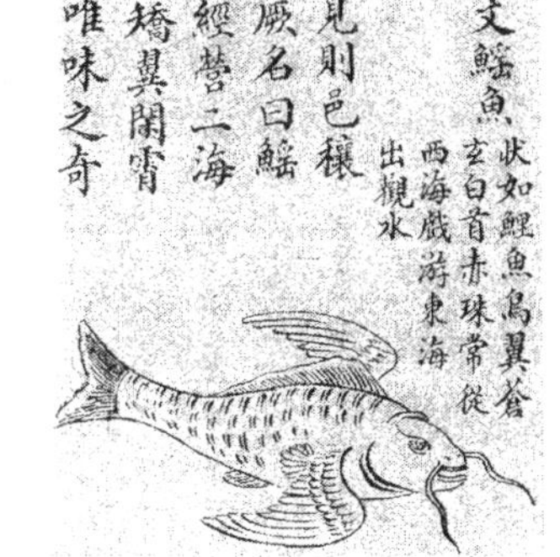

圖五

圖六

水，慢慢地流著。有一位天神，樣子像牛，八足，二頭，馬尾，聲音像勃皇（按：二字不詳）。祂如出現，邑有兵災。

槐江山西南四百里，是崑崙丘（按：庫倫二字的古譯）。這裡是黃帝在生時的都城（祂的神靈卻在天上），由一位名叫陸吾的神在管領著。神的樣子像虎，九尾，人面，虎爪（圖七）。這位神呀，掌理黃帝在天上的九部，黃帝在世時的花園，和花園裡供奉著黃帝神主的神殿。崑崙丘上有一種獸，樣子像羊，四角，名爲土螻（圖八），能夠吃人。有一種鳥，樣子像蜂，大如鴛鴦，名爲欽原，牠螫了鳥獸，鳥獸必死，螫了樹木，樹木也必枯焦。有一種鳥，名爲鶉鳥，牠管理黃帝的輿器和衣裳。有一種樹，像是棠梨，黃花，紅菓，味道像李子，沒有核，名爲沙棠，可以禦水，人吃了牠，身輕不溺。有一種草，名爲蕡草，像葵花，味道像葱，人吃了牠，可以解乏。一條河從山裡發源，向南流，轉東，注入無達山。赤水也從山裡流出，向東南流，注入汜天山山下的河裡。洋水從山裡發源，向西南流，注入醜塗山山下的河中。黑水也從山裡流出，向西，注入大杅山。這裡有不少的怪鳥和怪獸。（按：

圖七

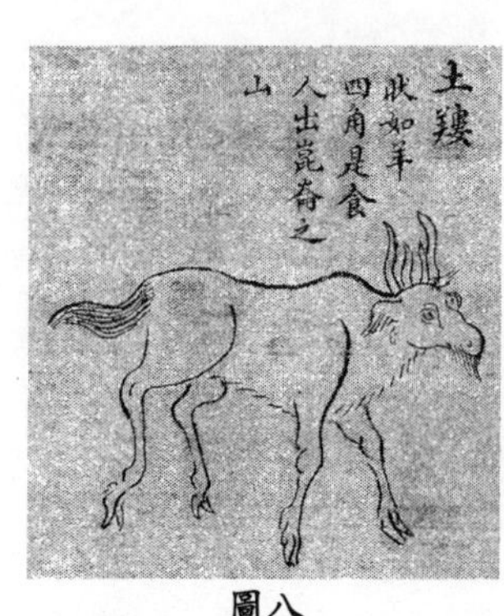

圖八

下略樂游，嬴母兩山和流沙，共九百七十里。）

嬴母山西面三百五十里，是玉山。這山是西王母所住的地方。西王母的樣子像人，（人面），豹尾，虎牙，善於呼嘯，蓬髮，帶著玉簪。祂是黃帝天都的司法行政部部長，掌理著降災和五刑。山上有一種獸，樣子像狗，花紋像豹，牛角，名字是狡，叫起來像犬吠。牠若出現，那地方便有好的年成。有一種鳥，樣子像翟，紅色，名字是勝遇。牠吃魚。聲音像錄（按：錄字不詳）。牠若出現，國有大水。

玉山西面四百八十里，是軒轅丘。一座荒山，無草無木。洵水從這山裡發源，向南流去，注入黑水。水裡有許多紅沙，有許多青雄黃。（按：下略積石，長苗，章莪，陰山，符惕，三危，騩山，天山，泑山共九山，計二三三〇里。）

從泑山向西，水路百里，到達翼望山。沒有草木，多產銅和玉。有一種獸，樣子像狸，一目，三尾，名字是讙。牠如叫喚起來，其他百獸的聲音都會被壓服了的。牠可以禦鬼。人吃了牠的肉，可以治黃癉病。有一種鳥，樣子像烏鴉，三頭，六尾，善笑，名爲鵸鵌（圖九）。人吃了牠的肉，不做惡夢，也可以禦鬼。

圖九

總計第三幅壁畫，從崇吾山到翼望山，共有二十三座山，六千七百四十里。山神的樣子，都是羊身人面。祭神的儀注是：把一片吉玉埋在地中；神飯用稷米做成。（按：泑澤，漢書地理志謂之蒲昌海，在敦煌郡。括地志云：「蒲昌海一名泑澤，一名塩澤，一名輔日海，亦名牢蘭，亦名臨海，在沙州西南。」見史記正義。東晉郭璞注：「泑澤即蒲澤，一名蒲昌海，廣三四百里。去玉門關三四百里。」戴震校注水經：「蒲昌海即羅布淖爾。」據經文，泑澤在不周山東，足見崇吾、長沙，不周、密山……均在今新疆。讀者試以羅布泊為基點，向西量去六千里（古里小於今市里），可知軒轅丘已在今中亞，此為黃帝來處。）

二十三、山海經時代的新疆

——山海經底西山經、北山經山水研究

一、說山海經

何謂「山海經時代」？山海經是一部古書的名字，首見於史記，著錄於漢書。此書所記（除去後人附會部份）都是夏朝以前的山水人物。我們以為「山海經時代」就是夏朝和夏朝以前的時代。何謂「新疆」？即清朝光緒八年命名的新疆省。本文的目的是研究山海經上的部份山水是否就是今天新疆省內和省外的山水？在公元前二世紀，山海經已成定本，偉大的歷史家司馬遷親自讀過它，漢武帝更根據它把新疆、西藏界山命名爲昆侖山。不止如此，周禮如果是周公所作，則周公當是它的讀者，因爲周禮中有許多篇如大宗伯、小宗伯、大祝、小祝、司巫、男巫、女巫、馮相氏、方相氏、職方氏……和山海經都有不可分離的關係。

穆天子傳上的周穆王，大約是我們所確知的山海經讀者，他曾親身去到新疆（和中亞、鮮卑

利亞 Siberia）祭祀黃帝故宮，並拜訪西王母。論語記載著「子不語怪力、亂神」，我們疑惑這恐怕是孔子看過山海經以後無言地批評。山海經上確實是瀰滿著「怪力、亂神」的氣氛。荀子蠶賦說蠶神「身女好而頭馬首」，後世稱爲馬頭娘，這正是「亂神」的模樣。大概荀子也看過或聽見這些神話。戰國人所寫的周語（在國語中）記著「有神，人面，白毛，虎爪，執鉞，是爲蓐收，天之刑神也」，正是山海經上的西方金神，下面第四段將談到他。近年湖南出土的楚畫繪有三首一身的怪像，這自然是春秋戰國時代所繪的山海經。周秦漢諸子多少都受過這本書的影響：例如管子幼官圖是山海經五帝廟的演化，五行、地數，都講山海經。陰陽家鄒衍「著書十餘萬言，列中國名山大川通谷，禽獸所殖，物類所珍，因而推之海外，以爲中國之於天下，乃八十一分之一。中國名曰赤縣神州，內有九州，即禹所序九州。中國外爲赤縣神州者九，乃所謂九州，於是有裨（Baga）海環之（以下附註之羅馬拚音文字係蒙古文），人民禽獸莫能相通。如此者九，乃有大瀛海（Yihė）環其外，天地之際焉。」（史記荀孟列傳）鄒衍大約只看過黃海、渤海，他之所說似即本於山海經。屈原的離騷、天問也都講山海經上的山水神話，他還很想「登昆侖兮食玉英」，到西海去「從彭、咸之所居」。秦呂不韋主編的呂氏春秋四紀，西漢劉安（伍被）主編的淮南子「墬形訓」，全是山海經思想；劉安並將山海經加以修正。漢武帝亟慕黃帝成仙，乘龍（Arsalang 即 ėrsėlėng）上天，應由山海經引起興趣。他半生用兵西征，作戰目的是「斷匈奴右臂」；說不定潛意識中是想去找黃帝罷？看他「案古圖書」欽定今天的崑崙山爲山海經上的昆侖山（Gėr in

Sina），可以窺出他的心事。他的外交特使張騫和西征將士，確也帶回不少二千多年前關於甘肅、新疆、中亞、西亞的地理知識，有益於今天我們來談這本古書。

司馬遷卻是不信山海經的一位，他說「山海經、禹本紀所有怪物，余不敢言。」劉向和班固把這本書列入「形法」即建築圖樣，是很有見地的，山海經正是古代河圖（廟）裡的壁畫。劉歆省校它爲十八篇，云其書「出自唐虞之際」，「禹別九州，益等類物，著山海經」，這話雖不見得對；但似乎不無古說可依。酈道元說：「山海經埋緼歲久，編韋稀絕，書策落次，難以緝綴。後人假合，多差遠意。」這眞是「不勝滄桑之感」的話了。他的水經注頗採山海經山水出處，可惜都弄錯了。郭璞首爲本書作註，反對「世之覽山海經者皆以其閎（荒）誕迂誇，多奇怪之言」，而認本書「跨世七代，歷載三千」，「非天下之至通，難與言山海之義。」可惜他和酈道元一樣，不知「地名隨族轉徙」的道理，用東晉所知地名、山名、水名，以注經上地名、山名、水名，全部不「通」。畢沅寫「新校正」，郝懿行作箋疏，犯了酈郭的老毛病。不過郝氏竟知西山經、北山經的山水多在夷狄中，是一特識。

我們童年大都讀過這本書，九尾的狐，龍面的神，滿是好玩。不知被老師罵了多少次，嚴禁閱此「荒誕不經」的書。四十二年爲了研究鮮卑利亞問題，對照世界史特別是蘇末、埃及等史，細讀本書不少回次，才知這是一部世界上最古的——稀有的可以說絕無僅有的史地和宗教書。近代王靜庵（國維）先生用它與殷文互證，發現王亥、王恒，考定殷周制度，本經身價爲之驟增。

筆者由這本古史上認出「奢比」就是鮮卑。經上的四方風名也正是殷文中的四方風名；不久，嚴一萍先生也已認出並撰文發表（大陸雜誌十五卷一期），他主張對山海經要重新估價。筆者並且認出經上所有名詞都是蒙古語的音譯，如上述昆侖就是 Gėr，昆侖山（Gėr in sina）就是「家山」即家縣，也是「國都的山」或縣，錢來山就是 tėkri 的 Kri 山，也即騰格里山，義譯兼音譯也即天山（東天山），巫彭、巫咸的巫就是 Ubadislamui 的 U（巫）……而其神話都和二十一年到三十四年所看所讀蒙文經典圖畫相同，「亂神」也正是喇嘛所打的鬼；因此回頭重溫扔下十二三年的蒙古文字。到今天可以說，大約算是了解了這部被人誤解了二千五百多年的山海經了。

山海經是河圖（ėrmėtü）即后土也即五帝廟（北方訛稱五道廟、土地廟）壁畫的說明書。所以上文我們說劉向、班固把山海經列入「形法」是很有見地的。但這以前，孔子說過：「鳳鳥不至，河不出圖，吾已矣夫！」當年他似已不知河圖爲何物了；卻把一個固定名詞分解使用起來——本是應該說「河圖不出」的。這個問題，到本年四五月才弄明白。河圖，夏曰世室，殷曰重屋，周曰明堂。管子幼官、五行各篇、墨子迎敵祠、呂不韋春夏秋冬四紀、小戴月令、明堂位、伏生大傳、淮南時則訓……講的本是河圖，但誰也不知講的就是河圖了。原圖幸經宋儒繪在易經上，不過把上下即北南的方位弄顚倒了。現在把顚倒的更正過來，就是夏殷周原本河圖了：

鄭玄（月令註，下同）說：「木生數三，成數八」，孔頴達（易經正義註，下同）說：「天三與地八相得，合爲木」，右邊即東方內三外八數字表示木星，表示東極（爾雅、呂氏春秋之說，

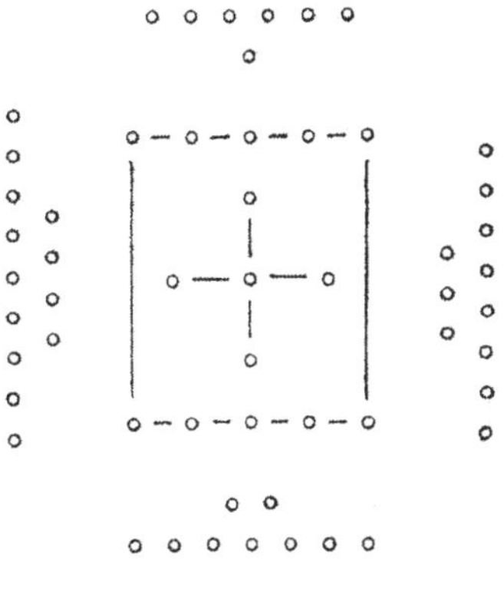

下同），也表示庖犧即扶桑即房心尾之房（Brahasbadi 木星）；「火生數二，成數七」，「地二與天七相得，合爲火」，下邊即南方內二外七數字表示火星，表示南極，也應表示神農（Sanicar 土星），但不知何故神農篡了軒轅的位，大約與「神農諸侯皆歸軒轅」（史記）有關）；「土生數五，成十數」（補），「天五與地十相得，合爲土」，中央內五外十數字表示土星，表示中極（補），也表示軒轅（Siroi 土星）；「金生數四，成數九」，「地四與天九相得，合爲金」，左邊即西方內四外九數字表示金星，表示西極，也表示少皞（šogora 金星）；「水生數一，成數六」，「天一與地六相得，合爲水」，上方即北方內一外六數字表示水星，表示北極，也應表示顓頊（Danista 虛宿），也不知何故顓頊被放在虛宿的神座上了（大約「虛」即 Usu（水）之 Su）。東方木星，青色，故庖犧又稱爲青帝；南方火星，埮（古赤字）色，故神農又稱爲埮帝，周朝或秦漢以後埮字寫掉土字，訛成炎帝；中央土星，黃色，故軒轅又稱爲黃帝，黃帝之所以爲黃帝，眞正意義就在這裡；西方金星，白色，故少皞又稱爲白帝；北方水星，黑色，故顓頊又稱爲黑帝。青帝的配神名曰勾芒，即少皞之子重；埮帝的配神名曰祝融，即顓頊之子犁，黃帝的配神名曰勾龍，即鯀之子勾龍，也就是禹，勾龍即 Gool-Hool 義爲河，Goo 造爲江、溝字，Goo 音轉爲 Hoo，造爲河字，殷文「喜河禹」（文錄三六四），祭河即祭禹也即祭河圖；白帝的配神名曰蓐收，即少皞之子該；黑帝的配神名曰玄冥，卻少皞之子脩。——這就是河圖裡的五星、五極、五帝和五神了。五帝、五神都在周禮大宗伯、小宗伯、大祝中出現。此說頗長，不贅。因勾龍即禹乃黃帝的配神，故知河圖必造於禹的身後。

河圖共為五廟（大傳，下同），修在都城中央的軒轅廟，周朝名為中室，圓形，五層（墨子曰五密，大傳曰五階即五層，下並同），每層五尺，這不是圓塔麼？這塔四週，東建青陽，南建明堂，西建總章，北建玄堂，故上邊說河圖即是周朝的明堂。塔內所繪或所刻就是山海經裡中山經十二幅地圖。東門外八里是庖犧廟，名為東堂，方形，八層，每層八尺，這不是方塔麼？塔內繪刻東山經四幅地圖。「敵以東方來，迎之東壇（堂）。年八十者八人主祭。青旗、青神，長八尺者八。弩八，八發而止。將服必青。其牲以雞（Tahiya）。」（迎敵祠文，下同）南門外七里是神農廟，名曰南堂，方形，七層，每層七尺，這不是方塔麼？塔內繪刻南山經三幅地圖。「敵以南方來，迎之南壇。年七十者七人主祭。赤旗、赤神，長七尺者七。弩七，七發而止。將服必赤。其牲以狗（Gùloga 又 Gùlògė）。」西門外九里是少皞廟，名為西堂，方形，九層，每層九尺，這不是方塔麼？塔內繪刻西山經四幅地圖。「敵以西方來，迎之西壇。年九十者九人主祭。白旗、素神，長九尺者九。弩九，九發而止。將服必白。其牲以羊（Imaga）。」北門外六里是顓頊廟，名為北堂，方形，六層，每層六尺，這不是方塔麼？塔內繪刻北山經三幅地圖。「敵以北方來，迎之北壇。年六十者六人主祭。黑旗、黑神，長六尺者六。弩六，六發而止。將服必黑。其牲以彘（Sihèr）。」墨字時代，河圖仍是有的；只因那時已改稱明堂（至少齊國已名爲明堂），所以中原人就不懂得河圖了。河圖是五座塔，巫者上下祝祭，通天見帝，這和四千八百年前蘇末修塔，也和二千多年前印度修塔，異地異時而皆所以通天見帝，其中當有因緣。

自從懂得河圖即五帝廟之後，便將漢朝到清朝二千多年聚訟的明堂問題搞通，也更把山海經之所以山經有五、大荒經有四、海內經有四、海外經也有四的問題搞通了：五山經係庖犧、神農、軒轅、少皞、顓頊所統治或死後追封的領土的地圖；四大荒經、四海內外經係夏朝以後有人重步五帝故壤所知當地情形。在三四千年前遊牧時代，乘馬（Mori）遊覽「家山」，似非難事。這「古」史所載五帝全屬信史，不必「疑」了。可惜晉朝以來所傳之本，「書策落次」，顛倒奪衍，僅在西山經見到軒轅黃帝和少皞及其配神亦即其子蓐收，其餘都遺失了！（海內、外、大荒各經則有。）

上邊所說，本已足證明山海經是河圖壁畫的說明書了；另外還有旁證：屈原的離騷、天問是遊覽楚先王廟而後呵壁而作，乃王逸所說。何所本？則爲武粱祠畫像之類。前些時候，歷史博物館展覽，我們都去看過，那不都是山海經的人物和神話麼？從漢到東晉，王羲之十七帖中還向朋友索取四川廟中的壁畫。今天北方大廟「畫牆皮子」，也有些畫山海經；蒙古喇嘛廟裡也畫著山海經上的怪神怪獸，「打鬼」的時候戴的面具完全是牛頭馬面。不到蒙古，不容易懂得山海經。

二、說「阿爾泰語」

其次略談所謂「烏拉・阿爾泰語族」問題。不談這個問題，我們便不會發現山海經的價值。西方學人不通東方語言，把中國境內（及中亞、西亞、鮮卑利亞）語言，分爲「漢藏語族」（Hitat tùbèt tèl ùgè gi jùil）和「烏拉・阿爾泰語族」（Ulagan altan ùgè gi juil），認爲這兩語族全無關係，其人也爲兩族或多族。其實藏語（除去滲入的梵語）爲阿爾泰語的簡化，並大部保存阿爾泰語法（也滲入梵語語法）；阿爾泰語族中的蒙古語最爲原始和純正，是東方黃種人的原始語言；滿洲語（內有若干不明來源之語）、回回語（除去滲入的阿拉伯語）全爲蒙古語；漢語（除了極少數不明來源之語）則爲阿爾泰語的再簡化，將阿爾泰語每個聲母都造成方塊字，聲母下加韻母（自然加的），而且百分之九十改變了阿爾泰語法。上面我們談的一些蒙古語不早在夏殷周時代就造成方塊形的甲骨文和金文了麼？至於文字，或用「聲符」（滿、蒙、回、藏、苗），或用「形符」（漢），或兼用「聲符」和「形符」（如韓、日、越、泰、緬），毫無關係，一如拉丁語分化爲歐洲各國文字，其「聲符」也是各不相同。至於各宗族彼此說不通，聽不懂，則是由於阿爾泰語分化爲漢、滿、蒙、回、藏、苗、傜、黎、泰（撣）、緬、越、日、韓……等文語，業已經過至少三千五六百年（從甲骨文用世之時算起），各自自然形成「語調」和「慣用詞彙」，當然非經科學的語文比較工夫，難得一聽就懂。這和國語與閩南語之彼此說不通，是一樣的。這十幾年來，經過費用和比較，才知閩南語和國語（古音）完全相同。我們用慣和說慣了阿爾泰語，才知它們和漢語文也是一種語文。

我們試讀山海經上的地名、山名、水名、帝名、神名、鬼名……無一不是複音。除少數名詞，例如「天山」（tèkri in sina）之外，百分之九十九都不知意義，例如「蓐收」只是譯音。其中約有史地宗教動植礦物名詞一二千個都是複音，這已說明它是譯本了。但由何種複音語文譯成的呢？上面我們業經說明它是由阿爾泰語族裡的蒙古語文譯出的了。四十八年拙著「夏語天文三百字蛻化為那些殷文？」出版當時還不認識蒙古語木星、火星、土星、金星、虛宿的原語造成那些殷文；次年才認出這是庖犧、神農、軒轅、少皞、顓頊。蒙古人使用這種文字數千年，他絕不會知道當他呼木星為 Brahasbadi 的時候，就在呼著庖犧（Bas），當他呼土星為 Siroi 的時候，就在呼著軒轅（Sii）……今年春天，拙作「夏語殷文典」第三稿完成，將現存一萬八千個蒙古詞（非字）認出一萬六千多個，這些複音的蒙古語早在早骨文造成一千多年前就大都造成「形符」的方塊字了。

下邊舉些最明顯，最重要的蒙古語蛻化為漢字的例。這，國語念頭，又念頭顱，又念天靈蓋；蒙古語就念 tologai，還不是頭顱頁麼？頭上有髮；蒙古語念 Hùhùl，還不是頭髮麼？又念 usù，不是烏絲麼？頭上戴帽，竹帽曰笠，禮帽曰冠；蒙古語念 Malaga，還不是帽笠冠麼？帽又為弁，便帽為綸；蒙古語念 Bùrhùgùi，本造為保、護、具（工）三字，但又造為弁（Bù）綸（Gùl）二字。綸，從糸，侖聲；應念侖，何以念關？因其字源有 Gù 又有 L，故以侖（L）為聲而念關（Gù）。

說文各形聲字，唐朝以後念不出正確音來，其理即在不知漢字本由複音語造成。這，我們念眼，可昵可眡（睹）；蒙古語念 Nidu，「娘（姎）日歸泥」，Ni 不就是眼？不就是昵？粵語念 Nian，仍存古音。Du 不就是眡（睹）？眼上有眉；蒙古語念 Ami，不就是娥眉？眼下有鼻，鼻又曰頷；蒙古語則念 Habar，Ha 不就是頷？Ba 不就是鼻麼？頷鼻為什麼非叫頷鼻不可？由複（Ha）麗（Ba）聯綴而成，鼻有兩孔而已。鼻下有脗，脗又稱嘴；他們念 Ujùgùr，不是脗、嘴、尖、兒？嘴又念口；他們念 Agùi 即 Akùi，窟窿而已，Kùi 還不是孔、口？家有一口人之口，他們念 Ama，Ma 即一口一名之名。口內有牙，牙又名齒；蒙古語或念 Yari 或念 Sidu，Ya 不是牙？Si 不是齒麼？牙內有舌；蒙古語念 Hèlè，Hè 在國音裡音轉為 Sè 如夏本念 Hi 音轉為 Si，舌在方言裡念信（Hèin），蛇的舌便叫信子，話字從言，舌聲，話本是念 Hèlèmùi，國音便簡成 Hèua 了。全身各器官無不一一相符，最下為足；彼云 Jùlù，Jù 就是足，Lù 就是麓，山足也。足下穿鞋；彼云 Taha，鞮鞋是也。木鞋名屧，布鞋曰履；彼云 Gutul，屧、鞮、鞻（履）而已。這是筆，古念不律；他們念 Sudur 即書牘兒，這指歷史，我們的古史不是念尚書的書麼？一般的書，爾雅云：「簡謂之畢」，又名方策，俗名簿册；他們念 Bicik，畢、方、簿由 Bi 造成，策、册、契由 Ci 造成，簡由 K—gè 造成。任何日用器物，也無不一一相符。——這是最明顯的，隔層窗紙，一通就透。

下邊再舉些最重要的。一、我們謂之甲，他們念 Nigè，Ni 造成？Gè 造或甲，虞翻乾脆譯成「納甲」。二、我們謂之乙，又謂之亞，又謂之副，又謂之亦，又謂之仍然，依然；他們念 Hoyar，Ho即副、複、合、況，Ya即乙、亞、亦、抑，r即兩，Yar即仍然、依然。三、我們謂之丙：，他們念Gùrbė，Gù造成「關石和鈞」的關，Bė造為丙。四、我們謂之丁：，他們念Dùrbė，Dù造為丁……十，我們謂之癸：，他們念Sėgùl，Sė造為旬、叔，Gù造為癸、季。（近古以後，接受敍利亞文以零結數，則稱Arba）。當蒙古人手指伸作一二三四……十的時候，口裡便說著複音的甲乙丙丁……癸。這所謂十干的字，屢見於殷文，今天我們還在使用，但除了許慎馬馬虎虎懂得甲即一，戊即五，己即六——只三個字之外，二三千年來，用是會用，卻說不出所以然來。又如，上文提到黃帝乘龍，「鳳鳥不至」，龍鳳二字在中國歷史上具有最大權威。究竟龍是何物？鳳是何鳥？現在查明：龍字由Arsalang即ėrsėlėng之Lang即Lėng聲母所造，其a即ė造成亞字，r造成蠣字，Sa即Sė造成獅字，Salang即Sėlėng造成蛇龍（孟子）、山龍（堯典），又譯成錫蘭（獅子國），龍在上古實是獅子。中國十二宮中的龍星，正是希臘十二宮中的獅子座，已由天文學者高平子先生予以證明（大陸雜誌十七卷十二期）：李霖燦先生發表北魏鎏金造像（大陸雜誌十七卷一期封面），左龍右鳳正是左獅子右孔雀，可證一千五百年前鮮卑人還知此獸此鳥的眞正意義和形像。談到鳳凰，原文為Hùhė Garodi及Hùhė Karodi簡成Hùhėdi，義為神鳥鳳凰之屬。Hùhė本義為青色，Hù造成鳳字，Hė造成凰字，Ga造成鴿字，Ka造成孔字，Ro造成鸞字，Di造成翟字，Hùhė為鳳凰（今閩南語尤其福州語仍保存此音），亦即孔雀，古今名字變了，所以從孔子直到今天，誰也不知道龍即獅子，鳳凰即孔雀。又如中國思想史上還有一幅最高權威的圖，便是與河圖並駕齊驅的太極圖，儒家道家傳授了二千多年，宋儒甚至把它講成天人合一的神秘哲學。太極圖究竟是什麼？原來就是 Tėkri in jirohai，本義爲天文，譯意爲天的界限或上帝的領土。Tė 即天也即太，ji 即極也即界，Tėji 寫爲太極。太極指全部天文圖而言，陰（Ůr）陽（Ėtur）即月日，東南中西北五極即五星，原是指南車（Ėmùnsi jilgahu tėrgė）的「形法」即藍圖，那裡是什麼神秘哲學？周蓮溪無端在太極上又加了一個無極，把原來平面圖拉長，眞是指鹿爲馬了。——這天干，龍鳳、太極乃是困惑中國思想界二三千年的重要名物。自從阿爾泰語族的蒙古語被認明以後，無不豁然得其眞義了。

總之，上自天文，下至地理，中及人身人事動植礦物大約百分之九十幾以上的殷周秦漢字都是由蒙古語或蒙古文蛻化而來。蒙古人以及滿、回、藏人，保留著三千五六百年前的古中國語，我爲他們驕傲，文字學歷史學也眞感謝他們！——這裡補充一點，西洋學人所謂「烏拉．阿爾泰語族」，其蒙文原文爲 Ulagan Altan Ůgė Gi Jùil，義爲紅金族語。U 即縕，la 待查，ga 即紅，n 爲的，a 敬詞，L 爲鏐、鎏，ta 爲鑾，n 爲的，ù 爲語，gė 爲講，gi 爲之，Jùi 爲族、種，L 爲類，均爲爾雅、說文所收漢字。

山海經就是用古烏拉．阿爾泰文所寫。這種古烏拉．阿爾泰文，是一種由左向右橫行「聲符」的文字。何以知之？一、周禮保氏賈公彥疏引許慎說文轉注：「轉注者考老之類是也。建類一首；文意相受；左右相注；故名轉注。」宋以後各本遺「左右相注」四字，而此四字十分重要。查蒙古語文「老得沒牙了」念Mairak，Mai造爲耄，a造爲老，k造爲考。三字皆入耂部，即所謂「建類一首」；耄、老、考三字一義，即所謂「文意相受」；耄、老也，老、耄也，考、老也，即所謂「左右相注」；由此「左右相注」四字，可證古烏拉・阿爾泰文必爲橫行，否則何來「左右」？二、淮南子說：「匈奴反語」，其意若曰匈奴語與漢語讀音（聲母）相同，但其語法相反。今之滿、蒙、回、藏語語法均爲「倒裝」即反裝，就是每一名詞也無不和漢語相反，造字最早者其反愈甚。何以兩者相反？大約古人造字時，將由左向右行的古烏拉・阿爾泰文，全由右向左行造起字來，例如Jula（燈）便造成尞主——燎炬——臘燭，Toro（駝）便造成駱駝。由此「匈奴反語」四字可證古烏拉・阿爾泰文係由左向右橫行者，造字時絕不會由下往上造吧？

三、說祁連山

上面說明了山海經山水的眞正性質——五帝的領土，及漢語（文）和蒙語的眞正關係——漢語（文）由蒙語蛻化而成。以這兩點爲基礎，我們便可談談山海時代的新疆了。

西山經四幅地圖是黃帝建都後經白帝少皞統治的領土。第一幅說：

「西山經華山之首，曰錢來之山。其上多松，其下多洗石。有獸焉，其狀如羊而馬尾，名曰羬羊，其脂可以已腊。」

華山，華、夏、漢係古今字，均爲中華民族之華，其原文爲Hitat，Hi造爲夏，又造爲華，又造爲漢。說文：「夏，中國之人也。」又鄭玄說：「夏，大（ta）也。」Hita即夏大，依「匈奴反語」爲夏大，依漢文文法則爲大夏。t爲tuman（萬）之t，義爲多，人多族大均以t母代表之（凡物多均以soljigir之s即「數」之字母表示之）。華山原文爲Hitat tu sina，tu造爲的字，si造爲山字，na造爲某字尚不明，印度文音譯之爲支那（日本音讀最正確），拉丁文音譯之爲Sina，英文訛爲China，義皆爲山（Sian），華僑稱祖國爲「唐山」，臺人稱內地人爲「阿山」，皆由山變爲國義。凡西山經所有之山皆曰華山，即黃帝到夏禹所領有之夏山。其他三山經文法與西山經不同，僅中山經文法與西山經相同：

「南山經之首曰䧿山……

「西山經華山之首，曰錢來之山……

「北山經之首曰單狐之山……

「東山經之首曰樕螽之山……

「中山經薄山之首，曰甘棗之山……

五山經僅華山、薄山兩山下面無文無說，蓋以華山總攬西山經各山，而以薄山總攬中山經各山。此中透露黃帝當初建都於華山即夏山之一山，遠在新疆，後遷都於薄山之一山，入主中原。中國古代建都於山，故曰四嶽，皇帝則居中嶽。史記「黃帝邑於涿鹿（julgè）之阿（Alaga）」即謂此。

華山的第一山曰錢來之山，西行四十五里曰松果山，濩水出焉，北流注於渭；又西六十里曰太華山，削成而四方，其高五千仞，其廣十里；又西八十里曰小華山；又西八十里曰符禺山，符禺之水出焉而北流，注於渭；又西六十里曰石脆山；又西七十里曰英山；又西五十二里曰竹山，其陰，竹水出焉，北流注於渭，其陽，丹水出焉，東北流注於洛水；又西百二十里曰浮山；又西七十里曰羭次山，漆水出焉，北流注於渭；又西百五十里曰時山，逐水出焉，北流注於渭；又西百七十里曰南山，丹水出焉，北流注於渭；又西百八十里曰大時山，涔水出焉，北流注於渭；又西三百二十里曰嶓冢山，漢水出焉而東南流，注於沔，囂水出焉，北流注於湯水；又西三百五十里曰天帝山；西南三百八十里曰臯塗山；又西百八十里曰黃山，盼水出焉，西流注於赤水；又西二百里曰翠山；又西二百五十里曰騩山，是錞於西海。——自錢來之山至於騩山，凡十九山，二千九百五十七里（郝懿行案：「今三千一百一十七里」）。這是記載一條東西走向的山群。各山項下均記有水、動、植、礦物、奇獸、怪鳥、仙藥、「亂神」及祭品，請參看原書（以藝文版郝懿行箋疏爲可讀），不及贅述。

現在要研究「錢來」是某一地方的山，並是否由蒙古語文譯來的問題。郭璞對此山無註；畢沅始云：「山去松果山四十五里，當在今河南閿鄉縣或秦嶺是。」畢氏是以「太華」爲基準向東推定。郝懿行則云：「（松果）山在今陝西華陰縣東南二十七里。李善注長楊賦引此經作松梁之山西六十里曰太華山。」郝氏以松梁山爲松果山。按：華山山群北面有渭水，爲本經松果山到大時山所出各水所注：故畢、郝兩氏皆以「錢來」為華山山群的東端。兩氏不通之處凡四：一、竹山山陰的竹水注於渭，猶可說也；山陽的丹水怎會跳過山來，又跳過渭水而注於洛水？二、嶓冢山，郭註云：「今在武都氐道縣南」，氐道秦置，郝疏云：「山在今甘肅秦州西南六十里」，二氏均謂在甘肅，然則嶓冢山有「漢水出焉而東南流注於沔」，我們真不知道源出甘肅嶓冢山的漢水怎會翻過六盤山和華山再東南流注於沔（漢水）？三、「黃山，盼水出焉，西流注於赤水」，赤水乃源出昆侖山的四水之一，向「東南流，注於氾天之水」（見下引西次三經）。昆侖山，漢武帝以為在新疆，今新疆、西藏中間的崑崙山即他所命名。我們又真不知道華山山群中黃山所出的盼水怎會翻過六盤山、祁連山而流到新疆去？四、「䰢山，是錞於西海」，郝疏云：「西海謂之青海」，稍有地理常識者都會知道華山山群並不起於青海，也不蹲（錞）在青海。——清朝以前的注疏家，不知華山、渭水（當由Umara Usu所譯來）之名皆係遵經而起，實則經上的本山本水並不在今山今水的地方。這等於到了加拿大的倫敦，以為就是英國的倫敦，到了美利堅的約克，以為就是英國的約克，到了中山南路，以為就是到了南京。東晉以後，江南的縣名許多都是北方的縣名，以漢書、晉書對照便知：這因為晉室南渡，難民隨來，便以在北方所居之縣，名其在江南新開之縣，是謂「地名隨族轉徙」。註疏家看到經上有華山，就以為這是陝西的華山，有渭水，就以為這是陝西的渭水，以二千年來新起的地名，註經上四千年前本來的山水，所以會鬧出方位道里南轅北轍的笑話，令人覺得山海經是「荒誕不經」的書了。因之，「錢來」絕對不是今天華山東端的山，而以華山爲首東西走向的山群也絕對不是今天的華山山群。

然則「錢來」究竟屬於今天某一山群？我們以爲就是祁連山，即甘肅、青海交界的山群。祁連山（Tėkri in sina）係漢武帝西征新疆（Sinėgajar）和中亞時才被中原人所知的山群。漢書武帝紀云：

「天漢二年，與右賢王戰於天山。」

顏師古註：

「即祁連山也。匈奴謂天爲祁連。今鮮卑語尚然。」

迄今蒙古語「虛空之天」謂之 Oktargui，滿語即鮮卑語在漢朝時應稱 kri，k 造爲乾，kri 音爲祁連；蒙古語「天帝之天」謂之 tėkri，由 ktar 轉化而來，tė 造成天字，K 造成乾字，Kri 仍然音爲祁連，也即乾來，也就是「錢來」。漢朝以後，音譯 Tėkri 爲騰格里。就對音對義兩方面說來，「錢來」即祁連是毫無問題的。「錢來」係山海經譯成漢文時代的音譯，祁連則係漢朝的音譯。

「錢來」既是今天的祁連而非秦嶺，那麼由祁連山向西數去二千九百五十里，或如郝懿行所算的三千一百一十七里（古一百五十步爲一里，今一華里等於古二・四里），不就到達今天的新疆了麼？

四、說羅布泊

錢來山是祁連山，全山西通新疆，和今天一樣，大概不成問題了。而西次三經（西堂山經第三幅）所繪山水，更全在新疆了。

「西次三經之首，曰崇吾之山，在河之南。北望冢遂，南望□之澤，西望帝之搏獸之丘，東望蠕淵。

「西北三百里曰長沙之山。泚水出焉，北流注於泑水。」

長沙山見穆天子傳，云：「送天子至於長沙之山。」穆王到過新疆，前頭我們便提到了。這是說西王母送穆王由西向東到長沙山。四十四年筆者作有「周穆王登山記」。

「又西北三百七十里曰不周之山。北望諸毗之山，臨彼嶽崇之山。東望泑澤，河水所潛也。」

四十五年寫「夢魂飛過不周山」，說：「不周山又曰負子山，地望在今新疆——羅布泊的西方：正是天山東端的一座山。這裏是五帝之一的顓頊對共工（水官名），及夏禹對共工作戰的戰場，誠然是中華民族四千多年前的老家了。」翻出這篇拙文重看，事隔五年，我覺得這一研究還不會錯。不周山即吐魯番的北山。

「又西北四百里曰峚（密）山。丹水出焉，西流注於稷澤。其中多白玉。是有玉膏。黃帝是食是饗。白峚山至於鍾山四百六十里，其間盡澤也。

「又西北四百二十里曰鍾山。

「又西百八十里曰泰器之山，觀水出焉，西流注於流沙。」

流沙即沙漠或戈壁。

「又西三百二十里曰槐江之山。丘時之水出焉，而北流注於泑水。實惟帝之平圃。南望昆崙；西望大澤，后稷所潛也；北望諸毗；東望恒山，四成。

「西南四百里曰昆崙之丘，是實惟帝之下都。河水出焉而南流，東注於無達；赤水出焉而東南流，注於氾天之水；洋水出焉而西南流，注於醜塗之水；黑水出焉而西流，注於大杅。」

昆崙是黃帝的「下都」，在新疆境內，故上邊說西山經係黃帝建都之處。河水、赤水、洋水、黑水即上面所說的昆崙四水。

「又西三百七十里曰樂遊之山，桃水出焉，西流注於稷澤。

「西水行四百里曰流沙。二百里至於嬴母之山。

「又西三百五十里曰玉山，西王母所居也。西王母其狀如人，豹尾，虎齒而善嘯，蓬頭，戴勝。是司天之厲及五殘。」

「王母」就是上引Ubadislamui的頭尾兩音U（王）mui（母）的譯文。以前認「西王母」爲蘇末後國之王，故從舜時來賓到穆王去訪，千餘年中，此國國王世襲，並非長生不老。住地或即今之薩馬爾干。現在研究結果，認出係巫教活佛即呼畢勒罕（Hubilgan），而蘇末爾、薩馬爾及今伊拉克北境山地之薩馬爾人，殆均爲「王母」的遺民，其名也均係「西王母」複音之省。「西王母」全詞應爲 Barhansi Ubadislammi，義爲西（Si）方的巫（u）母（Mui）術，這 Siumui 就是「西王母」、蘇末、薩馬的對音對義了。按中國原始宗教實是巫教。巫者作法降神曰 Ubadi-slamui。U 造成巫字，巫又念 ba，ba 造成方字，bas，當即馮相、方士，dis 即道士，Lamui 即喇嘛，Smui 即羨門、桑門、廝乜、珊蠻、薩滿。巫教爲黃帝到夏、殷、周、晉、齊、楚、燕、漢、北魏、西夏、遼、金、元、清即今漢滿蒙回藏人的一元宗教。在山海經時代，巫教聖地爲新疆和中亞、西亞一帶。上段「西王母其狀如人、豹尾、虎齒」，「蓬頭、戴勝」，言巫教服裝；「善嘯」言作法降神；「司天之厲及五殘」言宗教權威。今天喇嘛「打鬼」所戴面具仍似三四千年前的樣子，達賴、班禪、章嘉都是「西王母」。

「又西四百八十里曰軒轅之丘，洵水出焉，南流注於黑水。

「又西三百里曰積石之山，其下有石門，河水冒以西流。

「又西二百里曰長留之山，其神白帝少昊（皞）居之。實惟員神魂氏之宮。是神也，主司反景。」

「帝之搏獸之丘」在崇吾山之西，「黃帝是食是饗」的「玉膏」在稷澤，「帝之平圃」在槐江山，「帝之下都」在昆崙山；而黃帝之孫青陽之子白帝少皞居此長留山：證實上文所說西山經各地各山各水是黃帝建都而由少皞統治的領土，即河圖西堂的壁畫，都在新疆。

「又西二百八十里曰章莪之山。

「又西三百里曰陰山，濁浴之水出焉而南流，注於蕃澤。

「又西二百里曰符惕之山。

「又西二百二十里曰三危之山。三青鳥居之。有獸焉，其名曰獓（猢），是食人。」

三青鳥一名曰大利，一名曰少利，一名曰青鳥（大荒西經），爲「西王母」取食者。上面說過，凰凰就是 Hùhėdi，Hùhė 義爲青色、玄色，故青鳥係鳳凰的意譯，鳳凰係音譯。獓，尙書作獒，由 Nohai（蒙古種大狗）之 No 所造成，hai 造爲豸字；獓下括弧裏的猢係由滿語 Indahun（狗）之 in 所造成。蒙古種大狗眞是「食人」的，天葬時的人屍都飽了此輩的饞吻。

「又西一百九十里曰騩山，神耆童居之。」郭注：「耆童，老童，顓頊之子。」顓頊爲黃帝之孫。

「又西三百五十里曰天山，英水出焉而西南流，注於湯谷。有神焉，實爲帝江也。」

此處的天山（Tėkri in Sina）依道里計之，已非今天新疆的天山。現在作個「大膽的假設」：如果底格里斯（Tigris 英文）河就是騰格里河亦即 Tėkri（Tėgri）in gool，如果幼發拉底（Iuphratis 英文）就是英水（Ing usu），則這天山當是底格里斯河和幼發拉底河的分水嶺，在土耳其境內。這一帶是蘇末舊壤。蘇末語和漢語的關係，據杜而未教授根據 Ball 氏著作研究，兩者「有許多相同的字」。這一問題還待「小心的求證」，首先要知道底格里斯是否爲天？其次爲研究現存薩馬爾人的土語是否過半數和蒙漢語相同？如果相同，即「假設」便完全證實了。

「又西二百九十里曰泑山。神蓐收居之。」河圖西堂之神，在此出現。北海五龍亭後有泑（呦）山堂，也係山海經思想的產品。但似乎是以「大唐西域記」爲樣本而修建的。

「西水行百里至於翼望之山。

「凡西次三經之首，崇吾之山至於翼望之山，凡二十三山，六千七百四十四里，（郝疏：「今才六千二百四十里，又加流沙四百里才六千六百四十里。」）

上面隨讀原文，隨加拙註，已可確知長沙山、不周山、昆侖山都在今天新疆省境內。現在特別提出不周山東面的泑澤，研究它是今天的什麼湖沼（澤即沼 Dèbègè，造爲渚泊澤沼）。按：漢武西征新疆，發現山海經所記山水，主要爲昆侖和泑澤。到晉代郭璞根據前代地理知識，註泑澤云：

「泑澤即蒲澤，一名蒲昌海。廣三四百里。其水停，冬夏不增減。去玉門關三百餘里」。

畢沅注曰：

「史記張騫曰：鹽澤潛行地下，其南則河源出焉。」

郝懿行疏云：

「（郭）注蒲澤，蒲字當爲鹽。史記大宛傳索隱引此注云：『泑澤即鹽澤』，是也。郭又云：『去玉門關三百餘里』，三上脫千字。水經注作『東去玉門關千三百里』。漢書脫千字，郭氏仍其失也。」

綜合三氏所注，我們可以確知泑澤就是今天新疆省的羅布泊，一名蒲類海，又名羅布諾爾。諾爾或諾兒，蒙古語念 Noor 或 Nogor，Noo 或 no 早已造成淖字。泑，應讀如執拗之拗，就是諾爾，諾兒之諾也就是淖。澤就是上面所引 Dèbègé（渚泊澤）之澤。蒲類海原文爲 Pèlè noor，當即自古相傳之蓬萊。據徐高阮先生所譯羅布淖爾考察記，此海古時甚大，不止「廣三四百里」，而且漂泊不定，富有神秘意味。我們以爲在山海經成書以前，望此汪洋大海，中有三島，似有神仙，可能呼之爲蓬萊。

總之，由於泑澤的被明確認定即今之羅布泊，可知西次三經的山水均在今天新疆境內及中亞、西亞一帶。四千七百年前，這些山群左右爲黃帝建都（下都）遊宴（平圃）之所，也爲黃帝子孫（顓頊之子耆童，黃帝之孫少昊及其子蓐收）爲王成神之地。

五、說敦煌和窩瓦河

北堂所繪係今天新疆經中亞、裏海到鮮卑利亞的山水，原爲顓頊統治的領土。開頭便說：

「北山經之首曰單狐之山，逢水出焉，而西流注於泑水。」

泑水見上述西次三經「長沙之山，泚水出焉，北流注於泑水」，可知單狐山在長沙山的北邊，即今新疆天山的東部。

「又北二百五十里曰求如之山，滑水出焉而西流，注於諸魮之水。」

諸魮見上述西次三經「不周之山北望諸魮之山」，可知求如山在不周山的北邊，即今吐魯番的北部。諸魮和轉附、諸馮、芝罘對音，春秋時，轉附爲齊國東北近海的山名。舜生於諸馮，孟子稱之爲「東夷之人」。轉附今寫爲芝罘，在烟臺海上。這些都是譯音字，原文不能認定，但四詞必出於一個原文。地名既然隨族轉徙，可能山東的芝罘便是原住諸魮的氏族東遷山東以後以故鄉地名呼其新地。諸魮在蒲類海即蓬萊海即羅布泊左近，兩者相鄰，故古代山東也有蓬萊。這都是很有趣味而值得研究的問題。山東人直到孟子時代還說複音語，劉邦也不懂他們的話；但較南蠻鴃舌的楚國話即今之藏語卻簡化多了。

下接又北三百里的帶山、又北四百里的譙明山、又北三百五十里的涿光山，涿光可能爲涿鹿。若是涿鹿，其原文爲 Jùlgė，水草豐美之義。Jùl 音譯爲涿鹿，當爲黃帝戰蚩尤的眞正戰場，Jù 造成濯，Gė 造成光、淨。下接又北三百八十里的虢山，獸多橐駝（Tėmėgė），即木蘭詞所謂明駝（Mėtė），漢代所謂駱駝（Toro）。下接又北百里的虢山之尾、又北二百里的丹熏之山、又北二百八十里的石者之山、又北百一十里的邊春之山，到了另一泑澤，泑即淖隨地有之。下接又北二百里的蔓聯山、又北百八十里的單張山、又北三百二十里的灌題山，匠韓之水出焉而西流，注於泑澤，其中多磁石，郭注「可以取鐵」（Tėmùr 造成鐵鋸兒）。山海經記磁石，在此初見。四千多年前，中國人已發現磁石，作成天文圖即太極圖，上置磁魚，放在車上，以定方位了。下接又北二百里的潘侯山、又北二百三十里的小咸山、北二百八十里的大咸山、又北三百二十里的敦薨山，原文云：

「敦薨之山，敦薨之水出焉而西流，注於泑澤。出於昆侖之東北隅，實爲河源。」

現在我們找到四千多年前的敦煌了。敦煌、敦薨、端㬇、埻皇（後兩詞見海內東經，皇自宋本以來誤作璽）均出於 Hotong，造爲堠墩二字，其反語爲 Tongho 即敦煌；其正語漢澤爲和闐，本義爲烽火臺（Ulagaà Hotong）的臺。烽火臺隨處有之，故漢唐以後敦煌遂成郡縣之名。上古的敦煌，水經注云：

「敦薨之山在匈奴之西，烏孫之東。」

即在今新疆天山北路迪化以西接連中亞的地方。方豪教授中西交通史第一册地圖方位頗爲正確。至於「出於昆侖之東北隅，實爲河源」兩句係漢代以前註語，濫入正文，黃河重源之說即起於此，累得張特使（騫）白跑一回，「烏睹所謂重源」了。皆因不知泑澤隨處皆有之邊疆地理之故。

下接又北二百里的少咸之山、又北二百里的獄法之山、又北二百里的北嶽之山、又北百八十里的渾夕之山、又北五十里的北單之山、又北百里的羆差之山，多馬。下接又北百八十里的北鮮之山，原文云：

「北鮮之山是多馬。鮮水出焉而西北流，注於涂吾之水。」

郭注：「漢元狩二年，馬出涂吾水中也。」郝疏：「漢書武帝紀云：『元狩二年，馬生余吾水中。』應劭注云：『在朔方北。』」案：涂，余聲，古念 i；吾，吾聲，古念 u；余念 i；故涂吾就是余吾。自古以來，蒙古語i聲轉u（漢語自唐代以來也是ㄧ、ㄨ、ㄩ（介母）對轉）：故余吾被七百年前的蒙古人念爲畏吾，即元史所謂畏吾兒是。用上引原文，可知裏海四圍自山海經時代直到成吉思汗西征以至今天所住都是余吾人即畏吾兒人，其地主河也名爲余吾水即畏吾水。近代譯俄國地圖的人，不通古音，未查古史，草率下筆，把余吾水即畏吾水譯成窩瓦河，即源出烏拉山，流經孔古勒而注入裏海的河，使讀者無法聯繫古今地理，這和鮮卑爾（Sibèr）譯成「西伯利」，犯了同一幼稚病。

余吾、畏吾、維吾三詞在山海經時代都念涂吾。漢書西域（Bàrahansi Ulus）傳龜茲、烏孫各條又譯爲伊吾，即今哈密（但這是漢朝哈密南遷），都是維吾人的故鄉。

北鮮之山下接又北百七十里的隄山，多馬。隄水出焉而東流，注於泰澤。以上各山所出之水都向西流。我們知道，除新疆中亞兩地之外，古今西北地方沒有西流的大水，這足爲北山經係天山北路到裏海東岸山群的顯證。——惟隄水東流注於泰澤，這已到了烏拉山東、鄂畢河上流即鮮卑利亞了。

北次一經記到隄山爲止，下云：

「自單狐之山至於隄山，凡二十五山，五千四百九十里（郝疏：今五千六百八十里）。其山北人皆生食不火之物。」

「生食不火之物」的「山北人」當是鮮卑利亞的埃斯基摩人吧？

從上述北山經的敦薨即敦煌，涂吾即窩瓦看來，這道山群，南部在北疆（天山北路），中部在中亞（裏海東岸厄魯特一帶），北部在孔古勒至鄂畢河上流，這都是顓頊的領土。李濟之博士根據青銅器和石器，研究出來「西伯利亞是中華民族更老的老家」（記小屯出土之青銅器）。這「老家」的地圖早經繪在北山經上了。

六、結語

山海經本來用殷文（甲骨文）以前的複音文字即今所謂「烏拉・阿爾泰語族」所造的古文寫成的史地宗教書，用以說明古代中華民族所建河圖即后土中的壁畫。惜被巫士摻入許多宗教話頭，周秦漢人亂將當時所知匈奴等名注於經上，羼入正文，又被不通古代史地和現代考古的郭璞、畢沅、郝懿行諸氏，用周秦漢北魏以來所知的地名、山名、水名作注，致成「荒誕不經」的書。現在大體可以認出它的本來面目了。筆者曾經寫新註，倘有可能的時間，希望把它恢復古文原狀。

根據此書和漢代人留給我們的甘肅、新疆、中亞、西亞的地理知識，參考現代的史地考古，今天可以嚴肅而確實地說：新疆（及中亞、西亞、裏海四週、鮮卑利亞）乃是黃帝和其子孫的舊疆。清代稱它爲新疆，實是廢書不讀之過。今天新疆（及中亞、西亞、裏海四週、鮮卑利亞）說著所謂「烏拉・阿爾泰語」的黃種人，也正是黃帝的苗裔。那裡的「暗白人」血管中有一半也是黃帝的血。他們所說的複音語，早自殷文製字時代及其以前，就造成「形符」文字，在甲骨文、金文、爾雅、說文、康熙字典、聯緜字典裡都可以查得出來。

尺子於民國五十年夏曆重陽節寫於臺北

圖一：殷墟出土骨器上亦作龍形。現藏中央研究院。

敦煌「望雲氣圖」之龍
（引自陳槃「秦兩漢帛書考」）

甲骨之龍

敦煌藻井之龍

鮮卑北魏鎏金造像之龍（左）與鳳（右）

二十四、「山海經」的估價

蘇雪林先生比較巴比侖和中國神話，看出兩者相同；糜文開先生研究印度和中國神話，也看出兩者相同。這三個古文化區何以會有相同的神話？蘇先生的解釋，以爲這由於他們古代對於風雨雷電等自然現象有共同的恐怖，不約而同地分別創出風伯、雨師、雷公等神。這似乎只是想像，而不是史實。

我由神話編年比較上看出，這些神話是一源的：同出於蘇末教。中國人是世界上首先懂得蘇末教的，並錄音爲羨門教，即珊蠻教，薩滿教。

遠在六千年前，蘇末人開始創造他們的多神的宗教。到四千八百年前他們亡國，中經一千二百年，蘇末教已傳入埃及。金字塔，人首獅身像都是蘇末教的產物。舊約裏留有紀錄的「解夢」（創世記）、「拜火」、「占卜」、「觀兆」、「用法術」、「行邪術」、「用迷術」、「交鬼」、「行巫術」、「過陰」（以上申命記）和「三界論」（「上天下地和地底下水中的百物」——（十誡），也都是蘇末教。一翻文化史，便看得一目了然。

蘇末國雖是亡了；蘇末教卻被巴比侖的新主人——古巴比侖帝國所全盤承繼了。蘇末大部分的人是淪爲古巴比侖帝國的奴隸了；但蘇末的貴族卻流亡東來，一百年後在中央亞細亞建立了「軒轅之國」，全部蘇末教也傳遍了中央亞細亞。

那時印度人（亞利安人即「白民」）還住在興都庫斯山（應譯爲「天毒庫斯山」）西北麓，沒有進入印度，他們便信奉了蘇末教，大約一千年。約當摩西出埃及的時代，印度人也移殖到印度去，於是蘇末教成爲印度教（這是歷史家所命的名）。

「軒轅之國」在「軒轅丘」建立不久，遷到今新疆來，蘇末教也隨著到了塔里木河。又不久（不會多於五百年），蘇末人到達今甘陝晉，建立夏朝，蘇末教也成爲夏朝的國教，蘇末教的百神供入「五藏」，蘇末教史繪在皮革上（「夏革」），成爲「山海圖」。蘇末巫成爲中國巫（巫字也是一個錄音字，原爲蘇末語即夏語）。

因此，蘇末、埃及、巴比侖、印度和中國才有了相同的神話。古中國人——夏人即蘇末人則是神話的主人。猶太教是蘇末教的改良派，摩西是馬丁路德；佛教也是蘇末教的改良派，釋迦牟尼也是馬丁路德。

這是一個大格局大輪廓。不要詳說，最好還是去查蘇末教的經典。

此經典何名？「山海經」是也。

——四十四年八月十二日聯合副刊

二十五、釋「因」

今文因字，甲骨文寫爲㓜。甲骨學大師董彥堂先生函余（原函載反攻半月刊七期），於㓜字當於六書之某、謙稱待解。余以淺學、試一釋之，以就正焉。

距今三千年前，公元前一一一五年頃，周成王之太史名佚。左傳襄十四年，文曰：

「史佚有言曰：因重而撫之。」

除甲骨文外，此當爲最古用因字之記錄。我國最古字典說文，釋曰：

「因、就也。親也。」

余按：許氏此解，殆不免望文生義。實則，因即姻也。許氏亦非不知因與姻爲同字者，說文曰：「姻、壻家也，女之所因；婚、婦家也。」可證。又、白虎通云：

「古之時，民人但知其母，不知其父，於是伏義因夫婦，始定人道。」

翻成語體，是說：

「古代的人，只認得母親，不知誰是父親，（這是女性中心社會的特徵）。到了伏義，他把夫婦配起來，使他和她有固定的昏因關係，才規定了人倫之道。」

「因夫婦」云者即夫婦婚姻之謂，亦可證也。婚古文作昏，無文旁；姻、亦便可作因，無女旁，婚姻即昏因。蓋上古社會係女性中心，男子出嫁，贅入女家，甲骨文指此事爲因。下迨殷末周初，社會進爲男性中心，女子出嫁，金文遂寫爲姻，添女旁矣。

我國古代，果有女性中心之社會乎？曰：有。其事殆當帝堯之際，尙復行之。史記載，晉平公二十五年，公前五三三年，鄭子產云：

「高辛氏有二子，長曰閼伯，季曰實沈，居曠林，不相能也，日操干戈以相征伐。后（即高辛氏，亦即帝堯）弗臧，遷閼伯於商丘，主辰。商人是因，故辰爲商星。遷實沈於大夏，主參。唐人是因……」

這段文字，翻譯如下：

「高辛氏有二子，老大名叫閼伯，老二名叫實沈。他倆住在大森林裡，積不相能，天天打仗。高辛帝不以爲然，把閼伯遷到商丘地方，封他作辰星之主。其後，商氏族的人嫁給閼伯的氏族，便接著作了辰星之主，辰星遂成爲商氏族所崇拜的星。——一方，遷實沈到大夏地方，作參星之主。其後，唐氏族的人嫁給實沈的氏族……」

此事並見於左傳襄公九年，文曰：

「陶唐氏之火正閼伯居商丘，祀大火，而火紀時焉。相土因之，故商主大火。」

這段文字譯成白話，如下：

「陶唐氏有一種官位，名爲火正。閼伯作火正這種官，住在商丘、祭祀著大火，便用大火作爲時令了。到相土嫁到閼伯氏族之後，也就用大火作爲祭祀的神了。」

首段引文「商人是因」之商人，即指相土，由次段引文「相土因之」可證。此謂商人相土嫁（因）與閼伯，相土遂以閼伯之圖騰（姓）——辰星即大火爲自己之圖騰矣。相土，據甲骨文及史記殷本紀，知係男性：故「相土因之」四字證明帝堯時確爲男子出嫁，即女性中心社會也。——相土嫁與閼伯，遂姓閼伯之姓（圖騰），襲閼伯之官，亦正爲史佚所稱「因重而撫之」之眞解，蓋相土已取得閼伯的氏族祭權或政權。

依上文，男子嫁與女子，曰因（女子嫁與男子則曰姻）。至春秋時代猶有遺躅。左傳文公十六年，公前六一一年，文曰：

「宋公子鮑，禮於國人。宋饑，竭其粟而貸之。年自七十以上，無不饋詒也。

「公子鮑，美而豔。襄公夫人欲通之；而不可。乃助之施。

「昭公無道。國人奉公子鮑以因夫人。

「宋昭公將田孟諸，未至，夫人使帥甸攻而殺之。

「文公（即公子鮑）即位。」

這段文字譯作語體，如下：

「宋國公子鮑，被全國人所愛戴。宋國鬧飢荒，他拿出所存的糧來放賑。對於七十歲以上的老人，沒有不送禮的。

「公子鮑，長得風度翩翩。宋襄公的太太追求他，想和他通奸；其奈他不肯。宋襄公夫人遂幫著他布施。

「宋昭公昏暴無道。宋國的人就把公子鮑嫁給了襄公夫人。

「宋昭公將要到孟諸地方去打獵；未到孟諸，襄公夫人派元帥名叫作甸的人，殺了昭公。

「文公（即公子鮑）便作了宋君。」

通戀愛心理者，必當欣賞此幕趣劇。講叛亂技術者，亦將欽服此一陰謀。「國人奉公子鮑以因夫人」云者，即國人將公子鮑嫁與夫人，或使之奸通耳。直至清朝初年尚見此類事。

但在周朝初年，女性中心社會揚棄已久；盛行女子出嫁，遂易因爲姻。史佚「因重而換之」一語，因字無女旁，遂畀人誤解，於是中國古有女性中心社會之事乃不彰。

男子出嫁，既可取得女家之圖騰即其祭權或政權，若一旦男子之原氏族與女子之氏族作戰，則此男子自當傾向其原氏族，甚至攜女子之氏族以「靠攏」男子自己之原氏族，藉達成吞併女子之氏族，然則，此男子之因於女子之氏族，殆無異在女子之氏族中形成一支「第五縱隊」：故余於拙作因國史中，指明「因、爲原始作戰制度」。史佚所謂「因重而撫之」、良信。

殷周之際，女子出嫁，此女子遂亦成爲伊之氏族派往他氏族中之「第五縱隊」，蓋此女子改嫁之後，成爲他家之「命婦」，即取得他家一部祭權與政治上之發言權，遇與他之氏族爭執戰爭之際，伊遂自然偏向自己之氏族。史記載，秦晉世爲婚姻，亦復爲世相爭戰。在殽之役中，晉兵俘獲秦兵三帥——百里孟明視，西乞術及白乙丙——左傳僖三十三年，公前六二七年，原文曰：

「文嬴（按：晉獻公所娶秦女、襄公之母）請三帥，曰：『彼實構吾二君。寡君若得而食之，不厭；君何辱討焉？使歸就戮於秦，以逞寡君之志，若何？』公（襄公）許之。」

這段文字，譯文如下：

「晉襄公的太后文嬴，要求襄公釋放這三位元帥。她說：『晉秦兩國國君之所以打仗，都是他們三人掇弄的。敝國——秦國國君如果得著他們，非食其肉是不滿足的。何必你——襄公親自殺死他們？不如使他們歸國，讓秦國殺了他們，滿足敝國國君的怨恨，不很好麼？』襄公於是答應釋放了三帥。」

文嬴爲晉之太后，但伊不愛晉國及其子襄公，卻愛其母國（秦），以此技術高明之談話，欺騙襄公，開釋三帥。次年春，百里孟明視遂又帥師伐晉，以報殽之役。此爲古史正式所記，以女子爲「第五縱隊」事也，足徵「因、爲原始作戰制度」，易言之，秦國之所以以女子嫁（因）於晉國，實爲對晉作戰以伊爲內應耳。

總結上之，因、即姻也。因或姻者，古代「第五縱隊」戰術之一也。此爲中國古代史一大秘密，人類學者及戰史家或尚未及知也。

降至戰國，此種以結婚方法達成「第五縱隊」戰術，正式著錄於孫武子十三篇。孫子「用間」（「第五縱隊」）篇云：

「鄉間者，因其鄉人而用之；內向者，因其官人而用之；反間者，因其敵間而用之……」謂以女子嫁（因）與敵國之「鄉人」，則此「鄉人」成爲我之「鄉間」；以女子嫁與敵國之「官人」，則此「官人」成爲我之「內間」；以女子嫁與敵國之間諜，則此間諜成爲我之「反間」。其例更僕難數，茲不一一。

——四十年十二月改定，次年三月，載於反攻半月刊

二十六、釋

左邊的三個甲骨文字，見殷墟書契後編下・四十二・三。三十九年一月十四日，承董彥堂先生手寫見示。第一字釋爲「翌」，第二字釋爲「啓」，第三字釋爲「因」。三個字雖然簡單，但爲我們證實了古史上一件大事。

在顧頡剛的「古史辯」第一册出現以前，中國歷史家沒有懷疑夏禹王的存在者。顧某首倡「禹爲爬蟲」說，和門徒們此倡彼和，刊行了七大輯「古史辯」，把夏朝和夏朝以前的歷史全部推翻，認爲都是神話或僞造。他爲商務印書館所寫的初中歷史，便從殷朝開筆，可謂極盡歷史的自虐與自卑的能事，無怪他這一系的「學者」大部「靠攏」，他們早已代表史毛父子毀滅了中國的歷史。

我國古代政治家固然不乏說謊的人；獨有歷史家卻絕不說謊。齊太史便是人證，他們寧被殺頭，也不肯妄記一字的。文學家所詠的史詩，儘可天馬行空，迷離恍惚，但也是無一字無來歷的。中古以後，這種史德和文德雖然稍稍失墜，但只能使我們對中古史予以部分的保留；不必認爲一切歷史家都是說謊的。顧某今天寫秧歌王朝史，或者不能不說謊罷？但他不應該用自己的心去度擬旁人。——在古代不說謊的歷史家的筆下，寫著伏羲，現被證明是遊牧時代的紀錄了，寫著燧人、現被證明是用火熟食的寫眞了，寫著神農，也被證明是農業生活的實況了；寫著夏禹，也必會被證明有夏禹。上面這三個字，我認爲便可證明確有夏朝、確有有窮后羿利用仲康，呑滅夏朝，以及少康中興等等的史實。

少康中興的史實，最先見於襄公四年左傳，次見於屈原的離騷，至孔安國古文尙書「五子之歌」，也和這件史實有關。綜合古史所載：禹死，子啓繼位；啓死，子太康繼位。太康荒淫無道（這卻是羿說的謊）；這時有窮氏的首長（后）名羿，利用太康的弟弟仲康，打走太康；於是仲康作了夏君，但成爲羿的傀儡（故張蔭麟教授說）。仲康死、子相繼位。又有一位寒氏族名浞的人！殺死后羿，並殺死相，親自統治了夏國。相被殺時，后緡方娠，逃出自竇，歸於有仍氏，生了少康。少康僅有田一成，有衆一旅，得臣靡爲佐，又殺死寒浞的兒子名澆，光復了舊物。時間約在公元前二一八八年，到二〇七九年之際。離騷有句云：

「啓九辯與九歌兮，
夏康娛以自縱。
不顧難以圖後兮，
五子用失乎家巷。

羿淫遊以佚畋兮，
又好射夫封狐。
固亂流其鮮終兮，
浞又貪夫厥家。

澆身被服強國兮，
縱欲而不忍。
曰康娛而自忘兮，
厥首用夫顛隕。

……………………

及少康之未家兮，
留有虞之二姚。

…………………」。

這裡邊有「啓」，有（太）「康」，有「羿」，有「浞」，有「澆」，有「少康」，都是上面中興過程中的角色。顧派認爲少康中興是漢光武時歷史家僞造的，宣傳光武必能中興，不但誣衊了左傳的作者，也重辱了屈原，今天都被這三字甲骨文所證實了。

按：「翌」即羿字的另體，「啓」即啓，「因」即姻。依照春秋時代的八十多個史例，可以認定「翌啓因」便是「羿啓姻」。大概，啓原有后妃，生了太子太康；後，羿（翌）將女子嫁給啓，又生了仲康。啓死，太康繼位；羿遂導演仲康（羿的外孫子），逐走太康，而由羿代行夏政了。這件事，表面上看是外戚篡政，類似王莽；實質上是有窮氏呑滅了夏后氏。

甲骨文裡埋著無限的寶藏，這三個字和「國不因」三個字，爲古史勘破了不少的疑案。

——四十一年三月十六日作，載四月七日中副

二十七、甲骨文的大秘密

三四千年前，中國人裡的夏人，是從西亞和中亞來的，殷人是從鮮卑利亞和東北來的，周人也是從中亞和新疆來的，在精讀古史的人，必能同意這些史實。而夏人在被殷人驅逐之後，一大部分留在中原，成爲殷人，一小部分逃往蒙古，周稱之爲貎胡即蒙古，秦漢呼之爲胡（夏字的另寫），又呼之爲匈奴，唐朝稱之爲韃韃也即蒙古，這段歷史，今天也漸漸地被徵信了。

殷人統治中原之後，作過一次文字大改革，即是截取夏語和殷語的母音，製定了甲骨文，我名爲殷文，也就今天的漢文。我們嘗怪漢字漢語是單音，和所有各國各族的文語全然不同；現在明白了：這不能不歸功於殷人。若不是他們在三千多年前做那一番毅然的改革——也即創造，恐怕直到今天我們也在使用聯綴語吧？

據現在查明，夏、殷、周所用語言，乃是今天的所謂阿爾泰語。據史實推來，或者也就是古蘇末語。夏人所說的話，全然和今蒙古語（阿爾泰語之一系）相同，每個語多至三個音；至殷人造成象形和會意的字。當年字和語大約仍是讀三個音，漸漸略去第二和第三音，就進化成爲今天我們所說的單音了。

我曾仔細地比較過漢、滿、蒙、回（及三者屬於阿爾泰語系）四種語言，發現了這個幾千年來無人注意的秘密。大概說來，滿、蒙、回語約有百分之四十以上是相同的；而漢語則和這四十以上相同的滿、蒙、回語固是相同；若單單和蒙語相比，可能有十分之八也是相同的。就是說：漢語和泰語相同者佔十分之八；和滿、蒙、回語相同者佔十分之四。照史實說，漢語本應完全和蒙語相同；現在只能查出十分之八相同，則因爲兩語演化既久，各有變化的緣故。

現舉出十二個字（音），作一比較。這十二個字即子、丑、寅、卯、辰、巳、午、未、申、酉、戌、亥，和他們所代表的鼠、牛、虎、兔、龍、蛇、馬、羊、猴、雞、狗、豬。子丑等字是夏人天文學上的十二星（蘇末的十二宮），鼠牛等字又是常見的動物。

子　鼠　耗魯干　耗

丑　牛　烏戶勒　物（無佛切）　魏牛（吳肥切）

寅　虎　巴勒斯

卯　兔　逃來　兔（禿誤切）

辰　龍　鹿斯　龍（閭容切）

巳　蛇　母烏蓋　蟒（母朗切）

午　馬　冒瑞　馬（姆雅切）

未　羊　賀膩（繇）
　　　　以罵（山）　羊（移強切）義⿰犭夷
申　猴　木其里　獼（木移切）
　　　　哈木介　猴（何樓切）
酉　雞　替黑亞　鵽（都豁切）
戌　狗　腦海　獒（莪勞切）
亥　豕　賅該　豥（歌哀切）

今蒙古語即阿爾泰語之一系談鼠爲耗魯干，而漢語則讀爲耗子；蒙古語讀牛爲烏戶勒，而古漢語則讀爲物或魏牛（這都是古字，下同）；蒙古語讀龍爲鹿斯，而漢語則讀爲龍；蒙古語讀蛇爲母烏蓋，而漢語則讀爲蟒；蒙古語讀馬爲冒瑞，而漢語則讀爲馬；蒙古語讀山羊爲以罵，而漢語則讀羊（移強切）、⿰犭夷、義蒙古語讀猴爲木其里，而漢語則讀爲獼；又讀哈木介，而漢語則讀爲猴；蒙古語讀雞爲替黑亞，而古漢語則讀爲鵽（都豁切）；蒙古語讀狗爲腦海，而漢語則讀爲獒；蒙古語讀豕爲賅該，而古漢語則讀爲豥。——十二個字裡，蒙、漢語母音相同的就有十一個，只餘一個，虎字或漢語已變，或我未查出，或蒙語已變，我相信也當會相同。從這裡我們可以結論地說：漢文漢語殆全（或）是蒙語即夏語的母音。除此以外，我還發現不少，如漢語之奧即蒙古語的奧博，屋漏即斡魯朵，帽即冒頓（已見本刊），鐵即鐵木耳，簿冊即筆契哥，飯即粑大，吃即一（咽）狄，來即伊勒……約二百餘字。我推測如果用甲骨文一千餘字裡的象形會意字去和蒙古語的母音來對音，恐怕相同者不會少於十分之八。

頭即討露蓋，夏伯即鮮卑利，泑即語爾

聞董作賓先生已編成甲骨文字典，即將付印，教育部也正委託專家注釋爾雅，這兩部書出版後，倘得有心人繼續研究，我相信必可證實拙說的。

二十八、古音左證再版序

我曾爲葉先生芝生所著的「古音蠡測」寫過一篇序，評定那本書的價值，超過切韻唐韻廣韻之上。因爲切韻以次的韻書，都不懂得「形聲字的聲符所發的音，並不是全得自聲符本字的聲母；而是得自本字所根據的轉注語全部聲母之一」（拙著「蒙漢語文比較學舉隅」一八三頁）。除了在原序裏所舉的例證以外，這裏再舉最常用的兄、智兩字爲例：兄字本義是長輩，古轉注語稱爲**jaha**（這種轉注語在蒙古方言裏完整保存著），殷周文寫爲兄（ja）先（he）兩字，故祝（**jalichi**祝榴臣，方術人）字从示兄聲，乃由**jaha**的**ja**即兄得聲，許愼已經不懂，唐韻之六切，更誤j母爲**g**母；況字从水兄聲，乃由**jaha**的**ha**即𡯁得聲，唐韻許訪切。唐韻看到兄字，不能認定應讀音**ja**，乃採由兄得聲的況字許訪切，而把兄字音成許榮切；於是本應音**ja**的兄字，一千多年以來誤音爲**ha**，並增複韻母變成許榮切了。又如智字，本義是理解，古轉注語稱爲**uhaga**，殷周文寫爲智（**u**）智（**ha**）知（**ga**），智字从知白（古文自字，音**ha**）聲，音**ha**，而許愼佚收智字，唐韻作知義切，是誤用知字的陟離切而強讀爲入聲。漢唐以來這種不解聲母，只讀偏旁的字，約有十分之二，這眞是誤人不淺了。這就是我用了十幾年工夫來寫「說文解聲」的原因。

因爲我們如果要知道文字的古本聲，必須根據許愼所知的聲母（但他有時也會把音符誤作聲母，或把聲母誤作音符，例如𥏼入白部，解爲从白从亏从知，直是莫名其妙。𥏼，从知，亏聲），以窮鄉僻壤，祖孫父子口耳相傳的方言證之，才能確知一文一字的眞正讀音。若只讀韻書，便以訛傳訛，成爲誤音了。宋清儒者研究古音的精神和方法，是令人佩服的；但過信韻書，強作解人，結果落得童而習之，皓首而不能通其義，未免太可惜了。——葉先生數十年來用方言求古音，民國四十五年出版「古音左證」，直到七十高齡，又寫成「古音蠡測」，這是一條正路。「古音左證」證明僻處浙西群山裏的松陽方言，保存著「唐虞三代以來的遺音」，也證明了閩南語「和松陽人讀音部份相同」，並說：「臺胞彷佛是數千年來活著的古人」。說國語的人讀了「古音左證」，不會再把閩南語當作南蠻鴃舌的語言；臺灣人讀了這本書，也會知道自己是大陸人，否則，爲什麼到現在，還說著大陸人所說的古話？

現在這本有功溝通大陸和臺灣語言的書，又經精通國語、閩南語、日語、英語、法語的蔡懋棠先生增註再版，不久將普及民間，既能使臺胞認識自己所說的話，是眞正的古中國的話，並或能使在費正清指揮下，妄喊「臺灣人不是中國人」的留學生，恍然大悟，而有故國河山之思，這是蔡先生不可沒之功；因而樂於推薦這個增註本，是爲序。

——中華民國五十八年八月，翁州趙尺子於臺北

二十九、「蘇末」與羨門

蘇雪林先生「端午與龍舟」文說：「蘇末時代，太陽（神）像太陰（神）一樣，是乘舟的。這個『日舟』航行冥界時，一路與阻道的惡魔戰鬥，最後達於東方之山，恢復太陽的光明與生命，與埃及之說，毫無二致。」「蘇末」或譯爲「蘇馬連」，係公元前四千年到二千八百年，兩河流域黃種人所建的古國。到公元二千八百年左右，被來自阿拉伯的閃族（白種）所滅。埃及、巴比侖、希伯來、希臘的文化、宗教和神話，如蘇先生所記「日舟」神話之類，同出於「蘇末」。

蘇先生又說：「這類故事，居然傳到東亞。周民族言其始祖爲后稷，后稷的母親美嫄爲世界第一女人，『厥初生民，實維美嫄』，說明了她是夏娃，只是沒有亞當來配她。她踐踏了上帝的腳跡而懷身孕，生了一個兒子……成了周民族的始祖，也就成了稷神。『舟』的故事在本詩中雖不見，其爲神奇小兒則一。」在筆者的研究中，「這類故事，傳到東亞」，並不「居然」，而且是「蘇末」人的嫡傳；「舟的故事，在本詩中雖不見」，但在「蘇末」人繪的圖及寫的書裏，卻是有的，這就是「山海圖」及「山海經」裏「西望大澤，后稷所潛也」（西次三經）那段故事。

后稷和摩西的神話，同是「蘇末」神話的翻版。而這原版，在埃及、巴比侖和希臘早已遺失，誠如蘇先生所說「我們現在都知其然而不知其所以然了」。欲知其所以然，先須在其譯名上作一番工夫。

我一向確信，近代中國史地學者翻譯西籍上的國名、族名、教名、地名……時，如果不自做聰明，肯詳查我國古籍，用我國的古名，翻譯西籍，而不隨便翻譯，則嘉惠後學實乃不可限量。例如，Siberia如譯爲鮮卑利亞或鮮卑地方，而不譯爲「西伯利亞」；例如，Hebrews如譯爲鮮卑，而不譯爲「希伯來」，則中國人早就知道以色列人雖和鮮卑人一爲白種一爲黃種，但文化，宗教是出於一源，閃族的以色列在公元前二千八百年前曾和鮮卑發生過極爲親切的關係，乃至用了鮮卑（「希伯來」）二字作自己的族名；又例如，翻譯「伊甸」時如用史記上的于闐兩字，則對中亞古史地及聖經研究，也該是功不可沒的。

回頭看「蘇末」二字，如果用穆天子傳上的西膜，史記上的羨門，元史上的珊蠻及清史上的薩滿來翻譯，則中國上古史與「蘇末」史便全通了，如用甲骨文和書經上的巫覡，意譯「蘇末」，則我國上古史與「蘇末」史便打成一片。上文我說「蘇末」「故事傳到東亞」並不「居然」而且是「蘇末」人的嫡傳云云，便被大家所共認了。

「蘇末」人於公元前二千八百年左右亡國後，流亡中亞，建「西王毋」之國，公元前二千七百年左右，來到我國，其後建立夏朝，修五嶽廟，繪「山海圖」，寫出「山海經」，詳記鮮卑利亞及中亞、新疆的民族、山水、文化、宗教（巫教即「蘇末」教）。這部四千年前的古圖——三千年至二千年前的古書裏有許多處透露「日舟」的神話（見海外東經及大荒東經）。蘇先生所說中國、遼、金、滿都有這些神話，我以爲都由巫覡「蘇末」人）所傳。她關於「龍舟」「雲中君」及「崑崙」的研究，快已觸及「蘇末與羨門」的要害了，筆者敬祝其成功！

——四十四年七月三日刊於聯副

三十、暑假作業記

現在大中學生都正在度暑假。苦讀了半年，利用長夏炎炎的天氣，休息一下，原是應當的；如果有些同學不願意浪費寶貴的光陰，我卻可以介紹一樁有意義的事情，請試作一下。這樁事情特別適合住在鄉村和山地的同學來做。

說起來，是三十年前的事了。那時我是一個中學生。由於在一個報上投稿，認識了一位稿友翟先生，他正主編一個縣城的八開報。他邀我作通信員。民國十三年暑假，我利用四十天時間，爲他的報寫過三萬多字一篇連載的通信，題爲「李相屯志」。

李相屯是我所祖居的便答應寫「李相屯志」。我覺得縣志是一縣的史地，村志是一村的史地，如果每一鄉村都有一份村志，合成一部縣志，內容必更爲翔實，更能發揮教育的和政治的效用。

記得當年參照縣志，擬定屯志的內容，大約是地理志、氏族志、田畝志、物產志、建置志、禮俗志、動植志和藝文志等項。地理志寫本屯的方位、山、河、澤、面積。氏族志記每一人家的歷史、人口、財富、教育。田畝志記地畝、等則、土質、賦稅、生產力。物產志寫農、工、商業、物價。建置志寫公所、廟宇、堤防、碉堡。禮俗志記生活、禮節、節令。動植志記動物、植物。藝文志則是前人著作和文件等等。

每天午間，農民和工人都在廟宇的石台上大樹蔭下歇晌。我便湊上前來，問長問短。他們知道我要寫一本書，而且登在報上，我並且把縣志搬給他們看，引起大家的興趣，無不盡舉所知以告。下午，他們下田或散工歸來，我便逐家採訪。隨時記入筆記，晚間和次晨寫成便條。等到每一項材料蒐集齊全，便寫成一篇，拿到廟台上讀給大家聽，校正誤記。我充分利用了每一家的文件，例如田契、帳目、家譜、證件。寫氏族志的時候，我請每一位長者口述本姓的歷史，何時何人由關內移到東北，那輩祖先有過光榮的事業。全村四十餘姓，每姓一節；歸納起來可說是一本東北開發小史。寫動植志，最爲有趣：我找遍了牧牛和捕鳥的小朋友，對某種鳥類來去的季候、毛色、身量都有詳細的記錄。我訪問了任何一座石碑，抄錄碑文，找出來任何一家的前輩作品，從詩文到體裁別緻的房契和借約。

藝文志裏最特殊的文件，是吳三桂的文告。這是從先祖父的藏書櫃裏發現的。蓋著巨大的硃印；大小等於對開，內容和春耕有關。其次是李相公墓道的三角碑，由碑文上發現明清在本村作戰的鱗爪。還有許多古錢拓片。那時日本人收買古錢，「天顯」懸價最高，一枚五百元（民十三年的現洋），村人有暇便去「掘寶」。我拓到約一百種，全是新出土的。

地圖是最後繪成的。千分之一，山川道里田塍堤防，具體而微。這是得力一位警士的指導，可惜我再也記不起他的姓名了。

這樣，暑假便匆匆走過去了，我沒有感到一點熱不可耐。上學之前，我把「李相屯志」交給報社，刊載了幾個月。竟而邀得縣長的青睞，他在縣立中學講演，要求每位學生都該利用假期，寫他本屯的村志，也是「消暑新法」云云。但翟先生卻始終沒有給我稿費的。

——民國四十三年七月十七日刊於聯副

三十一、知行合一經驗談

鐵君先生今之張橫渠也，創刊「學園」，提倡今理學，意在為此「現實主義」的世界，建立「理想主義」的學風，使那些隨俗俯仰的人士，獲有安身立命的處所。這眞是一種覺世牖民的抱負。屢次來函，囑投有關王陽明先生學說的文稿。對於陽明學說，我尚缺乏深刻的研究，不敢妄談；不過有些關於「知行合一」的經驗，也就是陽明學說給我的影響，和我提倡陽明學說所給予他人的影響，似乎尚有一談的必要。

記得我知道古人裡有一位陽明先生，是在小學時代。那時代的初等小學都讀著商務印書館出版的教科書。不記得是在國文上抑修身上，印有陽明先生畫像一幅，戴著方形的高帽子，下繫絲帶，左臉太陽穴上下有七顆黑痣，穿著道士衣服，手執笏扳。畫像下方是陽明先生的小傳。不記得原文是說什麼了，於今腦海裡只留下這幅畫像的明朗印象。過了三四年後在高等小學讀書。國文和修身已換成中華書局出版的書了；但書中還印有陽明先生的這幅畫像。小傳的文字也深刻一點了，似乎已提到「知行合一」。高小半途，奉校長武正清老師之囑，進入他的尊翁子彪（炳璋）

夫子所開設的紹眞書屋（私塾），講習五經四書；但爲保留高五級的學籍。在該級畢業時，未經考試即領受了畢業文憑。子彪夫子七十餘歲，是本縣中的一位理學名儒。銀髯童顏，還能登臺唱黑頭戲。他有兩位老同學，一位是朱子良（顯廷）先生，一位是陸翰章先生，都是翰林。子彪夫子稱他倆爲「朱陸世家」。子彪夫子爲我們講四書、詩經、左傳（選讀）和周易；朱老先生爲我們講三禮；陸老先生爲我們講書經和爾雅。子彪夫子是上午七點到十一點授課；朱陸兩位老先生是輪流在晚上七點到十點授課。陸老先生授課不久便逝世了，書經和爾雅也由子彪夫子兼任。現在所記得的，爾雅最難背誦也最難懂。大約讀了三年過一點，這些書總算能背誦和回講了。子彪夫子由上房拿出一個抄本，名爲「理學擇要、四書道歸一貫」（這幾乎和立夫先生的「四書道貫」同名），約三萬多字，囑我們每位同學親手照抄一册，通本背誦。書內前幾篇是子彪夫子所做的文章，有「明心見性說」等題，主要在闡揚「經學即理學」一義；中後兩部是朱子（熹）陸子（九淵）和陽明先生的語錄擇要。每天晚間，圍著炭火爐，坐在熱炕上，一位老儒，三位童子，映在煤油燈下，講論經學和理學。散課後大家往和煖的被窩裡一鑽，口中還在念著「知行合一」、「致良知」云云。於今回憶起來，那三年多的讀書工夫恐怕是平生最值得留戀的了。

子彪夫子藏有許多線裝書，都有他的硃筆圈點和眉批。其中朱子大全集、陸九淵集和王文成公全集，我大都瀏覽過。對陽明先生所寫「拔本塞源論」、「尊經閣記」、「大學問」……都手抄並誦了。子彪夫子告訴我們：理學就是經學；朱陸王是儒學的嫡傳，所以讀完四書五經之後，必應再讀朱陸王的全集。朱子早年講的是「道問學」，晚年講的是「尊德性」；陸子只講「尊德性」；王子則是「道問學」和「尊德性」並重。他開頭便講「知行合一」，這是曾參、子路一流人求學做人的方法。曾子是「知」而便「行」的人，所以纔「吾日三省吾身」，凡所「知」者一日之內便要「行」到；子路是「知行合一」的人，「子路有聞，未之能行，唯恐有聞」，眞是百分之百的「篤行」之士。子彪夫子又說：「王子先講『知行合一』，說『知是行之始，行是知之成』；後來悟出這還是把『知』『行』分成兩截；等他由大學上發現了『致知』，又由孟子上發現了『良知』，便不再說『知行合一』而專講『致良知』了。王學可謂大學和孟子的精華。至於吾人，還應從『知行合一』入手，久後便能做到『致良知』，『知』無不致，便是『行』了。」民國十二年我進入中學。子彪夫子在六月間逝世。我曾爲他穿孝服，留髮三個月，並作有「師服議」一文，主張「半父之喪」、「心喪三年」，抄寄同學照行；但有人卻笑我們是「書呆子」，這大約就是今人所說的「酸」了？中學到大學這一段，我已把五經四書朱陸王拋到九霄雲外，除正課之外，我能背誦「新文化辭書」（商務版）。但在私塾所「知」的五倫道理，似乎並未不「行」。

大學畢業這一年，正値九一八事變。當時我是市黨部委員，兼三個編輯、一個高中教員，賺得花不完的錢。如果逃進山海關，就職乃至升遷是毫無問題的。在人看，我總以走這條路爲佳；但我卻留在東北，打起游擊。因爲我「知」日必須抗，抗就得打仗。當然，一些朋友也都「知」

日必須抗；但自己都不肯去「行」，或逃往北平鼓勵別人去抗日，或逃到南京再去做官。我是從心上反對這種人的。打了一年半游擊，旗倒兵散，我也進了山海關；卻被一位有地位的朋友送來一頂「知行合一」的帽子，他自動向某鉅公推薦我「其人即知即行」。自己一想，纔恍然大悟，個人確受了陽明學說的影響，「知」抗日便「行」抗日。而此「知」正是「良知」——每一個中國人自認爲對的「知」。在游擊戰中，我所組織而指揮的部隊是蒙古健兒，初步學懂了他們的語言；也「知」道了蒙古問題的嚴重：日本人在鼓動蒙古王公組「黨」、「獨立」、「自治」。我便到蒙古去，一住便是十一年。在蒙古的第三年，我又知道了俄國對蒙古以及全中國所採用的手段，和日本人並沒有差別，日本人是扶植蒙古王公作傀儡，達到「以華制華」；俄國人也是豢養蒙古青年作傀儡，達到「以華制華」。俄國所搞的「中國共產黨」、「外蒙古人民黨」，正是日本所搞的「協和會」、「蒙古青年團」。我便同時對日本關東軍特務機關和俄國機關展開隱體戰。那十一年中，我已自覺地在實踐王學——「知行合一」或「致良知」。隨我同去的幾十位青年、我在僞組織內所建立的地下軍，也自覺地在實踐王學了。

上邊談到我曾初步學懂了蒙古語，「知」道這種被西洋學者命名爲阿爾泰語的複音語就是中國語，不過蒙古語一字數音，中國語則爲一字一音，繁簡不同而已。因之在去蒙古之前，便聘請蒙古語文教師，開設訓練班，培養蒙藏語文人才；到蒙古之後，陸續開班。先後訓練了幾十位學生。到二十八年，在學生們的協助之下，我編成並出版了「蒙漢小字典」，我提出蒙漢雙聲對義的詞約二千餘個。我們除了刊行蒙文的通信稿以外，並發行了蒙漢合璧的報紙，隨時將八年抗戰的新聞和新聞評論傳播給內蒙淪滔及未淪滔各盟族。這可以說是「知行合一」在抗戰中的實踐。在抗戰中殉難於暴日手中的學生幸無一人，而被中共慘殺的學生竟有張文友，鄭新潮，齊懪靈、黨士秀、斐春霖、李曼霖、劉鐵符等七位。三十七年瀋陽淪滔，在當地的學生李克曼等七位全被中共判處無期徒刑。三十九年歸綏淪滔，留在蒙古的學生和地下軍官共一百七十餘位全部沒有消息。這都是「知行合一」的信徒，「知」抗日便抗日八年，「知」反共便反共十一年。如果他們能隱姓埋名幸免於死，我堅決相信他們還在反共中。

這樣說起來，陽明「知行合一」學說可以說是教人怎樣生和怎樣死的學說。生要「知」有益於生之事而「行」之；死要「知」有益於死之事而「行」之。而此兩句中的「益」不是利益之「益」，乃益於做人，益於救國，益於淑世的「益」。

不過到了今天，我卻覺得，提倡王學，須有一個王學的環境。如果環境是「知」而不「行」的環境，或少數人「知行合一」而大部份人不「知」不「行」，則這少數「知行合一」的人必定「行」不出什麼來而自己感到孤掌難鳴。譬如追隨我到蒙古去的百餘名青年朋友，全是「知行合一」的信徒；但他們在事功上成就了什麼呢？如果那十一年他們在內地「知行合一」，則在公的方面一定不致「一事無成」；在私的方面也一定不會「一籌莫展」，以窮以困以老以死。大約「不慮而知」的「良知」，與「行」可以「合一」，倫理是也。若夫眞「知」碩見之「知」，則絕不與「行」「合一」，致理是也。故王學的環境的鑄成確有必要，這或者就是「學園」應該出版的所在罷？

——五十六年刊於學園

三十二、朱熹的思想

一、朱子學術源流及其歷史地位

當孔子的一脈儒學傳到漢武帝時，雖然武帝下令「罷黜百家，獨尊孔子」，其實，漢朝是黃老思想最盛的時代，董仲舒等少數學者，只是苦苦支撐儒家局面。而且董仲舒等竟在儒學內羼入陰陽方士之學，而與求雨，咒詛混爲一談。到了唐朝，佛學大興，風靡上層社會，而民間則黃老盛行。這兩種思潮把儒學擠得一點地位也沒有了。

唐朝雖有韓愈出來，領導所授少數學生，闡揚孔子學說；但是創作貧乏，人數又少，依然無法對抗佛老。幸而五代之末出了一位陳摶，他本是道士，研究老學，但能引導儒學進入老學。陳摶後有儒者周敦頤，反將老子思想融貫於儒。待周敦頤傳與程頤、程顥兄弟，思想已發展爲新儒學了，同時有一位自修成學的張載，可以說是一個純儒。

二程和張載相繼在北宋設立書院，傳授經學。雖然他們的學生有中式而做官者，然而時值金人南下，即或當官亦無補於國家的敗亡。

北宋亡後，政府流亡江南，北方儒者分別渡江跟隨政府；而老、道、佛等卻超然世外不願南下。因為儒學是尊王攘夷之學，羞於稱臣異族。初，在北宋亡前，二程學生已有在方南做官傳儒者，就楊時來說，當他奉命南來，程子曰：「吾道南矣。」即孔子之道向南發展了。其實他們並不以做官為己任，而是以宣揚中華文化為標的。

楊時到了南方，一面管理政事，一面興辦學校，並親自講述。他的得意弟子有羅從彥，很得儒學眞傳。羅從彥亦繼續設教，其中有學生李侗，也教授後輩。此時，朱熹尚在少年呢！朱熹長大從李侗受學。

北宋以前，中國書相當難得，全由京師石經上拓印下來，只有富貴人家始能受讀；而又多無註解。北宋後，印刷術發明，二程、張載皆印有大批書籍。當時朱子不但拜李侗為師，而又有大量儒書供應，詳加研究。朱子十九歲即登進士，由縣長做到南康郡，像近代專員區。他不但練民兵，管理政事，而且講學。可遺憾的，南宋皇帝皆無大志，不想反攻，只求偏安，其臣中雖具才學，而皆與皇帝鼻孔出氣。我們看歷史，秦檜不能不算人才，但終以和金而誤國。朱子飽學經典，處於君昏臣庸時代，有說不出的隱憂。當時宰相韓侂冑還在國都大修其私人宮殿——半閒堂。此類似行政院長的人，還可以「半閒」嗎？在旦夕禍福中，忍心拋棄人民而獨樂？像朱子一類儒家標準公務員，只有在中下階層混來混去。但終因朱子有才，被皇上看中，擔任煥章閣侍講，接近天子，可以發言。而韓派一直把杭州作汴州，與朱子一心一意回汴州成強烈對比：因此朱子即百般地受迫害，終於被韓侂胄放歸，並稱朱子之一脈爲僞學。但打得重，跳得高，朱子冒著被殺頭的危險，仍到處講學，勤於著作。其中作用最大影響最深的是四書章句。古來書本不加句點，但到朱子時將之點句分章，句句下用雙行小字加註。北宋以前雖曾加註，但偏於訓詁，朱子則注重義理。朱子把孔、孟、周、程一脈儒學融會貫通，作成注釋，他並對周易等書皆加注釋。後來南宋亡於元，而元亦迫其學者愼讀朱註，考朱注。宋元以來印刷術日盛，這些書大爲風行，直至今日。南宋後儒學傳至越南、朝鮮、日本……等國。而四書章句爲中外學人所誦讀，他國至今仍能說中國話，寫中國字，與讀此書有絕對關係。

朱子是安徽人，落籍福建。他的學術，一直流行元明清至今日不衰。朱子其人可以說是近八百年來中國思想史上獨步的人。除陸九淵外，朱子學問可以說是孔子思想的發展。以後，所有弟子，無人比朱子研究孔子闡揚孔子更詳細更廣博。

二、朱子的宇宙觀

中國或西方希臘學者，以色列宗教家，其哲學皆由宇宙談起。以色列宗教以爲宇宙是上帝創造的；希臘古代學者以爲宇宙由地、火、水、風（氣）、四種元素構成。我國由伏羲起，認天、地、雷、風、水、火、山、澤八種爲宇宙構成因素。

孔子不談宇宙只談人生。到了漢朝，上述的董仲舒和董以前的劉安（淮南子的作者）將道家與陰陽家的宇宙觀拉到儒家之內，所以劉董兩氏之宇宙觀爲道家與陰陽家之宇宙觀，北宋學者皆不採漢人之說法。程頤程顥用太極圖來說明宇宙，太極圖是根據我國古代巫教的「河圖」所繪（而多誤解）。「河圖」見於書經和論語，總算和儒家有點關係。但二程所說的宇宙限於時代仍距科學太遠。朱子所談的宇宙觀，卻走近了科學。朱子說明宇宙的構成：

「天地初開，只是陰陽之氣。這個氣運行，磨來磨去，磨得急了，便榨出許多渣滓，裏面無出處，便結成個地在中央。氣之清者便爲天，爲日月，爲星辰，只在外常周環運轉，地便在中央不動，不是在下……」（語類）

上文所謂「陰陽之氣，磨來磨去，磨得急了，便結成個地在中央，」試與十八世紀法人拉普拉斯所創的星雲說對照，可以說大體相同。星雲說是說太空裡最初有一塊廣袤而稀疏的星雲在轉動。其轉動因質點的互相吸收而逐漸加遽。轉動愈快，星雲遂凝成九個行星，其中地球即爲九星之一。而朱子學說發表於十三世紀約，較拉普拉斯早了五百年。這眞値得我們中國學術界引爲驕傲的。當然，朱子說「地在中央不動」，又說「日月星辰繞地球周環運轉」，經天文科學證明不確。但這也無足深怪，因爲那是十三世紀科學不發達的時代呀！朱子又說：

「天地始出，混沌未分時，想只有水火二者，水之渣滓便成地。今登高而望群山，皆爲波浪之狀，便是水泛如此，只不知因什麼凝了。初間極軟，後來方才凝得硬。」

這也是講地球的構成，而每一句話均根據他自己對於地質學的研究而立論，也恰和近代地質學的研究相同。最令人欽佩的是他說：「月之暈黑……其光者，乃日加之光耳。他本無光也。」（語要）。這段話的科學性及其先見，我想西洋科學家也必為之舌翹不下。

中國人有宇宙觀，歷史很久，說法也多；但不是虛玄，就是離奇。直到朱子才提出科學的宇宙觀。從朱子以來，我們再不會迷信盤古「開天闢地」，也不會迷信「皇帝是紫微星下凡」，而將巫教、道教、陰陽家的邪說一掃而光。

三、朱子的人生觀

中外哲人當談完了宇宙，就進入了較切身的問題：人生觀因之而起。

我國談人生觀最早的書是易經的卦辭和爻辭。這是殷朝巫教的卜筮之書。周初有人就六十四個卦辭、爻辭加上標題；又有人為卦辭、爻辭加註，謂之彖詞、象詞。卦辭、爻辭裡保存著殷人的人生觀；彖辭、象辭裡保存著周人的人生觀。大致說來，殷周兩朝中國人的人生觀是「中正」兩字。中是不偏不倚；正即直。孔子說：「人之生也直」，就是易經的「正」；又說：「君子中庸」，就是易經的「中」。這都是做人的態度。孔子為了使人人「中正」，故提倡禮治。孟子亦然。老莊則反對禮，以為這太不自由。

朱子認為「理」，是先在的，他用易經繫辭「太極」一詞代表這個先在的「理」，而說「人人有一太極，物物有一太極。」這都是以爲「太極」即「理」並且先於天地而存在：故曰：「徐問：『天地未判時，下面許多都已有否？』曰：『只是都有此理』（語類）。

朱子有時把這「理」稱爲「道」，故云：「凡有形有象者，即器也；所以爲是器之理，則道也。」（與陸子靜書）「總天地萬物之理，便是太極。太極本無此名，只是表個德……」（語類）又說：「太極只是個好至善的道理……周子所謂太極，是天地人物萬善至好的表德。……」（語類）又說：「太極只是天地萬物之理。在天地言，則天地中有太極；在萬物言，則萬物中各有太極。未有天地之先，畢竟先有此理」（語類）。

又有時把這理稱爲「性」，故云。「性只是理」。又說：「仁、義、禮、智，性也。」

由上面引文可知，朱子以爲這先在的「理」就是「道」，也就是「性」，更就是「德」。在天地人物之先有「理」存在，這個「理」在天地人物之內便爲「道」，爲「德」，爲「性」。然則就人生而言，「理」「道」「德」「性」都是與生俱來的。我們懂了他這主張，便應知道：做人應修道，窮理，體德，養性了。這樣做後，天下還有壞人麼？那裡會做背道、亂理、喪德、害性的事？有人認爲朱子的人生思想和亞里斯多德及近代的康德相近，誠然不是過譽了。

不過他用易繫「太極」一詞來代表先在的「理」和「道」「德」「性」，仍殘留戰國陰陽家（易繫中有陰陽家思想）的神秘主義。我們如能根據科學，以「界場說」代表「物物有一太極」；根據歷史，以「文化說」表「人人有一太極」，就十分正確了。

四、朱子的智識觀

西洋學者和中國朱子以外的學者，在知識觀方面有一個基本的不同之點，即中國歷來學者把知識和道德看作兩截，因之尋求知識（道問學）和修養道德（尊德性）並重。直到現在，我國教育仍是學術教育和思想教育在分家。西洋學者則自古希臘以來便主張「知識就是道德，」認為一位眞正飽學之士也必是一位道高德重的人。我們看中外歷史，西洋的哲人（哲學本身即愛智的意思），中國的聖人（聖字本身即智慧的意思），都有高超的知識，因之才成為哲人和聖人。這就證明「知識就是道德。」孔子知識極高，因此絕不會作壞事，「三十而立」（立於禮），便由於「十五而志於學」。你們每位同學都崇拜愛因斯坦，你能想像他會貪污瀆職，偷貓盜狗麼？這個教育原理，朱子在八百年前便已提出，見於大學補傳：

「所謂致知在格物者，言欲致吾之知在即物而窮其理也。蓋人心之靈莫不有知；而天下之物莫不有理。惟於理有未窮，故其知有不盡也。是以大學始教，必使學者即凡天下之物，莫不因其已知之理而益窮之，以求至乎其極。及其用力既久而一旦豁然貫通焉，則眾物之表裏精粗無不到，而吾心之全體大用無不明矣。此謂物格，此謂知之至也。」

這就是朱子的「知識就是道德」說，也可以說由知識之極至亦可入於道德。他把「格物」講為「窮理」，以「格物」達到「致知」確實觸及大學的本義，而糾正了中庸既「尊德性」而又「道問學」

的偏差（即把知識和截）。我們看他講「即凡天下之物，沒不因其已知之理而益窮之，以求至乎其極，」這是求知識；求知識的結果，不單「衆物之表裡精粗無不到，即得到眞知識，而且「吾心之全體大用無不明」，就是得到了眞道德。——一位對於「吾心之全體大用無不明」的學者必是哲人，必是聖人。

按：大學首章保存著的古代大學教育原理是格物、致知、誠意、正心、修身、齊家、治國、平天下八條目。傳世既久，格物、致知、平天下三條目不幸遺失。而曾子所作說明把誠意、正心、修身、齊家、治國各個對立起來，似乎業已失去「物格而後知致，知致而後意誠，意誠而後心正，心正而後身修，身修而後家齊，家齊而後國治，國治而後天下平」的「而後」原義。「而後」兩字最重要，「物格而後知致」，是說「格物」便能「致知」，即「格物」爲「致知」的工夫，「致知」乃「格物」的效果。大學原義似乎以「格物」爲以下七條目的基本工夫。朱子看懂這一點，故特別講「格物」爲「窮理」。所「窮」之「理」即所「格」之「物」應指意、心、身、家、國、天下種種道理。這些理都「窮」研以後便謂「知至」。故說「一旦貫通」種種道理，便能「吾心」的「全體」（意、心、身）和「大用」（家、國、天下）「無不明」。朱子說這是「程子之意」，數十年前我曾遍閱二程遺書，沒有考出二程說過這些話，我想這是朱子個人研究所得。只因陸子反對把「格物」講爲「窮理」，所以朱子不得不託辭程門而已。朱子這段大學補傳，確實合於孔子的思想，並和西洋「知識就是道德」之說若合符節。我們要努力求知，當知識到達絕對的程度，道德也就到了絕對的程度。總之，朱子的宇宙觀雖不完全合於科學，但基本上是科學的；他的人生觀雖沒有逃出陰陽家的藩籬，但我們以「界場說」和「文化說」代替「太極說」，則他的「講理哲學」（或說理性主義）是正確的；他的知識觀完全合於現代教育原理。

——五十七年七月刊於學園

三十三、書「義利之辨」後

我國儒學至南宋發展爲兩派，一、朱熹領導之理學派。此派自北宋程顥、程頤、楊時傳至南宋羅從彥、李侗，而朱熹集其大成。朱元晦（熹）重「格物」，謂「格，至也；物猶事也。窮至事物之理，欲其極處無不到也」（大學章句），即以「格物」爲「知至」、「意誠」、「心正」、「修」、「家齊」、「國治」、「天下平」之入手工夫，極似希臘「知識即道德」之學派。二、陸九淵創導之心學派。此派上無師承，只由陸象山（九淵）精讀儒書及自行悟出。「生有異稟……丱角時聞人誦伊川（程頤）語，謂人曰：『伊川之言，奚爲與孔子孟子不類？』又嘗曰：『宇宙便是吾心；吾心便是宇宙』（見全集卷三十六）。」（見楊簡作象山先生行狀）又云：「萬物森然於方寸之間，滿心而發，充塞宇宙，無非是理。」（全集卷三十四）又云：「孟子云：『盡其心者知其性；知其性則知天矣。』心只是一個心，某之心，吾友之心，上而千百載聖賢之心，下而千百歲復有一聖賢，其心亦只如此。心之體甚大，若能盡我之心，便與天同。爲學只是理會此。」（全集卷三十五）主張爲學即「在去此心之蔽而復其本體」，是爲「格物」，云：「格物者，格此也（按即「去此心之蔽而復其本體」）。伏羲仰象俯法，亦先於此盡力焉耳。不然，所謂格物，末而已矣。」（全集卷三十五）。按：元晦以「格物」為「窮理」，是謂理在心外；象山以「格物」為「去此心之蔽」，是謂理在心內。以為理在心外，故必須孳孳為學；以為理在心內，只「去此心之蔽」則萬理皆通：此為朱、陸絕異之一點。哲學史家謂元晦自中庸「道問學」出發；象山則自「萬德性」出發，不為無見。

朱子之學啓示吾人應精研萬事萬物之理，「一旦豁然貫通焉則衆物之表裡精粗無不到，而吾心之全體大用無不明」（大學補傳），達到西哲所云「知識即道德」之境界；陸子之學啓示吾輩「若能盡吾之心，便與天同」，亦將達到「頂天立地」之境界，成為具有完美道德之人物。聰明人用陸學；不甚聰明人用朱學，吾人不必評論其是非，就個資質努力可耳。

此文可為心學派「去此心之蔽而復其本性」之代表作，「誠能深思是乎，不可使之為小人之歸；其於利欲之習，怛焉為之痛心疾首，專志乎義而日勉……其得不謂君子乎」，正是吾輩做人主要入手處。

三十四、書「辨志」後

陸象山謂「人之所喻，由其所習，所習由其所志」。歷元、明至清初，約四百七十年後，張稷若復提出「人之生也，未始有異也，而卒至於大異者，習爲之也；人之有習，初不知其何以異也，而遂至於日異者，志爲之也」（象山卒於宋光宗紹熙三年——西元一一九二，稷若卒於清康熙十六年——西元一六七七），兩賢均謂「志異而習以異，習異而人以異」，甚哉！立志與做人關係之重大，初學者所不可不察也。

志者何？說文云：「意也」；意者何？說文云：「志也」；意、志者何？說文云：「態，意也」，於是知意、志、態三者，轉注字也。轉注字「建類一首，同意相受」（許愼說文解字叙），意者，志也；志者，態也；態者，志也，三字同意，皆吾人今語所謂「責任心」也。孔子曰「士志於道而恥惡衣惡食者，未足與議也」，謂對聖賢之「道」有「責任心」也。又曰：「苟志於仁矣，無惡也」，謂對「仁」有「責任心」也。孟子曰：「士何事？曰：尙志！」謂士應對「家國天下」有「責任心」也。班超曰：「大丈夫無他志略，猶當效傅介子、張騫立功異域，以取封侯；

安能久事筆研間乎？」（後漢書班超傳），以「立功異域」爲其「責任心」也。范仲淹作秀才時即以天下爲己任，即以「平天下」爲其「責任心」也。岳飛滿江紅詞曰：「壯志飢餐胡虜肉」，則以驅逐金人還我河山爲「責任心」也。漢朝以後志字解爲「意所擬度也」（儀禮大射儀注）、「私意也」（禮少儀注），「心之所之也」（康熙字典誤爲說文注，實出四書朱注），漢宋諸家均未能得志字之本義，於是「志向」、「志趣」異說雜陳，而不復知「志」者，「責任心」而已。夫人而於「道」於「仁」於「家國天下」均無責任心，安望其行道、行仁、齊家、治國、平天下乎？故象山勉吾人「專志乎義」，謂對「義」有「責任心」，「必皆恭其職，勤其事，心乎國，心乎民，而不爲身計」；稷若曰：「學者一日之志，天下治亂之原，人生憂樂之本」，「志在乎道義，未有不得乎道義者也，窮與達均得焉；志在乎貨利，未必貨利之果得也，而道義已坐失之矣。」吾人果志在對國民革命負起責任，必能成爲國民革命軍之中堅幹部，亦即行道、行仁、治國、平天下之人；若藉口國民革命而僅對貨利負起責任，則爲孔子所謂之「小人」與稷若之所謂「異類之人」耳。

三十五、書「由道」後

「由道」一文，反對宋儒道學之空談，主張實用主義者也。我國儒學，歷春秋、戰國、秦、漢、晉、唐，沉鬱乾乙，迄未大行。韓愈出，繼承孟子而完成道統之說，作原性、原道諸文，與其弟子推尊儒學，以禦老佛。顧說理淺近，附者寥落。至北宋始有張載、程顥、程頤力倡儒學，廣收弟子。諸人弟子漸由科舉入仕，施政之外，兼布師學。南宋朱熹出，受程門教育，仕途多舛，全力於學，廣註儒書，極具基督教保羅之佈道精神；由是儒學始告復興。惟程、朱以排佛「明心見性」之教，亦就周易、中庸天道性命之說，多方發揮，志在為儒學建立一套哲學，因而「無極」、「太極」、「氣」、「理」、「心」、「性」皆流入玄虛。南宋、元、明、清初，宋學大行（係隨科舉考朱註而來），從歷史見地觀之，固為儒學最盛行之時代，亦養成就許多成仁取義之士；實則各朝所謂大部分儒者「人談性命」、戶誦「浮言」，一經接觸財經軍政外交大計，類皆迂濶無補於國計民生，其情況極似東晉之「清談」。推原其故，在於注重哲理，忽視實學。「百無一用是書生」，正坐此弊。

清初有顏習齊、李恕谷師弟子出，鑑於程朱所倡儒學在明末之表現只爲「愧無半策匡時難，唯餘一死報君恩」，乃全力反對宋儒之道學而提出眞正孔孟聖賢之道，此即我國思想史上之「顏李學派」。顏氏自述其爲學宗旨云：「自漢晉汎濫於章句，不知章句所以傳聖賢之道而非聖賢之道也。競尚清談，不知清談所以闡聖賢之學而非聖賢之學也。因之虛浮日盛，而堯舜三事六府之道，周公孔子、六德六行六藝之學，所以實『位天地』、實『育萬物』者，幾不見於乾坤中矣。……趙氏運中紛紛躋孔子廟廷者，皆修輯註解之士，猶然章句也；皆高座講論之人，猶然清談也……故僕妄論宋儒謂是集漢晉釋老之大成者則可；謂是堯舜周孔之正派則不可。……某爲此懼，著存學一編，申明堯舜周孔三事六府六德六行六藝之道，大旨明道不在詩書章句，學不在穎悟誦讀，而期如孔門博文約禮，身實學之，身實習之，終身不懈……。」（顏元存學篇上太倉陸桴亭先生書），確中時弊。顏氏所謂「三事」即大禹謨之「正德、利用、厚生」；「六府」亦大禹謀「水火金木土穀」；「六德」見周禮大司徒「知、仁、聖、義、忠、和」，「六行」見同書「孝、友、睦、婣、任、恤」，「六藝」亦見同書「禮、樂、射、御、書、數」。顏李謂古聖賢教人，只教人實有此「六德」，實行此「六行」，實習此「六藝」，實研此「六府」，得時則駕以實施「三事」而已。大學所謂「格物」即謂此也。「格」如「手格猛獸」之「格」，謂「親手習其事」；「物」即「物有本末」之物，即明明德、親民也，即知意心身家國天下也。

顏傳李塨。其後孫貽讓繼起，以畢生精力成周禮正義一書，大張儒學之實用主義；阮元、張之洞受其影響，力倡漢學，以救宋學清談之弊，遂爲清末維新運動鋪開道路。民國之五四運動亦受顏李實用主義之影響。

三十六、書「春愁詩」後

清朝光緒二十年（西元一八九四）中日戰爭爆發。次年，我軍敗績，訂立馬關條約，割讓台灣省於日本。五月台灣省軍民舉義抗日，推唐景崧爲總統，丘逢甲等爲義軍領袖。官軍先退，義軍苦戰數月，彈盡援絕。不得已化整爲零，潛伏地下，反抗迄未停止。至民國三十四年秋，中日再經八年血戰，日本投降，台灣省始告光復，淪於日據者凡五十一年。近年考古證實，台灣省在舊石器時代本與今福建省爲一地。其後台灣海峽下沉，遂分爲二，北以釣魚臺列島外之海溝爲界，皆屬於大陸嶕層。原住民（今稱高山同胞）爲舊石器時代之越人，仍保存舊石器時代之語言及文化；隋唐以迄明末，福建、廣東兩省人民先後移來，仍保存閩、粵之語言及文化：故高山同胞用複音之古語而平地同胞用殷周以來之單音語。自光緒十二年（西元一八八六）設省，二十二年人口已達四百萬人，皆中國之人也。丘倉海詩作於光緒二十二年，所云：「去年今日割台灣」，正如東北人之紀念「九一八事變」及全國人之紀念「七七事變」，其心中含有無限之悲愴。

三十七、鑑湖詩

鑑湖女俠爲國民革命中女性成仁取義之第一人，不獨能文，而且工詩。其詩無脂粉氣，皆慷慨悲歌之作。此詩題爲「感懷」，實爲鼓吹革命。「莽莽神州嘆陸沉」用桓溫北伐典故，指出國民革命之必在於推翻滿清專制；「救時無計愧偷生」謂革命在準備階段，尙無大舉爆發之跡象，只有興辦女學，以待時機。頸聯以「處雖三戶，亡秦必楚」及張良博浪擊秦自勵兼勉同志，似爲其同志徐錫麟槍擊恩銘之動機。腹聯上句意在刺激漢滿間不平等現象，仍是鼓吹革命；下句謂革命黨大義爲寶，不礙作客時阮囊之貧。末以自己領導革命尙未發動，悲歌涕淚爲結。

三十八、「張巡死守睢陽」書後

「張巡死守睢陽」爲唐朝「安史之亂」一幕耳。安、安祿山，史、史思明。安、史皆歷史上所稱之「胡」（說文：「胡，牛頷垂也」，今名搭拉頷，即黃牛頸下皮），又名「胡虜」。初，商克夏，夏桀子「獯粥避居北野，中國謂之匈奴」（史記索隱），史記匈奴傳所稱「匈奴其先祖，夏后氏之苗裔」者是也。周克殷，封紂子武庚於邶，春秋謂之北燕即北殷。殷之子孫向今熱河、遼寧等省殖民，直至南朝。迨戰國之末，匈奴建北夏（史記譯音爲「北假」），東併北殷，縱兵南掠。趙、秦等國，以其行同匪賊，遂呼之爲匪，而字訛爲「胡」，又呼之爲匪虜，亦訛爲「胡虜」。因此匪、「胡」兩字之訛，致使夏、殷之胤成爲「異族」（外國人），良可慨也。殷與鬼方、周與獫狁、齊與山戎、燕趙秦漢與匈奴之戰，皆中原夏殷人與北野夏殷人之內戰耳（公元前一二九一——七三年）。至漢宣帝時，南匈奴內附，歷五胡（匪）十六國以迄鮮卑北魏，戰亂雖仍不絕，而北野夏殷人所保存之複音夏殷語，漸爲中原夏殷人所通習，所保存之夏殷古文化亦漸爲中原夏殷人所瞭解；且「諸胡中匈奴得漢化最早，如劉淵、聰、曜父子兄弟一門皆染漢學。鮮卑感受漢化最深，故得統一北方諸胡」（錢穆國史大綱一八七頁）：故安、史之爲「胡」僅指其籍貫；祿山部將皆「胡人」，亦如後世之重用同鄉而已。

玄宗時，安祿山爲平盧節度使，治營州（今熱河省朝陽縣），兼范陽（今北平）節度使，又兼河北道探訪使，封東平郡王。天寶八年兼河北道探訪處置使，又兼河東節度使。時天下十鎮，祿山兼領三鎮，鎮兵四十八萬餘，祿山獨掌二十萬餘。天寶十四年（西元七五五）十一月叛；唐肅宗至德元年（西元七五六）僭稱帝，國號燕，年號聖武，都洛陽。至德二年（西元七五七），祿山被其子慶緒所弑。唐師收洛，慶緒北走鄴（今河南省臨漳縣）；祿山部將史思明又殺慶緒，僭稱帝，改元順天，再陷洛。肅宗上元二年（西元七六一），思明子朝義弑思明，走河北。代宗廣德元年（西元七六三），祿山部將李懷仙執朝義降：是謂「安史之亂」，曆時八年有餘。

「睢陽之役」始於至德二年（西元七五七）。初，祿山據洛陽後，自率主力陷潼關，入長安（唐之都城）；另遣部將尹子奇進圖江淮。時，許遠張巡並守睢陽，巡位本在許遠下；反推巡爲主將。尹子奇三次集兵，其二十餘萬，圍攻近十閏月，始得陷之。設無睢陽之守，則尹子奇勢將囊括江淮，東南財賦全歸掌握，無從自漢水以輸於扶風，而唐朝戡亂之軍需絕矣。此巡之所以死守也。且正以尹子奇叛軍被牽掣於區區之睢陽，致祿山主力不能不恃擄掠以爲生，以此大失民心，不得不棄長安東走，有利於中央軍之結集；而祿山被慶緒所弑，叛軍失帥，部內自亂，卒告覆亡：曠觀古今戰史，睢陽之役，實爲以少許兵力牽制敵人於副戰場以大裨於主戰場者中最成功之一戰。

張巡、許遠之功不在第五琦（宰相）、郭子儀、李光弼、僕固懷恩、張鎬……以下也。

就戰史言之，是矣；顧就國史言之，又大不然。夫張巡、尹子奇之攻防，雙方死亡達十五萬人，皆中國人也！戰亂八年，大河南北盡爲戰區，雙方之死亡，人民之塗炭，財富之消耗，皆無法以數字計，亦皆中國之人命物力也。至其「連索反應」，外遭回紇（是眞「異族」）、吐蕃之入侵，內則藩鎭、宦官之跋扈，胥以「安、史之亂」爲之厲階。倘無此亂，唐朝之國勢必將遠邁其前之漢武帝及其後之清高宗。孰令爲之？是不能不歸罪於匪之訛爲「胡」。戰國至唐之中國人以「胡」待北方之中國人；而所謂「胡」者亦自視其爲「胡」，不知其爲中國人，此一觀念乃形成無數之戰爭——「安、史之亂」其一而已，詎不大可哀哉？

三十九、張巡的詩

中副所刊「睢陽忠烈有關的詩文」引張巡詩一首，名爲「張巡守睢陽詩」；但據唐朝韋絢所撰「劉賓客嘉話錄」（大中十年著，見「說郛」卷二十一所引）則題爲「激勵將士」；「合圍侔月暈」作「合圍如月暈」，「分守效魚麗」作「分守若魚麗」，「時將白羽麾」作「時將白羽揮」，「堅貞自不移」作「堅貞諒不移」。餘爲陶先生所錄。

除這首詩外，「劉賓客嘉話錄」尚在張巡一詩一表。詩題爲「夜聞笛」，云：

岧嶢試一臨，虜騎俯城陰。不辨風塵色，安知天地心？營開星月近，戰苦陣雲深。旦夕高樓上，遙聞橫笛吟。

表題「謝加金吾表」，云：

想蛾眉之碧峰，豫遊西蜀；追緣耳於玄圃，保壽南山。逆賊祿山違逆天地，戮辱黎獻，羶臊闕庭。臣被圍七旬，親經百戰，主辱臣死，當臣致命之時，惡罪稔盈，是賊滅亡之日！

這當是表中的名句，全表應不止此。張巡沒有留下詩文集，新唐書說他爲文章下筆輒成，從不互移，全部漢書都能背誦。開元末登進士第，出爲清河令，調眞源令。討安祿山時，在雍丘（今商邱縣西）起兵，苦戰四個月。後以糧道被斷，東保寧陵，始與睢陽（今寧陵縣西）太守許遠相晤，其後共守睢陽。殉職後，詩文自然遺失：故二詩一表當爲張巡僅存的作品，誠可寶貴。

蘇雪林先生曾爲拙編「戰鬥月刊」寫「唐代儒將張巡」，資料豐富，也未提到二詩一表。因引出以貢讀者瞻慕。

四十、「閻典史傳」書後

滿洲宗族爲殷朝亡後遷往今東北九省之遺民。其「天降三仙女……佛庫倫浴畢上岸。神鵲銜一朱果，遂銜口中，感而成孕」之祖先神話（見「清太祖武皇帝實錄」），即殷本紀「三人行浴，見玄鳥墮其卵，簡狄吞之，因孕生契」之神話；滿洲語雖爲複音，但大部分尚能寫成甲骨文，如月呼爲「by」即「霸」；「近年來考古學者人類學者已證明，史前時代中國北部與中國東北，在人種上及文化上是一事」（傅斯年「東北史綱」二十五頁），皆其證也。惟當其於明末再返中原之時，仍說複音之殷語，用「倒裝句」之語法，自己固不知其爲中國人；中原亦不知其爲中國人，乃不幸而有揚州千日、嘉定三屠之禍。本文閻典史守江陰八十一日，雙方死亡十餘萬人，誠爲中華民族分化爲五大宗族後一大悲劇也。吾人於上距江陰之難三百二十六年（西元一六四五——一九七一）後講授此文，斷非清算舊賬，其義蓋有三焉：一、中華民族之眞正敵人只有蘇聯，與夫躍躍欲試行將捲土重來之日本。大敵當前，惟有繼承古人「殺身成仁，舍生取義」之精神，全民奮鬥，不屈不撓，抗戰到底。閻應元應爲吾人之楷模。

二、世界各民族無不爲「一盤散沙」者；端視有無主義爲之號召，有無人才爲之領導耳。三百餘年前江陰之戰，閻應元以「大義」爲號召，其人亦爲知仁勇俱備之人才，故能組織「散沙」之民衆，建立「死守」之豐功。觀其「投袂起」，「治樓櫓」，「令戶出一男子乘城」，「餘丁傳餐」，「護火藥火器」，「勸輸巨室」，及攻防之謀，統馭之方。此「明朝一典史」又何讓夫古之大將軍？此吾人所應學習而自信者也。三、中華民族中之五大宗族，當外敵來時，無不團結一心，共赴國難，絕不爲不義屈。北伐、抗日、滿蒙宗族固亦與漢宗族一塊苦戰，一塊流血，一塊死亡，有積功至上將者。今後五大宗族應以閻應元爲典型，發揚民族之正氣，迎頭痛擊，殲滅敵人。凡此實爲講授此文之眞義所在也。

四十一、痛失出群才
——趙家驤將軍詩文集評介

「八二三」金門砲戰中殉職的三位將軍——趙家驤、吉星文、章傑忠勇偉大的英名也已載入歷史了！最近精讀趙家驤將軍詩文集，令人在痛惜這位將軍的英年戰死之餘，更感到這位將軍不僅因爲馬革裏屍而千秋不朽，就論遺作皇皇三巨册，在近代的軍人中也稱起是極有抱負，極有學識，無愧儒將的人了。

趙將軍詩文集分甲乙丙丁四種版本，甲類古裝二十四開本三巨册，布帙；乙種古裝二十四開本三巨册，無帙；丙種古裝二十四開本一巨册，無帙；丁種平裝三十二開本一巨册。共印三千部，係「限制閱讀」本；另改印丁種五百册，「普通閱讀」本。「限制閱讀」本限於軍官讀閱，詩文均保持原來面目，並附有東北作戰地圖九幅，係名畫家李靈伽根據趙將軍手製地圖所精繪。「普通閱讀」本供親友閱讀，爲了保密，不附地圖，原文文句之不便爲外人所聞知者亦經刪節數處，但並未妨害原文的主題。每種開篇均附趙將軍遺像兩張遺墨四張。（三週年紀念日由中廣公司九三俱樂部播贈「普通」本二百冊，限於軍中朋友，詳細辦法請聽今天中午白茜如小姐的廣播，另在南昌街十普寺趙將軍紀念法會上贈送參禮親友三百冊。）

三巨冊即上中下三卷（丙丁兩種本則合上中下爲一冊），上卷係「東北三年」及「錦州會戰及葫蘆島撤退之回憶」，前者係戰史專著，共分六章，四萬餘字；後者係戰史論文。本卷乃抗日勝利後趙將軍輔弼杜聿明親率國軍接收東北親自指揮作戰的眞正歷史。分爲「接收攻勢時期」、「相持爭奪時期」和「孤立困守和最後淪陷時期」（「錦州會戰及葫蘆島撤退之回憶」爲「孤立困守和最後淪陷時期」的補充），對每一次戰役均有正確的敘述，對每一戰役也有精闢的檢討，而最後即第六章爲東北戰局三年的總檢討。敘述部份均用史筆，不存主觀；檢討部份則根據將軍精研的兵學知識，豐富的作戰經驗，鞭辟入裏，字字踏實，不但可作現代軍人懲前毖後的借鑑，也可供將來戰史家論戰修史的參考。這一卷是全集的精華。

中卷係自傳兩篇，兵學論文和序跋九篇。趙將軍的軍事造詣，儒將修養，對遺教訓示的精湛研究，和對學科術科的殷切希望，都可以從這十一篇文字的字裏行間窺測而出。趙將軍在復興關是第六中隊（黨政班十期）的「排頭」，筆者則是「排尾」。記得他就曾出示一篇大概題目「怎樣作一個儒將？」的論文給筆者看過。當年他僅只三十歲，便立有作儒將的大志了。現在重讀遺文，在「何以紀念自己的節日」（原刊「中國一週」）中找到趙將軍論儒將的重點：

「我國軍人有一個嚮往的目標，便是『儒將』。寫大字，吟吟舊詩，那不過和打橋牌打高爾夫一樣，雖無傷大雅，但並不是標準的『儒將』。眞正的『儒將』是『悅禮樂而敦詩書』的將帥。只有深切領悟了孔孟的思想，具有孔孟的修養，才能成爲眞正的『儒將』。在宋代以前，我們確實出了不少的『儒將』，如燕國的樂毅、蜀漢的諸葛亮、西晉的羊祜和杜預、宋代的韓琦和范仲淹，以及宋末的文天祥……宋朝以後，孔孟之書變爲高頭講章，並且成了士大夫的專利品，因之『儒將』便無幾人。但明朝的王陽明、戚繼光、史可法，清朝的曾國藩、左宗棠，還可以在『儒將』傳中立一席地，只因他們確實讀懂了孔孟的書……（丁種本一四六頁）

他首先指出儒將的定義是「悅禮樂而敦詩書的將帥」，並不指「寫寫大字，吟吟舊詩」的將軍。次指出如何作一個儒將？在於「深切領悟了孔孟的思想，具有孔孟的修養，才能成爲眞正的儒將」，眞是「一針見血」的名言。再次舉出二千數百年來的幾位儒將以作典型。最後諄諄告誡有志作儒將的軍人要「切實讀懂了孔孟的書」。記得他殉職以後，趙夫人把他的遺作一大包送給筆者整理，從中發現筆者三十八年發表的「誰是軍人的代表」一文也夾在其內，經他用紅藍鉛筆加點加圈，特別對筆者所擬「儒將守則」十條加上雙圈。因而想到他爲什麼多少年來屢次鼓勵筆者編輯「孔孟治兵語錄」？及他看到拙編出版後（係在世界兵學社的「中國兵學大系」中）那種興奮愉快的心情，原來他有志作儒將並擬以孔孟之書教軍竟有二十多年的構想和實踐了。這是我在他生前沒有注意到的。

在中卷裏，他考證出「國父是現代中國第一位力主抗俄的先覺」，「國父抗俄主張是一貫地根據建都新疆、收回鮮卑利亞和中亞、『替亞洲人講公道話』的偉大歷史見地而來。」結論是「我們不抗俄，便沒法子收回鮮卑利亞和中亞；鮮卑利亞和中亞不收回，從戰史的立場看，亞洲絕不會安全，世界也決沒有和平……可惜的是今天美國人仍不懂鮮卑利亞對於亞洲戰場仍是外線大包圍，而中亞對於南亞（印、緬、泰、越）又是一把利劍（中央突破）（上引均見丁種本一二八—一三一頁「國父抗俄的遺訓」），有史實，有戰略，有魄力，有見地！我們看到趙將軍能作出此文，頗借這一位「環球戰略」家眞是死得太早了！

此外如「論變化氣質」一文，對張載「變化氣質」說考證是出於孔子——「孔子的嫡傳」；並對「氣質」加以近代科學的解釋，認爲就是「血型」。因之提出「如何變化自由中國軍人的氣質」五個方案，其中「血型決定人事」項下詳細提出一、非各級指揮官，不用O型人；二、B型人不可以擔任方面重責；三、A型人可擔任幕僚及軍佐；四、同一單位中，O型B型人不能超過十分之一；五、士兵中AB兩型人須佔十分之七或八；六、增設軍中心理軍官。這恐怕在世界最進步國家中的軍隊也還是沒有注意到的問題。又如「除了十三篇之外，我們還有最好的古兵書。例如周書……孫武子以後的兵學思想，可以說全以周書爲母體。其次如管子、墨子、荀子、呂氏春秋……也都包括兵學。特別是呂氏春秋……可以說是夏商周兵書的集大成。」（見「何以紀念自己的節日」）都是「發前人之所未發」的見解。

下卷爲詩集，分「少稚」、「戰塵」、「北歸」、「無病」四集，係將軍生前自編「河南趙大偉詩存」經遺著編刊會加以增補的，後爲「不死集」，係「詩存」出版後迄殉職所作詩詞，經遺著編刊會續編的，其詩四一七首，河十七首。「少推集」極見性靈，惜涉淺易。「戰塵集」以次逼眞放翁，偶近飛卿。到「不死集」各詩寫出，眞是愈唱愈高，近年軍中恐無第二位了。茲選每集一首，以見一斑。

一、援隊無時至，孤城黯戰雲。可憐鐵騎下，不獨是將軍！——哀韓將軍光第之死（少稚集）

二、鄉村四月景清和，驅犢分秧艷影多，國破方知兵可愛，凝眸佇送大軍過。——督師渡江（戰塵集）

三、田園寥落委荒萊，血雨腥風百事哀！多少笑顏含熱淚，國軍天外忽飛來！——初到淪陷區（北歸集）

四、浩浩陰陽歷刼餘，故人萬里問頭顱。丹心也共神明在，忍死吹簫學子胥！——島上初得野聲書（無病集）

五、恢復談何易？論兵上將台。左車聊自許，飛將幾人回？南日全軍壯，西風一柱頹！可憐天地閉，痛失出群才！——哭汪將軍（不死集）

第一首寫於十八年東北抗俄時期，時將軍任參謀；二首寫於三十年，任少將參謀長，反攻宜昌；三首寫於三十四年率大軍接收東北；四首寫於三十八年，五首寫於南日島戰役後。其中第五首寫出後交筆者在戰鬥月刊發表，暗驚出語不祥，因趙將軍私下常以李左車自期，全詩無異自輓，不願為他刊出，遭「八一三」之慟，誠然是「西風一柱頹」，「痛失出群才」了！將軍詩近體頗見性情，古風則見學力，咏史傷時諸詩尤富歷史眼光，但非深知本事者不能瞭解，惜本文不能多所介紹了。

四十二、儒將精神的喚起

從我國軍事史上看來，在周朝以前的大將，都有黃老（黃帝和老子）的精神，中庸引用孔子所說：「寬柔以教，不報無道，南方之強」，便是黃老精神遺留在當時南方楚國的影像。「強」是古夏語「兵」字，也就是今蒙語的Cirik（軍隊）。在周朝時代的北方，也正如孔子所說：「衽金革，死而不厭，北方之強」。而這種効命疆場的精神，則來自「說（悅）禮樂而敦詩書」（左傳卻縠）的修養，我們可請孔門大將子路作為人證。——子路以六十二歲的老將校，率部討伐衛國毛澤東式的蒯聵之亂，陣前負傷，軍帽失落，還要在敵人鋒刃之下，結纓而死，正是得力於平日禮樂詩書的陶冶，才能從容就義，絕不投降，死而不厭。

孔子綜合我國夏、商、周的兵學修養，建立了智、仁、勇的兵學，以「好謀而成」（智）、「仁為己任」（仁）、「有勇知方」，垂教千古，所以我們的一部二十五史裡所記大將，人人具備了歷史傳統的智、仁、勇精神。直到唐代出現「儒將」一詞（唐代薛能詩：「儒將不須誇卻縠，未能詩句解風流」）。這一名詞很聖雄，很完美，可以狀叙出我國兵學的精華所在，是西洋兵學史所夢想不到的。也是唐朝以迄清末我國儒將輩出的唯一道理。這一千多年來，正因為軍人心目中有儒將一個楷模，一個指標，才摩寫出我國軍人史的光明燦爛。尤其宋、明、清、民之際，如韓琦，如范仲淹，如岳飛，如文天祥，如王陽明，如史可法，如張煌言，如黃道周，如羅澤南，如曾國藩，如趙聲，如蔡鍔……尊王、攘夷、親上、死長、成功、成仁，尋根問柢地說來，實是儒將這一指標發生了光輝重大的作用。如果二千年前我們沒有儒家所提出的兵學休養，到一千年前便不會產生儒將這一楷模，而我國歷史上也斷斷不會陶鑄了成千成百的偉大名將。這一點是我們稍稍誦讀歷史，便會完全同意的。孔子給我們一個文化，同時也給我們一個「武化」——儒將精神。

不幸這一種儒將精神，從小站練兵以來，開始被揚棄了。試看北洋軍閥禍國殃民，是為不仁；內戰私鬪，何足言勇？他們僅僅長於陰謀詭計，又豈能言智？便是堅強的證據。而從五四運動倒儒非孔以後，我們立國的道德規範掃地無餘，一般的青年固然喪失了生活的軌道，武職的青年更喪失了精神的依據。民國十一年　國父講演「精神教育」智、仁、勇，旨在恢復正統的儒將精神；但聽者感受五四的壓力，對他偉大的訓示，總認為這是迂儒之見，並沒有聲入心通。步兵操典中的綱領，軍人讀訓裡的條目，原本是儒將精神的流注；但也一向成為官樣文章，輕輕翻過，循聲朗誦而已。這結果是，從十三年到三十八年，國民革命軍的精神動力，只有革命精神，缺乏儒將精神，北伐還算支持下來了，到抗戰末期已經感到衰落，而當俄國的「世界革命」四字出現，便使我們的革命精神由「量變」漸漸「質變」，終致出現了「飛躍」，於是大陸便告淪亡了！假使我們練兵，以儒將精神爲體，以革命精神爲用，到緊要關頭，縱使革命精神喪失，還有儒將精神存在，總可多出幾位文天祥、王陽明、史可法和曾國藩罷？這是活生生的教訓：儒將精神和革命精神譬如車的兩輪，而革命精神有時間性，潮汐性；儒將精神卻沒有時間性，也沒有潮汐性。所以當我們看到並聽到　總統從三十八年起，講「民族正氣」，講「軍人魂」，垂「哲學、科學、兵學合一」之訓，名其論道講武之地曰陽明山，我們深深體會到他的意思，是期望軍人人人作王陽明——儒將；他的所謂哲學，一定也不是犬儒哲學而是儒家哲學。

——四十七年七月一日戰鬥月刊第七卷一期

四十三、張作霖父子興亡史

一 「中村事件」小訂誤

薛子奇（大可）先生所寫「東北回憶錄」，載暢流七卷十二期，民國四十二年八月出版，到今天已滿一年了。以薛先生的文名和過去的政治地位，本文必可作爲「信史資料」（引原文）；但如有毫厘之差，自將謬以千古。文中談到張作霖被日本軍閥炸死，由於拒不簽訂吉會鐵路接軌賣國條約；溥儀被土肥原「帶到長春」任僞「執政」兩點，確是信史。惟所談「九一八事變」原因裏，以「中村事件」爲「最後導火線」的全文，似也應作若干的訂正。筆者拜讀此文後，一直等了一年，初意「中村事件」重要關係人物既在台灣，必會撰文補正；但這位關係人竟而忽視，致使當年堂堂愛國防諜案，蒙受「沒收」「巨款」，「分贓不平」之詬。事關史實，願爲作一番義務的校對。

薛文云：

「日人……密派特務人員中村某者，前往接近東蒙之某處，招集匪，希圖製造恐怖事件，以為發動（九一八）軍事行動之藉口。中村之行，攜帶巨款，活動甚力。事為駐紮該地之某團長所聞（據說該團屬於張作相所部），乃密派人員，將中村捉而殺之，並將中村所攜巨款沒收。後以分贓不平，致啓內鬨，該團長復將當日執行此項任務之部下，盡殺之以滅口。有一二脫逃者，逕往關東日軍告密，故關東軍遂由本莊繁統率之下，在遼寧城外北大營，採取軍事行動……」

寥寥二百字裏，便有許多值得補正之處，而且關係人物全無姓名。按：「日人特務人員中村某」，其人姓中村，名震太郎，時任日本關東軍（非法屯駐我東北之部隊）大尉參謀：「接近東蒙之某處」，某處實為今遼北省的通遼縣：「駐紮該地之某團長」，姓關，名瑞璣，字玉衡，滿宗族鮮卑（錫伯）人，滿姓瓜爾佳：「捉殺中村」之「人員」，姓董，名平輿，字昆吾，北京大學畢業，與陶希聖先生同班，又卒業日本士官學校，時任關團團附，關、董二位都是吉林人，後面還有詳細介紹：「該團屬於張作相所部」，非，實係興安屯墾軍鄒作華（字岳樓）的砲兵團，鄒岳樓將軍現在台灣，就是筆者上面所說的「重要關係人物」。以上係對原文不足之點，稍作補充。其次，原文說中村前往通遼「招集匪」，非：中村雖有其人，但在「中村事件」裏只是日本關東軍製造的假人物，作為關東軍發動「九一八事變」口實的。又說「中村之行，攜帶巨款……為某團長所聞」，非：關團長事發之前赴瀋公幹，確不知假中村到達通遼，更不是為他「攜帶巨款」，「乃密派人員，捉而殺之」。原文又云：「並將中村所攜巨款沒收」；非；可以說全無「巨款」，更未「沒收」。原文又云：「後以分贓不平，致啓內鬨」，又云：「該團長復將當日執行此項任務之部下，盡殺之以滅口」，薛先生眞是在寫小說了。「欲知眞像如何？且聽下回分解。」

二　張作霖與日本

爲了記述「中村事件」的眞像，不能不從張作霖寫起。張作霖三字，在民國史上地位重要，但實在是個假名字；他的眞名是景惠。遼寧省黑山縣人。幼年業獸醫，騙馬爲生。騙馬即割去雄馬睪丸之謂。東北三省自甲午中日戰後，淸軍潰退，遺留民間槍械很多。庚子俄寇入侵，三省全遭姦掠；人民爲了自衛，紛紛組織「忠義軍」，和俄寇轉戰。甲辰（光緒三十年）日俄開戰，治安破壞，土匪蜂起。人民出丁籌糈，成立「保衛團」。時有張作霖者，任「保衛團」團總。其人自庚子抗俄以還，和杜立三、馮麟閣、吳俊陞、張作相、湯玉麟及張景惠等，豢養私兵，坐地「保險」（「保險」係一專名詞，即保兵險），有時抗俄，有時剿匪。其中張作霖、湯玉麟、張景惠等八人換譜，時稱「西八義」。張景惠行五，故字敍吾，湯玉麟行六，張作霖行八，名爲「老疙瘩」即老么也。張作霖名頭最大，槍馬最多，在遼西一帶，一方固可「保衛」人民，不受土匪的搶掠；但徵糧索款，數目不輕，也是地方的一害。張景惠時爲作霖部下一小官。

日俄開戰之先，日本軍部和黑龍會就派了許多特務人員，深入「保衛團」和土匪之間，拉攏聯絡，利用東三省人民痛恨俄寇的心理，以「共同打俄國」爲號召。迨日軍在遼南登陸，遼陽首山會戰，俄軍大敗，於是東三省人民，不分「保衛團」和土匪，一致崛起，在俄軍後路和四週，展開游擊戰。此舉對於以後日俄瀋陽會戰，四平街戰，頗爲有功。日方對於他們，也頗爲感激。（但我二十年前看了幾部正式的日俄戰史，全不提一字；惟當時特務私人所寫有關傳記，確實說到「馬賊」（即土匪）對日俄作戰的作用。）賤價賣予槍械，繼續來往聯絡，野心已不在小，蓋擬培植「親日派」，以爲將來傀儡計耳。張作霖等所得日方接濟，爲數似乎不少，擁有兵力至七八百名，儼然成爲東三省總督趙爾巽（字次珊）治下的一個毒瘤了。

趙督初主力剿，不勝；乃派由新民府知府曾子固接洽收撫。張作霖、馮麟閣、杜立三等部即爲接受改編者。張作霖應往見曾知府，然後介見趙爾巽。曾綽號「屠戶」，過去殺降甚多；故張作霖屆時不敢赴新民府；臨時由張景惠、張冠、張戴，應名張作霖。此舉在張景惠被視爲赴湯蹈火「大義參天」。部隊仍由張作霖就地掌握，準備事成則大家一同高官厚祿；事敗則起兵爲張景惠報仇。張景惠由遼西起身往謁曾知府時，和七位兄弟痛飲痛哭。

張景惠冒張作霖之名，先見曾知府，後見趙大帥，竟而平安無事。趙督自負精相術，一見景惠人品俊逸，態度安詳，許爲「大器」，遂派之爲右路巡防營管帶，等於今之營長。改編竣事，弄假成眞；眞張作霖只好頂張景惠名，作一小小哨官了。這是五十年來東北風雲人物的一大秘史，於今知道的人，除了莫柳老、鄒岳老和吾友陳語天先生之外，恐無多人了。——眞張作霖改名張景惠後，一直追隨張景惠改名之張作霖，步步升進，民十六年張作霖任安國軍大元帥，組織北洋政府，顧少川（維鈞）任閣揆，張景惠就任實業部（時名農商部）總長了。「九一八事變」後被日軍扣留，奉張學良密令，參加僞「滿洲國」，任僞「陸軍大臣」。抗日勝利後，被俄寇俘去，迄今生死不明。（在此應鄭重附註一筆：九一八後，許多東北大官被日軍扣留，如遼寧省主席臧式毅、張海鵬、王瑞華、張景惠等，死既不肯，降亦不甘。時北平綏靖主任張學良知此情節，確有密件分別示知，囑以「隨機應變」。這是當年參予密勿的機要處副處長亡友趙雨時先生親自告知筆者的。故諸人雖參加僞「滿洲國」，仍時時切盼國軍收復失地，供給情報，掩護地工，其後更掌握實力，以便迎接國軍。將勝利當時，俄寇先來，國軍遲到，並不明當年經緯，一律以漢奸視之，事遂不可爲。）

張作霖（再提一筆，他眞名景惠）民元以前已升任新軍第二十鎭的協統，等於後來的旅長。第二十鎭等於今名之第二十軍，由本黨同盟會會員吳祿貞統率。吳奉清廷命，調駐石家莊，暗中佈置北方革命；事被宗社黨黨魁良弼所聞，派人刺死。張作霖的一協，因全係東三省子弟，當時留駐奉天（今遼寧）錦州府，防地則自山海關直到新民府（今新民縣）。辛亥革命後，張作霖部改編爲陸軍第二十七師，作霖任師長。馮麟閣部改編爲第二十八師，麟閣任師長。上文提到的杜立三，在經曾子固招撫之初，爲了爭奪「人數」（部隊），已被張作霖親手擊斃。筆者兒時曾聽當時目擊者詳講經過；惜已遺忘，現在記得的只是張作霖親擊杜立三一點而已。當於吳俊陞、張作相、湯玉麟等人，當時都編入張作霖部，任哨官哨長等官。俊陞於民國十六年已任黑龍江省督軍兼省長，十七年和作霖一道，被日人炸死；作相九一八前已任吉林省主席；玉麟於民國十幾年到二十二年，任熱河省主席。七七事變後，作相，玉麟等始終住家天津，絕不受日軍利用。三十八年平津淪入毛匪手中，張、湯及前察哈主席劉翼飛，東北元老王庭午（樹常）王維宙（樹翰）、翟文選、劉尚清（曾任安徽省主席，內政部長等職）等二十四家族，完全被「掃地出門」，作相投舊英租界牆子河自殺。

話往回頭再說，辛亥年間，趙爾巽仍任東三省總督，反革命，倚張作霖為左右手，凡殺戮革命黨之事，均派由張作霖為之。時奉天諮議局（相當於省臨時議會）議長吳景濂，字蓮伯，是同盟會會員，率領議員（多為同盟會會員），聯絡新軍第二十九標統領伍楨祥等，籌備奉天國民保安會，辛亥革命後一月，即夏曆九月二十二日集會，硬舉趙爾巽為會長，次日下午二時，奉天國民保安會成立，降下黃龍旗，改懸黃色旗（紀念黃帝，故用黃色），書奉天國民保安會七大字。降下黃龍旗，不算小事，在清廷眼中這固然是革命了，在東三省人民心上這也是革命；雖然並沒有流血。趙爾巽當時迫於情勢，到會就職；但拒不簽發對清廷獨立的通電，只擬自治。一方利用同盟會會員吳景濂和張溶、柳大年之間的衝突，縱橫捭闔，大施分化；旋又嗾使張作霖逐走吳景濂；張以此功，遂得任第二十七師師長。

張勳復辟醜劇發生時，第二十八師師長馮麟閣被張作霖吃掉，至此二十七、八師統入張作霖掌握；並先後逐走吉林省督軍孟恩遠和黑龍江省督軍段芝貴，統一了東三省。繼則善用日俄戰時和日軍的交往，小處很聽日本軍人的話，取得日方支持，一躍而爲「關外王」。民國十四年問鼎中原，擴張勢力達於蘇（揚宇霆督蘇），皖（姜登選督皖）兩省。其後直、魯、豫、熱、察、綏、北平、天津均入手中。適郭茂忱將軍乃三四方面軍團長，起而革命反奉，槍決姜登選等，而張作霖雄圖幾挫；但郭將軍旋即失敗（原因詳下節）；張作霖入關討馮（馮玉祥），其後組「安國軍」，號「大元帥」，和北伐軍相抗。這時，日本軍人很想培植他作毛澤東型的傀儡，只要他肯如薛先生文內所說，答應吉會鐵路接軌，使日方完成夢寐多年的「兩線兩港」政策，則進可以攻，始終反革命，遠可以守，仍作「關外王」，應是沒有問題的。

但張作霖的爲人，作軍閥是自認不諱的，若夫作毛澤東的傀儡，賣國求榮，卻是絕對不肯幹的。對於過去日本從滿清和袁世凱手裡所得的東北權益，他是尊重的；但日本想從他手裡再多要一點，他卻一點也不給。日本以爲他所以有今天「大元帥」的地位，可以說是日本暗中爲力的結果。單說郭茂忱（松齡）將軍反奉一役，日軍便出兵一聯隊，由河本大作牽領，化裝奉軍，在南滿鐵道以西抗郭，並聲言兩軍均許過南滿鐵道，這樣郭軍便不能進入瀋陽，直等吳俊陞的黑馬隊抄抵郭軍左翼，郭將軍夫婦被俘，曝屍瀋陽小河沿爲止。民國十七年，北伐軍打到濟南，日本也出兵佔領濟南，這也是爲了幫張作霖的忙。日使便在此時日夕逼迫張作霖答應吉會接軌。結果還是被張作霖所拒絕了：所以河本大作才奉日本關東軍的命令，於十七年六月四日炸死了他。當時他和黑督吳俊陞同車遇炸，吳立即粉身碎骨，他遭巨型破片爆入左腹，腸洩出外，自己按腹，步入大廳，喊某人（奉天兵工廠廠長）燒雅片，並囑咐叫張學良，只說這兩句話，便死去了。

筆者是反張派，從民國十四年參加郭將軍反奉時起，雖是小卒一名，但一直是反張的。直到民國二十四年寫「張作霖傳」，研究了他的全部歷史，覺得他雖是軍閥，但係民國十七年以前軍閥裡較好的軍閥，用人行政確具「開國」的規模，他的軍隊只是「打粳木，罵白麵」而已，並不挖坟掘墓，「清算鬥爭」，「殺人放火」；尤其對他不肯作日本傀儡，以至遭炸一點，眞是從心裡欽佩。薛先生說他「起家草莽」，是不對的；他是抗俄出身，而以不親日喪命。站在寫史的立場，筆者不能不就事實來立論。

三　「中村事件」眞像

張作霖被河本大乍（時任大佐）炸死後，祕不發喪（這是當時奉天省長臧式毅的主張，以免日軍知其眞像，佔領瀋陽）；直到張學良整裝士兵，率兵返抵瀋陽控制住東北大局，事已隔兩週，才大事開弔。此期間，日軍隨時尋釁，均被東北當局應付下來。如果當日立即洩露死訊，九一八可能便是民國十七年的六月。

張學良悚於父仇國難，力圖振作。於當年四五月（張作霖遇炸之前）本已與北伐軍有聯，於當年十二月畢竟效順了國民政府，掛出青天白日滿地紅的國旗，成立遼，吉，黑，熱四省省黨部，軍官少校以上文官荐任以上集團入黨；一方制定東北經濟建設計劃，如建築瀋海打通兩鐵路，葫蘆島築港，作打通路的尾閭，和日本的南滿路成爲平行線，展開競爭；並採納鄒旅長岳樓（作華）的建議，設立興安屯墾區，由鄒旅長任屯墾督辦，配屬屯墾軍三個團（步，砲，騎各一團），以鄒爲中心，實施軍墾，所以儲備軍糧，至必要時把東北政治中心（在日軍肘腋中的瀋陽）遷於通遼，以和日軍武力相抗。興安屯墾軍的炮兵團，就由上文所述的關瑞璣任團長，董平輿任團附。興安屯墾計劃大約係從十八年抗俄一役以後，開始實施，十九年春，業已開荒一萬餘方（每方二百四十畝）。

從日本的見地看，上面這都是張學良的抗日計劃，不能「容忍」，抗議之事，無日無之；張學良均予以「相應不理」。這便是當年日本關東軍宣傳的「懸案」四百件了。於是關東軍設計扶置新傀儡，進行倒張。所謂新傀儡，便是張作霖的總參議前江蘇督軍楊宇霆。楊以父執自居，素來看不起張學良，背地說話，只呼「小六子」（學良的乳名）而不稱司令長官。楊在東北軍裡的地位，本低於張作相，萬福麟；但也看不起張和萬。張作霖遇炸後，楊本有東北天下捨我其誰之感；但張萬等老派一致擁護張學良，他出不了頭，心裡滿不舒服；於是上了關東軍的釣鈎。卒以秘密接受日本軍火一船，在營口卸貨，被張學良派人扣留，並把楊和常蔭槐「請」來槍斃，這就是所謂「楊常事件」。當年東北有兩句民謠，云：「雜亂無章，揚長而去」，說者謂就是「炸亂吳張（吳俊陞，張作霖），揚常（楊宇霆，常蔭槐）死去」的纖緯云云。

當十七年底，張學良懸掛青天白日滿地紅國旗以前，日本駐瀋陽總領事和關東軍司令本莊繁，公然謁張，堅決表示反對，謂這樣勢必危及日本「在滿蒙（東北）的特殊權益」，日本不能坐視云云。張學良告以這是中國統一，事屬內政，日本不便過問；至於所謂「在滿蒙的特殊權」，只有去問中央，從中日外交正途上入手解決等語。使日本軍人碰壁而去。以上係主持東北當年對日交涉的王家楨，於民國三十三年對筆者所談者。東北掛旗後，一切設施，全然和日本的期望相反，尤其打通路通車後，南滿鐵路貨運減少三分之一，其勢必日趨減少，同時大連港的繁榮也減少了三分之一。迨至楊常槍決，日方感到再也沒法打倒張學良，除了訴諸武力一途以外，據民國二十年九一八後，日本發表，我報亦刊載，關東軍司令本莊繁於六月中旬已面奏日本天皇，請准用武力佔領東北了。

現在可以說到「中村事件」了。「中村事件」發生於本莊繁覲見日本天皇請准武力佔領東北之後的八月中旬。在這事件以前，先有六月的「韓人排華事件」，韓人在日人鼓動及日警坐視之下，大舉全國暴動，擊斃華僑百數十名；次有七月中的「萬寶山慘案」，吉林萬寶山農民郝某，雇用韓人種稻，因放水問題，和當地我國農民械鬥，日軍藉口「護僑」，槍殺農民多名：這兩個事件，後經證明，都是日軍有計劃製造的，一方激起本國的輿論，一方作爲侵略的藉口。日本關東軍在製造上述兩事件的同時，秘密收買「宗社黨」餘孽蒙匪甘珠爾扎布，反張派凌印清，張學良異母弟反張派曾任團長之張學成，以及許多蒙匪和漢匪，發給槍械，布置於瀋陽外圍及南滿車站附屬地內，準備在我內部暴動，屆時日軍出動，裡應外合，佔領瀋陽。

接著關東軍便製造了「中村事件」。

中村震太郎確有其人，是關東軍的大尉參謀，屢次半公開地（可說公然地）前往興安屯墾區去偵察情況。發生事件這一次，大約已是第四次了。當時「韓人排華事件」已了未了，「萬寶山慘案」正在高潮，所有東北軍民一致痛恨日本，這是顯明的事實。恰在此時，又傳中村震太郎化裝蒙古人，攜帶蒙古人數名，外雇馱子數架，進入通遼，轉赴墾區云云，引起興安屯墾軍的注意。

事件發生的那一天（我的筆記記得清清楚楚，可惜於三十七年竟被毛匪燒掉），鄒督辦正在歐洲考察，關團長去瀋陽辦事，炮兵團部由中校團附董平輿留守。董團附雖是日本士官畢業生，但不是「親日派」，他係東北革命先進耕三先生（老國會議員隨　國父護法）的哲嗣，年幼時曾謁見　國父，北大畢業赴南方集團旅行，又謁　國父於上海，奉諭加入本黨，可以說是一個積極的抗日份子。

這天傍晚，董團附據報，有兩個可疑的人，牽著馬匹，經過團部門外，向東行去云云。董團附意識到這便是中村震太郎到了！馬上派兵把這兩個可疑的人，和一個馱戶，抓入團部。兩人當場用一種不能懂得的言語（據說是蒙古語，現經判明係韓語）拒絕被捕，態度強橫，堅持很久，終被士兵所制服，並予上綁。

解入團附的辦公室時，已經黑天了。室內點燃著煤油馬燈，照明也不夠光亮。董團附雖和中村是士官學校的同學，事隔數年，他也認不定究竟是不是中村了。據他民國二十八年親口告訴我（上下文多出關團長和董團附口述），他爲了要詐審中村，所以見到這兩個可疑的人後，便用日語喊了一聲「中村樣！」並裝做老同學的熱烈模樣，和其中一個他認爲是中村的人去握手。這兩個人已被綑綁，伸不出手來。他便命令士兵鬆綁。但這兩人一語不發，既不用日本語答覆，也不用蒙古語答覆。他審問了許久，不免生氣，伸出手來，打了對面一記耳光。不料對方竟還起手來。這事在民國二十年的中校團附辦公室竟發生，實在是不可想像的，尤其犯人膽敢出手打審判官。

董團附一氣非同小可（他告訴我，當時他也很害怕），回手去拔身後的手槍；不料對方竟撲上身來，奪他的手槍。這瞬息之間，旁邊的護兵也上前捕拿對方。對方卻撲倒董團附的身上。幾個人滾作一團。董團附連呼「打！打！」另一護兵便按準對方頭顱，打了幾槍，並把另一人打倒在地。旋均死去。

事發之後，董團附立即急電關團長返部。檢查二人遺物，都是繪圖參謀的用具和興安屯墾區左右的草圖。我曾問過董先生，是否有護照，相機，日本鈔票等物？他說：「沒有護照和相機，只有一二百元奉票（東北的地方幣）。」薛先生所說「沒收巨款」，並無其事。次日下午，關團長趕回，認爲在原則上，格斃兩名日本特務，雖不算什麼大事；但如果被上峯知道，或引起中日交涉，卻也不是小事，乃下令焚屍滅跡，密不報聞，於是當晚在南山僻處把兩屍，兩馬，一馱和所有遺物，一體焚化。馱戶一名的命運也不問可知了。

但不久日本關東軍便向張學良的參謀長榮臻中將提出強硬抗議，指出興安屯墾區炮兵團長關瑞璣，戕害關東軍旅行參謀中村震太郎，要求懲兇，賠償，保證等等。時張學良以北平綏靖主任駐北平。榮臻接到抗議後，尚不知情，電詢屯墾軍，也說並無此事。是時日本報紙大書特書，高呼「直接行動」「膺懲張果老」（「張果老」係袋鼠英文譯音，日本入以稱中國人者），慷慨激憤，一如今天的「冷戰」了。關東軍日夜演習，南滿線日僑紛紛送眷。關東軍發令人正式揚言「中村事件」如不求得滿意解決，非對東三省加以「保證佔領」不可云云。

關東軍把事件鬧得一天比一天大，榮臻便調關團長來瀋陽，痛罵一頓，手枷腳鐐，郎當入獄。關團長於民國二十八年親口對我說：「我向榮參謀長私人方面，完全承認，自己負責；但交軍法處審訊時，我矢口否認。」

日本軍人製造了「中村事件」不久，便嗾使一部「便衣隊」（由土匪編成）在瀋陽暴動（時筆者正在東三省民報任編輯，目覩此事），被東北軍抗住不逞；乃自行拆去南滿鐵軌一段，聲言東北軍破壞南滿鐵道，於民國二十年九月十八日下午十一時二十分，砲轟東北大營，同日在吉林、長春、四平街、鄭家屯一律動手，十九晨將上列各要城一律佔領：這便是「九一八事變」。

事變後，關團長乘荒亂中越獄，逃往北平，一度以「郭爾佳」名，主持朱慶瀾將軍領導之抗日義勇軍之一部。七七事變後，避往西安，受今內政部長時任陝西省民政廳長王德溥先生委任橫山縣縣長。董團附在九一八前關團長被押後，便逃往上海，時吳鐵城先生任市長，以故人子，得任某一分局局長，二十六年任東北挺進軍司令馬占山將軍的上校祕書，二十八年任榆林專員公署保安副司令，和筆者相識，並介紹與關先生相識，得以暢談「中村事件」經過。當年談話，我曾撰有詳細筆記，繕正後經兩君校閱。並合攝一影（見圖），中爲關先生，右爲董先生，左爲筆者。原稿存寶雞敝寓，不幸中共陷城，全部焚燬。現在所記，較原稿短略得多，但我相信不會有誤。

從上面的敘述，董平輿先生殺中村，焚屍滅跡，確是事實了，截至三十七年秋，我和他（時任東北剿總少將高參）在瀋陽分手，他仍始終承認中村係他下令所殺。又：截至三十五年春，我和關玉衡先生在重慶相晤（他時任三人停戰小組組員，離渝赴東北監視停戰），董仍始終自認本團當年殺死中村，爲國家招至「九一八事變」，確屬罪無可逭。如此說來，「中村事件」竟是興安屯墾軍製造

本文作者趙孽子先生（左）與關瑞璣（中）董平輿（右）二先生合影

的了，何以又提到，說日本關東軍製造中村事件，而中村又是假中村震太郎。

現在我要揭破這個謎底了。

中村震太郎根本沒有死：八一五日本投降後，中村又在東京出現了。

這段戲劇性的史實，係台灣苗栗蔡智堪（扁）先生於三十八年冬親函筆者的。他的原函稱：

「中村事件，蓋日閥專心製造，以作九一八事變口實者。初，日本參謀本部以日金二十萬元，介在鄉軍人會，覓得韓人之貌絕似中村者，予以地圖，情報，冒為中村，雇蒙古人為先導，復事先洩其行程，而東北軍墮入計中矣。斯韓人既死，其家族僅領到慰藉金十五萬元耳。

「斯案主持人實為梅津美治郎中將，設謀者則即中村本人。事成後，中村領到慰勞金二十萬元，密赴樺太（苦夷島）開煤礦焉。日本既投降，樺太日人產業悉經赤俄沒收，中村煤礦何能獨免？中村逃返東京，其債權人及株式主群起索舊債。中村隱遁採礦十五年，不得軍人恩給金，復見逼於債主，流落東京，寄食友家，艱苦備至。民國三十六年春，債主以背信欺詐罪，控之入獄，於是報紙喧騰，中村尚在人間，眞像大白。日本國民至此始知軍閥偽造中村事件，欺騙天皇，侵犯中國，以致國亡君辱，無不切齒痛恨焉。」（見拙作「眞涅槃室扎記」）

蔡先生一生旅日，精通日情，田中奏章即係他親自從日本皇室書庫中抄出，送我方刊布者（見自由人）八月蔡先生自述「我怎樣取得田中密奏？」）。函中所述中村涉訟事又見諸日本報端，此可重按，當然毫無疑問，全部正確。由此看來，董團附當年撲殺焚化的是一個韓籍假中村了。依此事實，我們才知道日本關東軍何以於「中村事件」發生後立即向榮臻抗議，並指出兇手為屯軍團長關瑞璣，原是根據預定計劃，自行判斷而來；未必如薛先生所說「有一二逃脫者，逕往關東日軍告密」。

四、宣佈老少「狄托」的死刑

日本軍人決定武裝侵佔東北，應自本莊繁受詔之日算起。本莊繁受詔之月（民國二十年六月），日本已等於宣佈了張學良的死刑。日本軍人既於民國十七年六月處張作霖以死刑；事隔三年，又處張學良以死刑即把他的老家抄沒：基本原因，便因為張氏父子在日本軍人眼裏，是反日的或抗日的了。日本軍人自清末民初便有意地扶置張作霖成為地方勢力，原想他永遠親日，作一傀儡，玩於股掌之上，斷送東北權益；但到了民國十七年，日本軍人已判定張作霖作了「狄托」，不肯聽話；但到了民國十七年，日本軍人已判定張作霖作了「狄托」，不肯聽話：所以便把他處死了。張學良子承父業，父仇國難，不但不親日，而且進一步準備抗日，日本軍人百般阻止，全然無效，於是判定這個小「狄托」更非殺不可了。原想藉楊常之手開刀，不料又捨了一船軍火，最後只好發動「九一八事變」，從東北挖出張學良的根子。

九一八事變距今已有二十三年了。我們從歷史的角度，來看「關外王」張氏父子興亡史，似乎應當持有上述的認識。

——四十三年八月二十一日（暢流十卷十二期）

四十四、皇姑屯案

十七年，本黨北伐軍進抵黃河線上，吳（佩孚）孫（傳芳）早已秋風落葉；向此時代巨輪奮臂抗爭者，尚有北京之張雨亭（作霖）。張氏於昨年建號安國軍，稱大元帥，以「討赤」為幟。當時北京外交情勢至為尷尬：初以搜查蘇俄大使館，引起絕交；復以拒絕「滿蒙五路」要求，獲咎日本，外患可謂至深。左右通悉北伐軍內情者，謂本黨既以「清黨」而絕俄，以濟案而仇日，與張氏處境相同，咻噢不已。時張學良氏握重兵在保定前方，心持「南北合」之說尤力，以老派反對，目為「通敵」「弒父」之人，且至不敢回京，內難亦趨嚴重。

吳俊陞，字興權，綽號「吳大舌頭」，黑龍江省長也。適以此內外脅迫之際入京，勸張氏曰：「大帥！我保你出關；學良可以作北京留守。」保者，「保駕」之謂。張氏出關之計乃決；顧側面詢日使芳澤時，芳澤仍以「滿蒙五路」為請，意者如不簽字出賣「五路」，出關多有不便。張氏未之計及，因於六月三日啓節出京，次日即被炸於皇姑屯，張吳俱死。炸具蓋置於滿鐵橋洞北側，洞為京奉路（即北寧）路隧。時人語曰：「諺云：『雜亂無章』，斯眞『炸亂吳張』矣！」

張吳旣遇炸，日軍出動，聲言緝兇護路，實已「臨時佔領」。時奉天省長臧式毅（字奉九）具應變才，揚言於衆曰：「大元帥傷勢不重」，召醫生入府應診；日領事欲入偵視，臧謝之。日軍遂墜五里霧中，未敢大舉。臧一面急電學良促歸。學良引一軍，衣士兵服，居軍中，急行三日入瀋陽，始發喪。日軍初疑張氏未死，繼懾於安國軍餘威，後證實當時日本國策亦有所不許，遂亦自退。脫非然者，九一八事變早於民十七年爆發矣。

皇姑屯案，三尺童子亦知出於日人毒手；顧苦於無證可尋。二十年後，前日本首相及海相岡田啓介大將，始證明確爲關東軍之所爲。三十五年七月二日東京電：

「張作霖被日軍謀害，今午戰犯審判法庭中，已由出席作證之前日本首相及海相岡田啓介證實，確爲日本陸軍所爲；且爲關東軍吞併東北陰謀之一部分。岡田稱：關東軍之軍官集團，計劃並陰謀謀害張氏，彼等於一九二八年六月四日，在瀋陽附近鐵軌埋放炸藥，俾炸毀張氏所乘之火車，結果被炸死。張氏被害時之日首相田中義一曾謂：日皇令渠對陸軍採取強硬之懲戒行動；然陸軍部反對此舉，其理由爲若對此負責人採取懲戒，則將公開軍部於該時所願粉飾之事云。關東軍之計劃，欲使張氏之被炸，嫁禍中國人民。張被害後，陸軍在參與政府製定有關東北政策之力量，日趨伸張。日人民均知陸軍佔領東北，僅爲時間問題。東北事變後，渠始獲悉此事乃關東軍集團所佈置者。」

此條與前條合看，可得一結論，即皇姑屯案者，「田中奏摺」之初步實施也。

四十五、朱霽青先生略傳

朱霽青先生諱國陞，字紀卿。遼寧省北鎮縣人。早歲遊學日本東斌學堂，習軍事。入同盟會，領導東北革命凡五十年。甲辰，先生二十三歲，發刊「㑥報」於東京，密運東北，倡革命應由專制政府之家鄉發起之議，以動搖滿清「龍興之地」。聯合留日學生通電，反對東三省總督徐世昌大借款。徐督頒通緝令有「朱桃、金戈等八人為東三省革命黨人最有魔力者」之語，朱桃即先生，金戈則錢公來先生也。乙已七月，返國創立廣益學院，培植革命幹部，並以福成金煤礦公司礦警隊為名，組織蒙邊大漢光復軍。丙午冬，夤夜襲擊毅軍於艾棱碻，此為先生主持之革命第一役也。遭毅軍反攻，公司被封。先生潛入新軍二十鎮，為協統藍天蔚所結識。辛亥起義，藍氏組織關外民軍都督府，為大都督，先生為總參謀長，武力均為先生多年組織之幹部也。迨袁世凱叛國，國父命居覺生（正）先生為中華革命軍東北軍總司令，許崇智先生為副總司令，　總裁為參謀長，先生為第一師師長，呂子人先生為第二師師長，光復膠東。袁殂，第一師奉陸軍部調赴天津訓練，途經濟南，為魯督張懷芝繳械，繫先生於獄，凡三十八個月。十三年奉　國父命密駐哈爾濱，發動東北革命。次年，張作霖部郭松齡討張，先生起兵以應。郭軍敗，先生又被通緝，經俄赴粵。北伐期間，先生以中共委員兼川康迤帶點驗委員。九一八事變既作，先生組織東北國民救國軍，統一指揮王德林、高鵬振、鄧鐵梅、寶恩溥、馬子丹、劉春起等數十萬衆，與日寇苦戰年餘。先生儒衣棄馬，身臨火線，時已五十有一歲矣。東北四省淪陷後，先生從容出險，屯墾於中公旗笆子補隆，俾入關義勇軍從事農產以自養。二十四五年長正太鐵路局，非其志，卒辭去。八年抗戰，先生以中委兼任第五軍風紀巡察團中將副團長。抗戰勝利，重建笆子補隆墾區，有終隱之志。三十九年始輾轉來臺，受任總統府國策顧問。四十四年一月逝世臺北， 總統震悼，明令褒揚，生平事蹟宣付國史館立傳。先生生平不獵官，不殖私產，不位置私人，不挾地方單位以自重，嗚乎！可謂清矣！

四十六、祭朱霽青先生文

維

中華民國四十四年二月十五日，東北各省市同鄉莫德惠錢公來等，謹以香花鮮果奠於朱霽青先生之靈，而告之以文曰：

嗚乎霽公！梓桑大老，歷史典型，國家瓌寶。
少隸同盟，親炙國父。辛亥之前，邊荒經武。
多士桓桓，慕義遙起。若紀首功，視公左指。
民五討袁，建節濰縣。名則人居，戰則公戰。
袁殂段興，賄公上將，降則專征，拒則止餉。
公曰：「黨人，焉可以賈？」公曰：「羣賊，焉可爲伍？」
激怒懷芝，計繳其隊，土室森陰，甘之三載。
遊俄歸來，親識其醜，絕加拉罕，恥與爲友。

北伐前夕，公潛平津，領導革命，不死者頻。
武漢反共，默促其成：「革命為重；權利為輕」。
東寇侵遼，及履及劍，十萬義軍，推為總監。
攻義攻錦，攻朝陽寺，躬擐甲冑，身冒石矢。
屯兵松嶺，曰蕭家店，屏障熱河，年餘始陷。
寇逼古北，浮海南還，從容虎穴，美髯飄然。
率軍屯墾，扒子補隆，集體農場，王道聖功。
蘆溝戰起，艱苦八年，視查風紀，跋履山川。
日寇投降，英雄老矣！重整墾區，壯心未已。
公曰：「民族，自由已建；民權問題，決於行憲；
惟有屯田，人少措意，余將試行，民生主義。」
天禍中華，變亂交乘，俄帝外侵，朱毛內應。
公陷賊中，靜如處女，鐵幕森嚴，悠然脫去。
只此一行，已奪賊魄；況復五年，贊勷國策？
論公事功：革命建國，討袁北伐，抗日抗俄。
論公人格：大公無私，忠貞誠敬，至勇鴻慈。

論公大節：義不帝秦。論公懷抱：捨已成仁。
論公嗜好：不煙不酒；垂老披書，丹黃燦手。
病榻呻吟，隆冬深夜，猶自垂詢：鮮卑利亞。
論公平生：不拔親信，不拔如拔，人人自奮。
嗚乎昊天！不遺一老！黨國鄉邦，痛失領導！
嗚乎我公，竟已撒手？吾輩老人，誰與爲友？
嗚乎我公，竟已不醫？吾黨小子，誰與爲師？
大陸茫茫，愁雲漠漠，嗚乎我公，天人永隔！
伏維尙饗

四十七、李敬齋先生壽序

戊戌季春將望，爲汝南敬齋先生從心不踰之年。友好徵文以祝先生壽。余惟古者七十杖於國；若先生殆杖於天壤之間者：其大著「正名」與爾雅、說文並爲小學三絕，斯誠大壽也。余識先生於甲午冬，知其黎明即起，二鼓始睡，而終日解字，歷十五年不倦。某字在甲骨作何體？在鐘鼎作何體？在小篆作何體？此正字形也；其初義爲何？其演義爲何？此正字義也；其變體爲何？其變聲爲何？此正孳乳也：於是而此字得其正名；凡非正名者，皆譌誤字：斯眞頡皇第一功臣也。且經此正名工夫，俾今而後童子學生得識某字之眞形眞義眞聲，而不復以訛傳訛，豕亥魯魚：斯又功及千載下矣。抑正名尙多裨古史，如云「華即夏」，如云「黃帝爲蒙古人」，如云「蒼頡即契」，如云「西伯利亞即鮮卑利亞」，此非小學登峯造

極者所斷斷不敢贊一辭也。余治蒙古語廿有六年，近始識蒙語實爲夏朝之語言。質諸先生，先生云：「華人爲夷夏混合種，華語中不但含有夏語，而且甚多。」余遂發奮而有「說文解聲」之作，於每一漢字下綴以其字源之夏語，如說文第一字「一」爲 tėr 二字「元」爲 urida，第三字「天」爲 tėkri，頃已得六千餘字，成書後數必不止此。夫漢字最古而可見者爲甲骨，殷字也；然則甲骨所紀錄之語言之爲夏語，尚可疑乎？今春先生詢余書何日可成；余笑對曰：「十年」。時固未知先生年七十歲矣。若然余書脫稿之時，先生爲八十大老。余願祝十年後先生康健剛強而序余之書並以壽余之六十歲也；且相偕設醴汝南召陵之墟而告叔重先生曰：「說文誤；敬齋正。說文聲，尺子定！」亦五千年未有之樂也！徒河後學趙尺子百拜撰（四十七年六月一日戰鬥月刊）

四十八、田中奏摺與蔡智堪

——紀念一位臺灣愛國老人逝世十週年

「田中奏摺的」歷史性

「九一八」前後的世界政治家、外交家、戰略家、歷史家，尤其當時在讀大學和中學的中國青年，幾乎沒有人不曾讀過乃至研究過「田中奏摺」這册日本長洲軍閥侵呑中國、兼併世界的秘密計劃。「欲征服支那，必先征服滿蒙」（奏摺原句），是東北青年人人口誦心維，堅決抗日的動力；「欲征服世界，必先征服支那」，更是全國青年日夕諷讀，堅決抗日的動力。前一動力，促成東北青年將領參加國民革命的決心，毅然縣國旗，効順中央，我國統一卒告完成；後一動力，激發了七七盧溝橋的抗戰，地無分東西南北，人無分男女老少，無人不在　蔣委員長領導之下，卓絕艱苦，奮戰八年，到底聯合盟軍打倒了日本軍閥，獲得了最後的勝利。

奏摺由我國於取得次年（十八年）以白皮書發表後，俄國方面首先感到它的嚴重性。史大林知道，日閥征服滿蒙以後，俄國勢力固然必須出中國的東北，便是作為第一第二兩個「五年計劃」建設重心的鮮卑利亞（Siberia舊譯西伯利亞）也將不保；因之，他首先便在中俄戰爭裡讓步，以緩和東北青年將領的抗俄（十八年東北抗俄）。迨九一八事變發生，奏摺「征服滿蒙」開始，在次年三月日閥導演了偽「滿洲國」之前，史大林便搶先於二十年十月七日導演偽「中華蘇維埃共和國」，以謀對抗日閥，並策動我國抗日。他之事實上承認偽「滿洲國」（中東路售予偽「滿」）和簽訂日俄「諾蒙坎協定」（一九三九年），也是為了緩和日閥進攻外蒙古和鮮卑利亞，並誘其南進——對英美作戰。直到二次世界大戰展開，美軍反攻，原子彈降落，史大林也投機地對日宣戰，進兵滿蒙，以掃淨了「田中奏摺」對俄國的威脅。

在美國官方，對於奏摺雖頗表關切；但起初誤信日本駐美大使館的宣傳，並不信賴我國情報的正確，認為奏摺係屬贋品。直到一九四〇年，海軍少將陶西在衆議院的證辭發表，鄭重聲言奏摺眞實可靠。美國遠東問題權威作家史密斯，也撰文力陳奏摺係日人所作，如云：「若以奏摺為偽品，則自伊賽亞以來，中國亦有一大預言家了。」僅隔一年，日軍閥在依照田中的藍圖，「征服」了滿蒙並「征服」大半個中國之後，果然襲擊珍珠港，佔領香港、新加坡、馬來亞……邁步走向征服世界的戰爭；於是美國，還有英國，才相信奏摺不是偽造；終於形成了中美英的聯合作戰。

從歷史的角度看，誠如日本戰犯岡村寧次大將的供詞所說：「日本非敗於兵力財力的不足，實敗於一紙田中奏摺」。是哀鳴，是懺悔，也是事實！

奏摺怎樣到了東北？

二十四年的四月，筆者應東北某青年將領之邀，赴武昌相晤。筆者向他說：田中奏摺是您在北平發表的（用紀清漪女士的名），它是怎樣到達了您的手中？」他說：「王家楨買來的。」當年王家楨（樹人）是東北保安司令長官公署外交委員會的委員，負責對日外交，十八年以後任外交部次長。三十三年春，樹人任外交部顧問，筆者詳詢購買奏摺經過。他說：

「臺灣人蔡某（事隔多年，已忘其名），生於日本，四歲改姓山口，卒業某私立大學，與政友會幹事長山本條太郎之小生（似華語書童之義）為友。山本避客靜居其妾之家，親為田中修正奏摺原稿，交小生抄清。小生則挽山口為助。山口因私錄一份，供給我方。山口願作此事，以其保存濃厚之中國民族意識，並信仰復土主義，殆臺灣革命黨人也。我方按月助以日金二百元，為山口及小生餅餌之資。」

三十八年九月二十一日，筆者在中央日報所寫的「眞涅槃室扎記」「田中奏摺」條內，表示「願一晤此可敬之臺胞蔡（山口）君」，先後接到「吳仕隱」和「蔡某」（四十二年查明係林快青雨霽先生）的兩封信，自述係田中奏摺取得的「直接關係者」；但卻說「中文譯本的田中奏摺，和實在的田中奏摺，有相當的出入。」同時接到蔡智堪先生長信，敘述他加入興中會遊說日本朝野、煽動日本文相尾崎行雄反對山縣有朋暗助袁世凱稱帝、保護蔡松坡先生經基隆轉雲南起義倒袁、奉東北趙先生命調查萬寶山事件、介紹床次竹二郎接受東北津貼、雇麥少彭小姐刺探楊常叛變、與永井柳太郎調查皇姑屯慘案以迫田中首相下臺、九一八事變後與許大使密策日本退兵、與黃郛合作煽誘日本財閥反戰、二二八事變時保護住在井上溫泉的東北某青年將領等事頗爲詳細。惟獨關於「田中奏摺」事，只說：

「田中奏摺之入手，如非晚生犧牲九萬餘美鈔，該有利宣傳戰材料必落赤俄之手。（對此沿革及經過，當詳查久年事，另記奉上）。我漢民族中唯王家楨、王正廷與晚生三人而外，別無他人與晚生同心協力。東北接王家楨之後，趙先生者因寄餅餌七八月之久，共收只一千餘元大洋……」（蔡親筆函。）

卻不具體。以後，筆者兩次赴後龍鎮訪問，他兩次來臺北答拜，因爲他不會國語，我不懂閩南語，談不出所以然來；但截至四十二年夏，彼此通信五十餘封，他也始終說待查日記，另行函告。

當時我忖度不出他對奏摺事何以推託不談？（現已明瞭其全部原因，下文將略加說明）。一遂將此事函告中國國民黨黨史編纂委員會主任委員羅家倫先生，請他以編纂黨史的立場，宴請蔡先生談述眞象。

羅、蔡問答摘要

羅先生於四十二年七月十三日下午五時，宴請蔡老先生，對奏摺取得經過作成問答筆錄。此項筆錄，羅先生並未覆告筆者。直到蔡先生逝世後，我才由蔡君公子咸河處看到。現擇要錄在下邊：

問：蔡先生當時謀取田中奏摺之經過，能詳告否？

答：當時蘇俄知道日本田中奏摺的事，曾以三十萬日金，利用曾經做過日本駐在哈爾濱辦理蘇俄外交的官，名叫尾崎秀貞，設法謀取田中奏摺。……那時，日本人與王家楨先生有接洽，我在日本，因人事關係，得到謀取該項奏摺的路徑。王家楨那時辦理東北外交，常來東京，而我又常往東北（筆者按：經營大豆及鴉片），因之與之相諗。……於是我去與當時日本內務大臣牧野伸顯伯爵（民政黨顧問）密謀。這時日本保皇黨決定反對田中新大陸政策，認為田中軍人這一派可能造成戰爭；認為如果戰爭發生，日本可能發生革命，天皇皇位就要發生危險。當時牧野等與內閣中的一派（所謂一蓮託生分子）決定了一個辦法，想利用國際關係來干涉田中新大陸政策，而藉此以保護皇位的安全。他們想利用田中奏摺事，在國際上宣傳，引起英美的注意和反對，以抑制軍人一派，而避免戰爭的發生。因此牧野伯爵命其妾弟山下勇為引線，誘日皇室書庫管理官，密將田中奏摺供給我抄出，向外洩漏，以便宜傳於世界。因為他心裏知道我與中國東北官方有關係（筆者按：蔡先生當時密任東北當局所派的「駐日辦事員」）。我還記得當時大木遠吉伯爵還命我宣誓，必須實行向國際宣傳之約。

問：與日本政界中人如何相熟？

答：當民國十六年至二十四年間，東京辦有日華雜誌社，經濟是我擔任的，因此得與日本政界有聯絡。那時我經營貿易行，名蔡豐源，富有資財，自備輪船，往來日本至爪哇、新加坡一帶。

問：奏摺如何得到？

答：當時日本保皇黨請床次竹二郎活動聯絡牧野伯爵（按：應作床次竹二郎聯絡保皇黨牧野伯爵），因保皇黨不贊成田中奏摺。此項奏摺原件，係由皇室書庫保管。牧野及其太太均喜食鴉片，鴉片就是由我所供給的，因此認識了牧野。牧野同時知道我和王家楨有關係。那時牧野與床次擬組織一個新黨（筆者按：此係民國二十年上半年之事），請張學良輔助三百萬元。我知道張祇送過六十萬元（筆者按：五十萬元），並取得有收據。該收據交給張學良，聞於九一八時被日本所得，因此連累被逮捕了四十餘人，我也是四十餘人中之一。

問：田中奏摺是否蔡先生親自抄出的？

答：是我親自抄出的。原來的計劃擬用照相的；因爲這個秘密工作，白晝無法進行，一定要在夜間做，所以照相無法辦到。只能用抄錄的辦法，抄了兩個夜間工夫，第一天自夜九時（筆者按：應作夜零時五十分）起至天明，因未能抄完，於第二天夜間再繼續抄完。是用複寫紙抄的。但這一年已記不清楚是在那一年，大概在民國十七年、十八年間的事（筆者按：係十七年六月）。但是還記得是在天氣熱的時候。抄件是用十行紙，有六七十張之多。抄件文字當時與原底毫無不同；但是後來發表的還不及全文的一半。抄件是我親自交與王家楨的，當時對王先生說明，請他須要在國際間宣傳。但是後來我國政府不贊成這樣做（按：主要不贊成者，蔡先生說是張岳軍先生），以致這件事我還失信用於牧野。（筆者按：奏摺先由東北保安司令長官公署以黃皮書發展，似爲踐牧野之約）

問：奏摺如何攜出日本的？

答：我本來是常常往來日本、奉天（現遼寧）的，將抄件封於新皮包內（筆者按：包應作箱），親自攜往奉天，在瀋陽小西關西邊王家楨家中親自交與王家楨的。

問：蔡先生如何進出日本皇宮呢？

答：都是由牧野妾弟山下勇帶進去的。

問：蔡先生所出的錢有多少？交與何人？

答：山下勇方面，第一次交與他日幣一萬五千元，第二次交與他一萬元。當時並與王家楨約定，由中國政府送給他美金三萬元。但是以後並沒有給付，因此我的私產東京市下谷區板本町二丁目二十二番地之樓房一幢被山下勇租去，不但不付租金，且不允發還。曾向我索三萬元美金，始允發還。前年（筆者按：民國四十年）我曾向其交涉，由大木遠吉伯爵（大東文化會會長，與我是朋友）出來調解，結果仍以在欠款未能清償前，房屋仍由山下勇暫住。當時（筆者按：四十年）大木還以一萬日金送與山下。」（下略）

上引羅、蔡問答原件已列入黨史館檔案。據我後來研究，它雖有脈絡不清，時地異的小小毛病：但這是蔡先生正式對黨史會的報告，關於抄取「田中奏摺」的動機、人際關係、交通情況都有了交代，經筆者附加按語後增加其眞實性。

迫出蔡先生的親筆自述

由於蔡先生對於抄取奏摺似乎一向對我有所保留，在四十四年以前我又沒有看到羅、蔡問答，使我不免懷疑蔡先生致我第一封信的眞實性，乃於四十二年八月八日在新生報南部版刊出「訪問田中奏摺的秘密」，附帶發表了「吳仕隱」和「蔡某」給我的原函，要求和他見面或恢復通信。一面拜託聯合版（今之聯合報）記者唐一民先生設法尋找「吳仕隱」。不到一個月即九月二日，聯合報第四版用首題大半版的篇幅刊出「吳仕隱就是林快青」的專訪。專訪記者曉鶯先生寫道：林先生名快青，字雨齋，生於民前三年，原名林添財。接受記者訪問以前，已交卸臺灣省政府民政廳主任秘書。他「在十八九歲時，就去日本就學。由日本古董商鬼塚的介紹，在政友會幹事長山本條太郎處當繕寫員。無意中發現黨魁田中首相交寫的一份侵略中國的奏摺」，「他是個臺胞，祖國之念油然而生」，「就將原文另紙抄下一份。想盡方法……與一位卅餘歲自稱張姓的人見面，就將這一張企圖侵略中國的藍圖交給張姓青年」（筆者按：此件係田中另一奏章；張姓青年可能係「聯共份子」）。

我正研究這個「雙包案」，唐一民先生來訪。我們對於此案上天下地聊了半午。我再三囑託唐先生：今天純係友好的私人談話，我的看法不算定論，還待求證，千請不必發表。但他還是用九月七日同版首題四分之一的篇幅發表了「趙孽子談田中奏摺」，並寫出「趙氏判斷」「抄本係出林快青手，輾轉爲蔡智堪所得」（筆者按：此即「不算定論」的拙見）。九月十二日，唐先生又在第四版首題五分之三的篇幅發表「後龍鎮上訪蔡智堪先生」，報導蔡先生談話（筆者按：與上引羅、蔡問答大體相同），並含羞地否認了林快青抄取奏章的自述。

這三次聯合報的報導，似乎逼急了蔡先生，又和筆者往返通信二十餘封，鄭重反駁林快青取得之說，也陸續自述了他怎樣抄取奏章。直到一年之後即四十三年八月十三日，終於迫得他以「日本侵華秘史——田中奏摺」由來爲題，自述事情的經過。

他用古體國文又夾雜些日本化的句法，無法被報刊所接受。我遂將其自述文句略加調整，並參考以上二十餘封有關來信，改成語體文「我怎樣取得田中奏章」署名「六十七老人蔡智堪」，寄給他看過，並經他略加修正，復以親筆小字抄寫一份寄回。我再寄交香港「自由人」報，於四十二年八月二十八日發表。（參看本文附錄及原蹟鋅版）。

對於蔡自述的求證

蔡先生的自述，和勞倫斯的自述一樣，原是無須求證的。因爲勞倫斯在阿拉伯所幹的「沙漠革命」和蔡智堪在日本皇室書庫的抄取奏章，都是自知自證而難找人證物證的秘密工作。秘密工作如不自述，應爲外人所絕對不知。但筆者是個學歷史的人，不知爲什麼總會懷疑歷史中似乎有僞；非得自己找到證據，不會輕信歷史上的白紙黑字。我對他的自述，雖「自由心證」地相信它不僞——我寫過「反共抗俄經驗談」，也曾有限度發表了自己所作秘密工作的一鱗半爪，因而相信蔡先生自述秘密的不僞；但仍要多方找出蔡先生自述的人證物證，似乎不這樣，我終是不能放心的。

這十六年中，我保存了約七十餘封他的親筆函，種種有關照片，有關文件和剪報，高達兩三寸，約數十萬字。（筆者按：此外黨史會有卷，臺灣省黨部、省政府兩處也應有卷）除平常時時研讀，在寫這篇小文時又費去一週的時間，極客觀地反覆看了多遍。現在用「史筆」寫出下列的證據，以求無負於歷史。

一、田中奏摺雖經日閣否認了三十六年，但它確係政友會總裁、日本首相兼外相、田中義一大將於民國十六年東方會議後呈奏日本天皇的密件，也就是東方會議的結論。不過呈經日皇閱過，並未批交內閣執行，只由皇室書庫存檔了事。這可看曾任日本外相的重光葵在「昭和之動亂」第一篇「九一八事變」中說：

「田中召開東方會議，策劃向東北展開外交攻勢。並於會議前（筆者按：「前」字必誤，應爲「以」字）後，發現著名的『田中奏摺』，主張日本佔領東北，囊括中國大陸，進一步稱雄世界。當時筆者正任職外部，曾對此項奏摺徹底調查，找遍檔卷，迄未發現（筆者按：奏章在皇室書庫，重光當然無從由外務省找到）。向田中查詢；亦謂非出本意。（中華日報四十一年七月二日）

「田中亦謂非出本意」這句話交代明白：田中自己承認了奏摺不僞；只是東方會議的授意（即結論）而「非出本（人自己之）意」。等於一個殺人犯說：「人是我殺的；但『非出本意』，受人教唆耳。」因之殺人案是不僞的。

二、田中奏摺由山下勇帶領蔡智堪親手從皇室書庫抄出，面送東北保安司令長官公署外交委員王家楨；王家楨親送外交部長王正廷。這一結論獲有下列三點的人證和物證：

甲、王家楨對筆者面談：田中奏摺係臺灣革命黨人蔡某所取得；又親函筆者云：「田中奏摺雖係弟手譯親印；但自九一八後原本即紛失無遺」（均見上引拙作「眞涅槃室扎記」「田中奏摺」條。印品剪報存黨史會，筆者存有抄件）。勝利後，王家楨函覆蔡智堪云：「濶別多年，時蒙夢寐……閣下宣勤國事，不辭勞瘁，身體旣失自由，財產亦遭損失。緬懷高風，曷勝欽遲！旣向麥帥申訴，自有合理解決，以慰忠藎也。……」（三十五年六月三日，筆者存有原函照片。）王家楨旋應蔡智堪之請，函介之於魏道明，云：「蔡先生爲田中奏摺抄取人，功在國家」云云。魏據函先撥臺北日產官房一棟供蔡居住（但蔡謝絕），並爲之安排職務未成。聯合報唐一民先生詢魏有無此事？魏答曰：有；但原函事隔多年，已不知何在。——樹人陷身大陸；魏先生健在。

乙、四十二年六月二十六日，當年外交部長王正廷先生答覆黨史會史北字一二四號函詢：「蔡智堪先生私函關於田中奏摺一事」（王函存黨史會），云：「二、（上略）所費之款，記爲萬餘元至貳萬元，係由部中秘密款項中支出。」（筆者按：王家楨語我：「我方按月助以日金二百元」，見上引拙文「田中奏摺」條：又蔡智堪親筆函云：「東北接王家楨之後，趙先生者因寄餠餌七八月之久，共收只一千餘元大洋」，見上文。此款當即外交部所費之「萬餘元至貳萬元」。蔡智堪又面告筆者說：「收到的錢，令我生氣，因距王家楨承允付予山下勇之三萬美金太遠，而山下勇佔據了我的私產樓房，非索三萬美金，不允還房。此千餘元均付咸陽讀大學，我未花一文。」）又云：「三、王家楨先生……謂所抄取之奏摺，爲避免彼國法律之極刑，於摺內字句行數之間，稍有變易云。」（筆者按：此徵外交部用白皮書發表的奏摺，係王家楨交與王正廷者；而王家楨承認係蔡智堪抄

臺灣愛國老人蔡智堪先生的遺照

取者。）又云：「（上略）其所稱未受政府絲毫津貼一語，在部中支出祗有萬餘元之款，則中央政府並未給與蔡智堪先生以津貼，可無疑問，應爲證定。」（筆者按：是否王家楨向外交部報賬萬餘元而按月寄與蔡智堪了呢？或是只寄了七八個月共一千餘元大洋？只有留待以後由王家楨來證定了。）

丙、因我方代表在國際聯盟大會裡和日本代表松岡洋右辯證奏章不僞時，透露係由皇室書庫抄出，致山下勇等二十八名書庫管理人全被免官。當時日本報紙大字標題「 蔣介石駐日二十八宿歸天」（參看「我怎樣取得田中奏章」）。以後，蔡智堪付與山下勇等生活費二萬五千日元，山下勇亦強佔蔡智堪私產洋樓，以迄於今。其人此樓迄四十年尚均存在。

總上論結：蔡智堪抄取奏摺的人證、錢證、物（蔡私產洋樓）證都十分堅實。

三、蔡智堪在四十二年以前保留向筆者詳告抄取奏摺的細節（但面報給黨史會）；直至聯合版刊出林快青取得之說，始對聯合版公開發表談話，基本原因有二：甲、當時他向山下勇討還私產房屋，正由其子咸東在東京進行交涉中，爲恐此案張揚，對交涉乃至其子全家不利。乙、他認爲王家楨以外交部次長地位，承諾付予山下勇等美金三萬元而竟食言，乃政治上的無道義。直至他逝世前才寫一「告別」書，云：「戰勝日本，收復臺灣，因田中奏章潛在力頗大。污我損失巨大家財，貧乏如洗。請公念及新臺幣既可××（二字不可識）撥貳百萬元，償我家人，爲要，藉此以顯政治的道義。蔡智堪絕筆」，字體橫斜了草，想見當時心情苦痛，涕淚交流。查「人之將死，其言也善，」而「善」乃由「眞」處流出，這個「眞」就是田中奏章實由蔡智堪冒死破家所抄取的絕對「心證」。人絕對沒有在臨死還說假話的。

蔡先生死當瞑目

蔡先生逝世於四十四年九月二十九日，迄今匆已十週年了。當時國民黨中央常會曾決議致贈葬儀二千元、治喪費二千元，並以中央黨部秘書長名義電唁其家屬致送救助金六千元；臺灣省政府（今行政院長嚴家淦先生主持其事）致送治喪費一萬元，並電令苗栗縣長劉定國，組織治喪委員會。出殯時執紼者達二千餘人，新聞均佔臺港各報重要版面。而最主要的哀榮是，在公祭出殯以後若干日，　總統經過縝密考證，題頒「卓行流馨」四字，雖然趕不及在當日靈禮堂懸掛，但蔡先生死而有知，也當瞑目於九泉了。同年黨史會主任委員羅志希先生以人字第一三四〇號函臺灣省黨部，云：「田中奏摺一事，經本會查證結果，係蔡智堪而非林快青」，這也是蔡先生前所不知道的一個重要結論。（關於林快青先生忠貞抗日史跡，筆者擬另撰文發表。）

——刊於傳記文學七卷四期

四十九、何人取得田中奏摺

田中奏摺是日相田中義一在一九二七年七月二十五日奏本天皇的。內容把日本侵略世界，先以武力攫取滿洲的「大陸政策」，清晰地繪出一幅藍圖。詎料事機不密，這個奏摺在一九二九年被一位台胞取得，輾轉交給中國當局。之後，我國乃有國聯之訴，一時震驚世界，日本雖詭稱係僞造者，但田中卻爲此切腹自殺。

據台灣史學家趙薛子先生攷據：當年取得田中奏摺的義士，現仍隱居台灣嘉義。過去三年，此位志士曾以「吳仕隱」、「蔡某」等化名與趙先生函商有關田中奏摺的取得眞象。不過，這位義士總以『還不到公表的時期』，而不肯出頭露面。趙先生「求實」心切，最近乃在報紙上公開致函吳仕隱先生，希望他爲了保全史乘上這樁大事的完整，坦誠地與趙薛子先生連絡。

據說：這位「吳仕隱」先生晚境非常凄清。居室中曾掛有：「不問聖賢道，祗聽風雨聲」一聯自娛。這種淡泊明志的高風亮節是令人心儀的。記者附此寄語「吳仕隱」先生：歷史常會在一個階段裏誤解一個人。但他日史乘相昭，自有正評。故盼遠矚來日，淡視現實，超然地將昔年轟烈事跡，公諸於世，以正史册。

五十、文字學家于省吾

——私淑親炙錄（一）

于省吾先生字思泊，別署「雙劍簃主人」，遼寧海城人也，北京大學畢業，終身授徒著書。抗日戰爭中方爲北大教授，日人迫之出仕，以死拒。著有「尚書新證」、「詩經新證」、「論語新證」、「老子新證」、「莊子新證」、「墨子新證」、「荀子新證」、「呂氏春秋新證」、「淮南子新證」、「法言新證」、「殷契駢枝」、「雙劍簃吉金錄」等數十種。氏平生工力在「新證」，蓋從黃節通小學，以治吉金，多識之，兼及甲骨，所識字亦多，頗正羅（振玉）商（承祚）譌誤。乃以吉金甲骨證上古遺書，大發現籀篆轉隸所僞誤諸字，遂逐一改正古籍訛字。民國三十七年冬，語筆者云：「統計十三經及諸子訛字在五萬以上，當一一正之。此爲千古絕業，有益中國文化不可估計。」時筆者方由蒙古語中求夏殷語言，以問先生；先生獎黽有加。今筆者已大部完成工作，由蒙語中董理而得夏語五千萬言，一一自甲骨金文時代造成漢字。蓋中國夏朝語即今滿蒙回語；殷周時代，夏語每一音均經造成漢詞，其時仍通行複音語；周漢以後始由複音簡化爲單音，複音詞亦分化而成單字，故漢藏語系出於阿爾泰語族也。惜氏爲繼續其研究而淪於大陸，以窮或死，不及印證矣。

五十一、黃山派詩人黃黎雍

——私淑親炙錄（二）

黃先生黎雍，遼陽人也。瀋陽文學專科畢業，再入北京大學畢業。爲詩胎息漢魏，最爲陳三立所激賞。王揖唐撰「采風錄」，多錄其詩。某人撰「光宣詩壇點錄」仿水滸傳一百零八將，以黃爲其中之一。民國十二年，承先師劉作澄先生之介，爲余評點所作詩，評爲「雅近香歛」。

五十二、遼金元史權威金毓黻
——私淑親炙錄之十四

金先生毓黻，字靜庵，遼陽籍滿州人也。北京大學畢業。「九一八」事變時，方任遼寧省教育廳長，以主編「遼海叢書」，刊印未蔵事，屈身任僞「廳長」，以觀其成。書旣出，遂脫身內渡，任東北大學教授。氏平生專治遼、金史，九一八前刊有「東北史綱」；抗戰期中刊有「中國通史」、「宋遼金史」（樂天出版社近有影印本）及「中國史學史」；惟遼史、金史續編積稿數千萬言，迄未定。勝利後，任瀋陽博物館館長，蒐集初手史料極多。三十七年東北淪陷前，運其原稿及所獲史料至北平，並選館中所藏瀋陽清宮寶籍及宋版書百餘種凡九噸，將運京免淪於中共之手。北平淪共，誤信其子（中共）之言，留平不出。旋遭凌辱，館書均被追繳。顧頡剛撰「現代史學」，東北籍史學之者僅列于（省吾）、金二人而已。

五十三、新文學家趙惜夢

——私淑親炙錄之十五

趙惜夢先生，金縣籍，滿洲人也。瀋陽文學專科畢業，民十四年至九一八，先後任哈爾濱「國際協報」記者、編輯、主筆，創辦文學刊物，爲東北新文學張一軍。「九一八」變作，內渡，任大公報記者，冒險深入馬占山將軍抗日根據地，發表「東北視察記」於該報，對當時士氣國策不無影響。後主編「小公園」。二十四年，創辦漢口大光報，任社長。「七七」抗戰起，大公報遷漢口，即利用大光報工廠而成者。其後，任甘肅民國日報社長，以迄勝利。甘肅民國日報以不成樣之地方報紙，經其苦辛支持，作風議論可執西北牛耳。勝利後返鄉，任前進報社長。後入仕途，任大連市長，未到任，當選國大代表，以四十五年卒於台灣，年五十八歲。筆者挽以聯云：「卅載新聞，八年政治；頭名戰犯，九省文豪！」字字記實，非過譽也。。「戰犯」云者，以三十七年東北淪陷後，奸匪宣佈所謂「文化戰犯」，以先生爲首。所作詩確已奠定新詩體裁，成集，未刊。

五十四、選學大師劉廣紱㈠
——私淑親炙錄之十七

先師劉先生廣紱諱字作澄，遼寧省瀋陽縣人也。瀋陽文學專修課畢業。生平專攻「文選」。歷任各中學國文教員，瀋陽萃升書院教授。九一八後，隱居牝牛屯故鄉，耕田教子，絕跡城市，即教員亦不復為，蓋偽「滿」採日人法，教員任官，先生則不甘事偽朝也。十四年中，成「文選集註」二百餘卷。勝利後謀刊行，未蕆事，瀋陽淪陷俄寇手中。先生先期舉室避往北平，而北平旋亦淪陷，年七十許，無復財力南行，遂家焉。筆者為東北中共室佈為「文化戰犯」者，無旅費，困北平，決死而已。先師知之，出僅有生活費黃金六兩之半，助余避地台灣。若先師者眞今之古人也。

㈡新文學家李曼霖

李先生慶雨，字曼霖，遼寧省錦縣人也。北平朝陽大學肄業。十七歲讀書遼寧第一高級中學時，以小說名於瀋陽文壇，刊有新詩集「燈下戀者」；「九一八」入關後，寫長篇小說「奴隸地帶」等及短篇小說頗多。歷任東方快報編輯、邊疆通信社總編輯，主辦「駱駝草」週刊。七七事變，游擊河北省，不容於匪，逃往雞公山，任東北中學訓育員。李方其等發動風潮，決率學生攜械赴臨汾打游擊即加入中共；曼霖助校長趙雨時先生阻止之，被學生開槍擊傷，終以致死，年只二十七歲耳。友人刊其所寫數千行長詩「高粱葉」於武漢。

五十五、張季鸞

二十七年秋，余訪問北戰場既畢，反漢。大公報記者陳紀瀅君，老友也，謂余稍習邊事，且新自榆林來，榆林爲張季鸞先生故鄉，因介與先生一晤。先生方爲社論，論武漢外圍之戰。既而擲筆嘆曰：「抗戰而還，新聞之道甚窄：事有爲電訊所不便揭露者，余恆於社論中委婉言之；社論亦有時而窮，則謁當道面陳之。吾人期以報界之所知，爲抗戰稍增力量，蓋不知幾經焦頭而爛額也！」先生之言，頗與余早年所唱「口頭輿論」及「參考新聞」者相契合。時樓下機聲聒耳，一老健新聞前輩方與一青年後進抗聲相問答，及今思之，恍如見其音容也。余出近作「抗戰建國期間邊政實施綱領」十九條請益。三日後復訪之，謬承嘉許，以蠅頭小字批原件滿篇。知先生見解超卓，有爲余所遠不及者。此件於武漢撤前六日呈最高當軸。蓋有數點掠先生之美也。

憶當時論及新聞節操問題，先生曰：「不肖報痞，拍發新聞，恆有顚倒黑白，岩事諂媚者；甚者密以示諸原稿關係人，博其歡心，領取津貼，是誠記者而賊而娼者！」先生之言，良可痛心，知其自持者何其貞耶？抑其所以教其外勤者又何其人而過，輾轉良久出西門，忙亂中手槍失矣。

明日閱報，國共同志一無死傷，死傷者則盲目熱情之愛國學生耳。余蓋自茲反共黨，潛心讀書。」云云。

西軒君讀書中大，與余同住太僕寺街穿堂門十一號公寓中。余時「讀吳稚暉書，學康有爲字」；西軒臨康字，署余楮尾可亂眞，以爲笑樂。慘案前一夕，西軒左襟掛「糾查員」紅條，握白木棍（童子軍棍），於院中舞之，且舞且語余：「打入執政府，活抓段祺瑞，拉到天安門，召開群衆會，一棍打殺他……」句都叶韻，年久不可復記、如中魔，如義和拳。余誡張君云：「此絕無可能之事也。君勿往，往，則被打殺者，非段祺瑞，乃張振銘耳。」君苦笑。慘案既作，余亟購世界晚報，查死傷名單無張君名；再讀其他晚報，亦無張君名。竚門外待之，日暝，君始狼狽歸，握余手而泣。明年，君返陝，余分行李之半予之。與余約曰：「神木相見也」。後十年，余至陝西，遇神木人必詢君狀，久之始得學生之訊，並得夏君之言。之後十餘年，乃並記之，以求證於夏君云。

明日，北京各報痛斥段執政，以開槍之責歸諸衛隊。獨執政府官報某報載學生首事，並拾得手槍一枝云。讀者皆余無一人置信之者。

五十六、東北義勇軍

一、義勇軍一詞的含義

日俄戰爭時（一九〇三——一九〇五年），反俄的東三省民間武力，自動協助日軍，側擊俄軍，破壞南北滿鐵路，使俄軍防不勝防，補給困難。當年這種抗俄助日的武力便名爲義勇軍。義勇軍一詞雖是南唐後主李煜所取名（九七四——九七五年），見「江南野錄」（說郛卷三引）；但日俄戰爭時重見此軍，並不是根據歷史。日俄戰爭時義勇軍的定義應是：「爲了正義而英勇作戰的東三省民軍」，因爲義勇軍的官兵都不是軍人，只是民團（民兵）和大股「馬賊」。民國十八、九年，筆者在東京看到日人所寫有關「馬賊」和義勇軍的大部頭書和小册子不下數十個，有的書坦白承認日本戰勝俄國，得力於「馬賊」和義勇軍的支持。

九一八事變於民國二十年九月十八日二十三時發生後，近代民族主義者（抗日兼抗俄）領導未退出的少數東北軍（張學良殘部）、民團、「馬賊」，組成隊伍，自動抗日。這些曾經協助日軍而抗俄的東北民間武力的後代，竟而一旦變爲英勇的抗日武力，這是當年日本軍閥和今天日本人士所應該反省的。

在九一八事變後的十一月，自動抗日的東北民間武力都沒有軍名和番號，只是人自爲戰而已。大約在十月上旬，遼寧省警務處處長黃顯聲（警鐘）、督察長熊飛（正平），在遼寧省錦縣北街福金生百貨店內，邀集潛來錦縣求取補給槍彈的若干抗日首領和代表，研討定名、編制、統一指揮等問題。建議召開這一會議的人，現在可以公開發表了，就是田樹森、李毅夫和筆者三人，因爲他兩位都已遭到毛匪鬥爭而死，筆者是居住在安全的台灣。當年會議裡首先討論抗日軍應稱何名？各方提出者有十餘種之多。最後採用了田樹森所提「東北民衆反日義勇軍」一詞，因爲日俄戰爭時田樹森在哈爾濱熟聞義勇軍一名所致。

會中除了決定抗日軍的名稱之外，記得還有三個重要決議：一、抗日武力由警務處統一編制，統一指揮；二、彈藥由十九、二十、砲八各旅墊撥，再由警務處呈請北平（張學良）歸墊（決議第二點，始終未能兌現）；三、成立聯合辦事處。

截至民國二十一年元月一日（日軍進攻錦縣，張學良部開始撤退）止，「東北民衆反日義勇軍」共爲三十路　首領稱爲司令，「路」等於兵團，下邊可以自行擴編軍、師等單位，這是爲了鼓勵義勇軍無限的發展。

二、義勇軍的背景

甲、義勇軍的思想背景——東三省本是周朝以前的殷人，就是後來的烏桓、鮮卑（錫伯）、契丹、女眞、滿洲等人的故鄉（金毓紱說）。但從戰國時代開始，便有中原人（夏殷人）絡續前往殖民。殷人說複音語，中原人由殷到周已把複音語簡化爲單音語。明朝（一三六八年）以後，更多的漢人進入東三省，遠達伯力。清朝（一六四四年）推翻明朝的兵力，絕大多數都是由漢人組成，耿精忠、尙可喜、何騰蛟三大將的部衆都是漢軍。那時的東北人沒有近代的民族主義。清初封鎖東北，嚴禁漢人移住；但乾隆（一七三六年）以後，直、魯、豫發生幾次天災，饑民大量擁往該地。光緒（一八七五年）以後，滿洲「莊園」（貴族圈佔的耕牧地）放墾，直、魯、豫移民前往更爲踴躍。截至九一八事變，東三省人口爲三千七百萬左右。其中純滿洲人不過三十萬，鮮卑人不過二十萬，達呼爾、索倫不會超過五萬，蒙古人也不會超過五萬，其餘都是漢人；而且滿洲人，鮮卑人、蒙古人大多都已揚棄了複音語而通行單音語（漢語），只有達呼爾人、索倫人在興安嶺裡還說複音語。

光緒末年至民國五年，趙爾巽、張錫鑾、段芝貴先後任東三省總督，推廣近代教育；英國教會設立神學院、醫學院；日本人設立南滿醫科大學；漢、滿、蒙、索人士也紛紛遣送子女赴北京、東京留學。民國七年，張作霖掌握東三省軍政全權，推行教育更爲努力。這種教育無論是中國人或外國人所辦，其結果都促成了近代知識的輸入，將漢、滿、鮮、達、索、蒙的族界打碎，大家都成了中國人。加以俄國侵略東三省由尼布楚條約到日俄戰爭，使東三省人民尤其知識階級恨之入骨；日俄戰爭之後，日俄分割東三省爲南滿、北滿，更造成競賽式的侵略，使近代的民族主義容易勃發。

東三省人的民族主義，雖是自發的；但孫中山先生領導的中國革命同盟會和後來由它改名的中國國民黨，分由留學北京、東京兩地的學生把三民主義帶入東三省，成爲民族主義的原動力。在光緒末年，東三省已由朱霽青奉孫先生命而秘密組成中國革命同盟會支處，他並親赴遼寧省北部內蒙古，組織「大漢光復軍」，是爲對滿清革命的武力。另由宋教仁、戴傳賢等組織的革命武力有張榕、顧氏三傑（名已不詳）等部。清朝駐防東三省的新軍裡更有許多的革命黨。宣統三年任奉天（後改名遼寧）諮議局（相當於省議會）議長的吳景濂則從北京輸入了三民主義。辛亥革命後，袁世凱妄圖稱帝：孫先生領導討袁，朱霽青組織「東北民軍第一師」，從遼寧跨過渤海，在烟台登陸，和山東省的民軍協力，光復了魯東，進迫濟南，成爲袁政權的心腹威脅。這一役，動員了所有東三省的中國革命同盟會的同志。同時吳景濂則以國會議員，脫離北京，南下參加孫先生的討袁。討袁之役結束後，東三省同志分返家鄉，從各種角落推動民族主義，北抗強俄，南抗暴日。

乙、義勇軍的社會背景——九一八事變前，東三省每一個人雖然都在痛惡日本的侵略，就是軍閥、官僚、地主、資本家也不例外；但除了知識份子奮臂而起，挺身而鬥之外，軍閥、官僚、地主和資本家確是龜縮不出。事變後，知識份子領導抗日，固然未能獲得軍閥、地主、官僚地主及普通地主富農的支持，更毫未受到資本家的資助；因此知識份子所能領導的抗日武力只有民團和「馬賊」，這也就是說，東北義勇軍只有民族主義的基礎，而沒有資本主義的支持，於是遂有更壞的事，在四年作戰中發生。

三、義勇軍的產生

九一八事變前，由於日閥導演的中村大尉案、萬寶山案和朝鮮排華案一連串的刺激，東三省的民族主義知識份子業已爆發熱烈的抗日行動。朝鮮排華案發生後的七月，作爲東三省心臟的瀋陽各界人士，便在蝴蝶大戲院舉行追悼旅韓遇害華僑大會，氣氛極端激昂。演說者有故監委曹德宣（時任同澤女中校長）、故監委梅公任（時任第一師範校長）和車向辰、王化一及筆者等，並通過筆者提出的三點抗日計劃：一、抵制日貨和日運（南滿鐵道運輸）；二、組織武力，軍民合作；三、要求張學良返瀋坐鎮，省會及兵工廠、飛機場遷往錦縣。次日各大報社會版頭條新聞都是報導追悼大會。這一新聞帶給東三省全體民衆一個極爲重要的概念，就是「組織武力，軍民合作」以後筆者在東三省民報、東北商工日報所寫社論，不斷鼓吹上述三點計劃。

事變後的九月二十二日，中國國民黨的革命幹部（有別於張學良、張作相、萬福麟的官辦黨部）在瀋陽西關陶然里開會，錢公來主席，出席者李光忱（已殉國）、王育文（已殉國）、韋仲達（已殉國）等人……決議：一、由李光忱、韓韜、劉國仁立即護送金哲忱、盧廣績、王化一、車向辰、閻寶航……等和反日首領赴北平，成立抗日組織；二、各縣同志「組織武力」，隸於上述反日組織之下，協助東北軍抗日。二十三日，李光忱、韓韜分別押乘插有英國旗（向英人所辦文會書院借用者）的汽車各一輛，筆者在皇姑屯車站照料，把上述諸人安全接送登上事變後第一次通行的火車。不久，錢公來等也都脫離險地。

筆者於二十四日（夏曆八月十三）下午返抵錦縣，當晚就通知縣黨部書記李毅夫，召集委員會議，傳達上級決議。數日後（中秋節之前），由李毅夫邀集義縣、錦西縣、綏中縣、興城縣、盤山縣、台安縣各書記，召開擴大會議，決議：組織「遼西農民抗日軍」。錦縣推由筆者負責，錦西縣郭逵、義縣朱子良、台安縣殷開山、虹螺峴田樹森……等，並公推先嚴諱崇山爲總指揮。虹螺峴是松嶺山脈東部的一個市鎮，這是預定的根據地，也是次年東北國民救國軍指揮總監部的所在。

在同一期間，王育文先返吉林後轉遼東，韋仲達返吉林，李光忱返黑山縣……分別展開「組織武力」的工作。

大約在九月下旬，遼寧省主席臧式毅就僞「遼寧省主席」後，張學良於二十五日派米春霖出任遼寧臨時省政府代主席、黃恒浩爲代秘書長，由北平進駐錦縣交大內辦公。遼寧省警務處處長黃顯聲先此也在錦縣集合撤退警察。東北軍十九旅在打虎山，二十旅在義縣，砲八旅在錦縣。十九旅旅長孫德荃、二十旅旅長常經武、砲八旅旅長劉翰東對於「遼西農民抗日軍」的編組工作都極力支持；警務處督察長熊飛尤為熱心，凡屬各縣黨部推出的武裝首領，都由警務處發表為某縣民團組織專員。十一月以後，警務處把各縣或聯縣的雜多名義的武力，統編為「東北民眾反日義勇軍」，共三十路。中國同盟會老同志殷開山是第一路司令（後改由王曉春任司令），朱子良是第二路司令，耿繼周是第四路司令，欒法章是第五路司令，王全一是第六路司令，賈秉彝是第十五路司令，郭逵是第二十九路司令，筆者是第三十路司令，田樹森是這三十路的總指揮。大約在錦縣撤守以後，增為五十路，方文閣任五十路司令。這都是筆者保存的史料裡有案可查的。

四、東北民眾反日救國會的成立

瀋陽的反日首領們，經中國國民黨護送到達北平後，大約於十月上旬，在報子街奉天會館召開會議，決議組織東北民眾反日救國會。金哲忱、盧廣績、王化一、車向辰、閻寶航、王卓然、錢公來、梅公任……等數十人（包括東三省入關全部名人）任委員。下設總務部，盧廣績任部長，宣傳部由高崇民、車向辰分任正副部長，特務部由高紀毅、彭振國（曉秋）分任正副部長。特務部的工作就是「組織武力」，和駐在錦縣的遼寧省警務處切取聯繫：凡屬警務處決定的「東北民眾反日義勇軍」司令，都由特務部以東北民眾反日救國會的名義，發給委任狀。特務部並秘密派員前往淪陷的東三省各縣，發動民團，收編「馬賊」，宣傳抵制日貨。車向辰曾化裝深入東三省各縣市，直到十二月底返回錦縣，才公開出面，召開遼西各縣民衆反日宣傳大會於青年會禮堂，到代表五六百人，強挽錦縣縣長谷金聲擔任主席，車向辰、孫旅長，筆者等演說。大會後，車向辰所帶工作人員（宣傳隊）張德厚（東北大學學生）等十餘人分組前往各縣鄉村公開宣傳。車等一行工作尚未完成，東北軍十九、二十、砲八等三旅已奉張學良命令，放棄遼寧省打虎山以西，撤入山海關。東北三省除黑龍江以外，全部不抵抗而放棄了。

東北民衆反日救國會的活動，延續到二十一年秋季，因爲既無錢也無彈，遂由朱慶瀾（字子橋，曾任廣東省長，有成績有盛名的慈善家）所組織的遼吉黑後援會所接辦；「東北民衆反日義勇軍」也由該會改編，分爲五個軍團，計第一軍團總指揮彭振國，下轄六個梯隊司令官，現在檔案裡只能查出第一軍團第六梯隊第一支隊長係岳仕臣。第二軍團總指揮王化一，副總指揮係郭景珊，下轄十二個梯隊，現有紀錄者計第二梯隊第一支隊長係項忠實，第七梯隊司令官係閻瀝環，第九梯隊司令官係陳鴻賓，其中一個中隊長係苑清林，第十二梯隊司令官係張愚深，其中一個獨立第一支隊長係王子豐；另有一後方梯隊司令官係曹西寶。第三軍團副總指揮係郭景珊（兼）。第五軍團副總指揮係於海濱，第二梯隊司令官劉震玉，第六梯隊司令官係於海濱（兼）。王化一在九一八事變前任遼寧（或瀋陽）教育會會長。三、四、五兵團總指揮大約是高崇民、閻寶航等張系人物。

朱慶瀾領導的遼吉黑後援會，應溯源於全國各界和海外華僑支援馬占山將軍嫩江橋抗日。當時大批金錢和慰勞品擁到北平；但各界都痛恨張學良的不抵抗，而不肯將金錢物質滙交實際上由張學良派所主持的東北民衆反日救國會，乃推由朱子橋組織遼吉黑後援會。最初，遼西未撤（二十一年元月以前），朱子橋曾將金資經北寧、打通、吉昂三路掃數運交馬占山將軍領收、徵信各界，於是更多的金資源源而來；惜遼西不守，運送無途，遂用以接辦東北民衆反日救國會的工作並改編其義勇軍。

遼吉黑後援會成立，東北民衆反日救國會名存實亡；塘沽協定成立後，遼吉黑後援會也名存實亡。到二十四年夏發生華北事變，日本特務土肥原勾結宋哲元，華北特殊化，這兩個會的大招牌都摘掉了！

五、初期義勇軍的苦戰

但東北義勇軍自二十年十月起，卻苦戰到華北事變發生的二十四年四月，計三年又四個月。這是一部驚天動地，可泣可歌的民族戰爭史。本文只略談筆者親身知見的初期苦戰。

甲、遼西方面的戰鬪——遼西最初作戰的是高鵬振部，由李光忱領導，以黑山縣一個小鎮爲根據地，不斷破壞北寧鐵道瀋陽到打虎山一大段，使佔領遼寧省會的日軍不能向西攻擊遼寧臨時省政府所在地的錦縣。李光忱、高鵬振和各縣縣黨部領導的武力，發揮游擊戰術，困擾日軍，並和十九旅合作，消滅日軍支持的漢奸武力張學成、凌印清兩部，把兩奸正法。他們的給養械彈完全得自日軍。

李、高所部義勇軍輕易地剪除漢奸凌、張兩部，類似一部電影。凌印清一向反對張作霖政權，企圖假借日軍資助，組織武力，推翻張氏政權。日軍利用這一點，豢養他在南滿鐵道的瀋陽車站。九一八之夜攻擊瀋陽商埠地，並破壞南滿鐵道（製造日軍佔領東三省的口實）的所謂「土匪」，就是凌印清所指揮的。李光忱素奉凌爲父執，高鵬振也是凌印清便衣隊的一部分。李、高原是文會書院的同學，交誼極厚。李知道高接受凌的秘密委任，將要參加瀋陽暴動，便予以說服，因此高沒有率部參加攻擊瀋陽商埠地。九一八之後，日軍命令凌印清、張學成兩部約七八百員名推進到打虎山，時常突擊十九旅。這時李光忱執行黨的決議，促高鵬振把所部八十餘名騎兵集合，準備抗日。爲了消滅漢奸並吞併他們的部隊，他倆便接受凌印清的命令，把部隊帶入凌印清的心腹。然後秘密通知十九旅，內外夾攻，生擒凌印清和日本特務，就地正法。

至於活捉張學成，是由高鵬振部下一位連長項忠實，奉李光忱的密令，脫離高部，接受張學成的改編。然後李光忱通知十九旅某一營把張學成部包圍，擊斃了約二十餘名（筆者第一次目覩這麼多死屍）；這位項連長乘機把張學成捕獲，解送十九旅。

這兩事的發生，先後相距未出一週。高鵬振吃掉凌、張兩部，把自己擴大到四百餘名。

乙、遼東方面的戰鬪——遼東最初作戰由王育文所領導。王育文名國富，字育文。遼寧省通化縣人。朝陽大學畢業，任瀋陽啓明學院院長，培養革命幹部。十六年冬，奉天臨時省黨部被張作霖查鈔，錢公來等被補，韓靜遠、孟廣厚、韋仲達、李桂庭（現任國大代表）、戴大鈞和育文幸免於難，潛赴南京。十七年冬，張學良效順中央，錢公來被釋出獄。十八年，東三省成立省黨部，育文雖只任吉林省黨部一名區區的幹事；但實際上奉密令負革命責任。九一八後轉回故鄉，發動遼東十縣義勇軍，組織遼東民衆自衞政治委員會，任主任委員，各縣黨部書記和抗日同志王紫宸等任委員。以這個委員會的名義，任命唐聚五爲遼東民衆自衞軍總司令。這個委員會拒絕接受臧式毅的僞「遼寧省政府主席」的命令，改組了十縣政權並掌握稅收。

唐聚五，字甲洲，吉林雙城縣人。東北講武堂六朝步科畢業。時任東邊鎭守使于芷山部團附。本來也是國民黨員（十八年東北軍少校以上集體入黨）。奉王育文委爲總司令，張毅任參謀長。下轄兩個方面軍，分爲十五路，第一路李春潤，第二路張爲東，第三路孫秀岩，第四路王鳳閣，第七路郭峻峯，第十一路王紫宸，騎兵司令魏德堂等。大約從十月下旬起到十二月止，自衞政治委員會主要工作是統一遼東十縣；十二月到二十一年二月，西襲南滿鐵路，破壞鞍山鐵廠和撫順煤礦，向東北佔領半條瀋海鐵路，使之徹底不通。這是各路司令人自爲戰。迨一月二日東北軍掃數入關，遼寧省臨時政府撤消，將遼東民衆自衞軍改稱「遼寧省民衆自衞軍」，撤換了過半數國民黨籍的司令縣長和局長。王育文於次年夏化裝入關。

丙、遼北方面的戰鬬——遼北方面最初作戰的是李海山部和劉震玉部。李海山字秀芝，通遼縣蒙古人。巴哄（蒙語 bahun 即漢語僕伲）出身。高祖以木工陪滿洲格格（gege 公主）下嫁蒙古哲里木盟左翼中旗卓王，遂隸蒙籍。父永福任卓王府統領。他繼任統領。九一八事變時，他正在瀋陽。日軍特務機關長土肥原把他軟禁，而由川島浪速、川島芳子利誘他參加僞組織，關東軍委他爲「蒙古騎兵司令」。他虛與委蛇後逃回王府，先把老少王爺和全眷及自己的妻妾送到北平，奉張學良委爲遼北蒙邊騎兵第一路中將司令，立即返回王府，集合所部騎兵和蒙古民衆共六千餘騎，舉旗抗日。二十年十二月下旬，關東軍派松井旅團一個聯隊，野炮十二門，由蒙人韓鳳林率蒙古騎兵引導，在通遼縣境內鏖戰十餘天。李部精騎射並長於夜襲，使松井旅團蒙受不少損失。終以彈盡，向西經熱河省抵察哈省寶昌縣。沿途遭受日僞邀擊，他說：「記不起打了多少仗」。凡行軍二個月才到察北，只剩了二千多騎兵了。後由「抗日同盟軍」改編爲騎兵師長兼寶昌警備司令。

劉震玉字熙庭，遼寧省康平縣蒙籍，日本士官學校畢業。九一八事變前任本旗統領。經張學良派爲蒙邊騎兵第二路中將司令。當松井旅團掃蕩遼北蒙古抗日武力時，劉部抵抗也極劇烈，後退往熱河省開魯縣，受遼吉黑後援會編爲第五軍團第二梯隊。震玉直至二十二年熱河省淪陷，始終在開魯、康平、法庫三縣境游擊。後亦退入察哈爾省，受馮玉祥改編。

遼北方面義勇軍的特點，都是蒙古籍的騎兵。蒙古人士也曾爲抗日愛國付出很大的犧牲。李、劉兩人於二十四年始經筆者介紹加入中國國民黨。

丁、吉東方面的戰鬪

——吉林東部的戰鬥由王德林領導。王德林名林字惠民，原籍山東省沂水人。光緒末年，朱霽青於大漢光復軍起義失敗後，赴吉林省穆棱開墾，組織護墾隊，王德林爲隊員，後升任隊長。這時他可能已加入中國革命同盟會（待中央黨部查證）。民四討袁之役，王德林任營長。討袁勝利，王德林仍返穆棱，任第一旅第一團三營營長。九一八事變前，任護路隊的營長，駐防吉林省延吉縣甕石磊子。十一月二十三日，王德林起義於哈拉巴嶺，擊斃日本測修吉會鐵路的測量員數名，宣誓於衆：「有王德林在，日人勿想修成吉會路！」吉會鐵路係日本吞併滿蒙所預定的「兩線兩港」（南滿鐵道通大連港，吉會鐵道由吉林通韓國會寧出清津港）戰略鐵道，也就是中日外交史上的「五路交涉」中的第一鐵路，張作霖爲拒簽日本所提「五路」而慘被日閥炸死。事變後，日軍佔領吉林，積極修建吉會路；但王德林部游擊於此路預定路線上，使日人修路計劃延緩至二十二年五月王部退入俄境爲止。

二十一年二月十日，王德林就任東北救國軍第一路司令，孔憲榮任副司令，蓋文華任總參議。十五日攻陷蛟河，二十日攻陷敦化，和劉萬魁部師，一舉進佔一面坡（是役筆者的學生車譽聞殉職），再舉克復寧古塔，三舉攻入東京城。六月二十一日，王部姚振山司令率隊一萬五千名，大舉進攻敦化；日僞軍二千人負隅死守；最後又將敦化收復，擊斃日僞五百餘名，餘衆西竄。此役最大收穫爲把吉會路牡丹江大橋和全部築路器材焚燬。時王部由舉事的九百人發展爲步兵七個旅，騎兵三個團，砲兵分佈各旅，共爲三萬五千餘人。先後把守東寧、敦化、額穆、寧安（即寧古塔）、綏芬、密山、穆稜、安圖、琿春、汪清等縣，人人皆稱他爲「救國將軍」而不名。二十一年五月，代表梁××來津謁見朱霽青，其人靄然一商人，也是山東籍。此後王部由東北救國軍易名東北國民救國軍。詳細名義和番號爲何？均已忘記。七七事變後，筆者才和這位農民型的「救國將軍」相識。北平淪陷，他還運出步槍數百枝，組織吉林光復軍總司令部於鄭州，深入山東省蒙陰山。

六、東北國民救國軍的組成

二十一年一月一日，日軍僅僅一個旅團集中溝幫子（北寧路營溝支線交點車站），車運到達大凌河站，分兩路進犯錦縣。時黑龍江省正規軍的抗日戰鬥——馬占山將軍領導的江橋之役已於去年十一月十九日結束，黑龍江省會齊齊哈爾淪陷，省政府撤至海倫。日軍除對遼東、遼北、吉東各路義勇軍逐漸加強壓力，痛施「圍剿」以外，只抽出一個旅團，向遼西前進。東北軍十九、二十、砲八共三旅，北寧路兩側和錦朝支線兩側約有義勇軍八千人：實力相加，大於日軍。田樹森、李毅夫和筆者多次分訪孫旅長、常旅長、劉旅長、黃處長，堅決主張效法馬占山，推舉孫旅長領導，創造「大凌河橋」抗戰，以與嫩江橋抗戰媲美。我們的理由是：一、補給無問題，有北寧路可通，只要打起來，便可轉化張學良的不抵抗，非予補給不可；二、遼西義勇軍本來協助東北軍，現願合編爲一旅，推黃處長爲旅長，服從指揮；三、錦、義、綏、興四縣爲產糧區，政權完整，徵獻均所方便。三個旅長都坦白相告，無不願載；只是長官不抵抗，命令撤退，部下只有服從。黃處長、熊督察長卻都採納我們的主張，並電北平請示可否改編義勇軍為旅。結果還是不抵抗而撤退了。

二日下午一時，熊飛派員找筆者和田樹森。筆者正在遼西民衆反日宣傳大會演說，由樹森前往接談。結果拿來一張手諭：「派田樹森爲錦縣警察所所長。處長黃顯聲」，口頭交代說：『趙尺子部集中縣城，死守勿退；田樹森指揮義勇軍，死守縣城。』二時，樹森到青年會，把我叫出會場，偕往縣黨部，邀李毅夫、劉香閣等會議。結果決定：依原定計劃，義勇軍由樹森引導向虹螺峴（屬松嶺山脈）集中；筆者父親所部向梯子溝（屬松嶺山脈）集中，建立松嶺山根據地。

四時，樹森、毅夫等送我出東門，下鄉帶隊；樹森到聯合辦事處下令各路義勇軍，當晚六時在小嶺子集合，宿營於張作相的寬大住宅。（關於先嚴率領所部集中梯子溝及以後三個月的作戰經過，詳拙著「大漠十年」，故從略。）

日軍於三日拂曉進城，縣長谷金聲、商會會長趙香圃等迎降。同日，遼西農民抗日軍（即義勇軍三十路）由先嚴率領結集梯子溝。九日下午四時，日軍三百名，砲六門，進入樹森預先布置的袋形陣地。他指揮著劉春山、劉春起兄弟等所部義勇軍予以全數殲滅，獲步槍二百餘枝，輕重機槍二十餘挺，砲六門，戰馬二百餘匹。劉春山陣亡，義勇軍死傷不出三十人。劉春起的「山頭」（「馬賊」的綽號）是「亮山」，錦縣日軍說：「北有馬占山，西有劉亮山」，可知敵人是怎樣重視這一戰役了。從此日軍不敢問鼎松嶺山脈直到二十二年三月四日熱河省會承德淪陷。

二月底，筆者化裝潛抵北平向救國會報告戰況並求援，才知張學良部下掌握的救國會，早經以情況不明，將田樹森的總指揮和筆者的三十路司令予以撤消。這時東北革命領袖任中央委員的朱霽青由京赴津，準備出國抗日。筆者乃赴津向他建議，建立松嶺山脈根據地，進窺遼西，並報告朱子良、周質彬、田樹森、李義忱等同志都在現地活動。他遂令我上山視察後再議。我於三月六日（僞「滿洲國」成立日）出關，四月偕田樹森返津報告，我奉派爲東北國民救國軍熱河政治特派員，樹森爲熱河軍事特派員，相偕出關。六月，朱委員到達東北國民救國軍獨立第四師防地的杜里馬營子，親自指揮東北國民救國軍戰鬥一年。

——民國六十年八月十日刊於東北文獻二卷一期

五十七、李海山

札記記「川島父女」，引蒙古李海山將軍之言。海山十一兄於東北二度淪陷前，離瀋飛京，參加東北蒙旗請願團（？），迄已兩年，鐵幕沉沉，老人何往？令人憶念良不可已。

余識海山先生，在二十三年「九一八」三十九週月紀念日。是日，東北義勇軍將領五十五名，結「義救同盟」，歃血北平昭義祠（朱子橋將軍爲東北殉國義軍所建）。大哥楊泊航（已殉國），五十五弟孟繁綸（現在馬公）先生序第十一，余行四十八。時，日軍西進，察蒙變亟。同盟三哥柏蔭德根（漢名寶思溥），任救國軍第四師師長，海山任蒙邊騎兵第一路司令，均蒙古人率蒙古兵抗戰者。余初習蒙事，學蒙語，與兩兄往來尤親昵，恆每週一晤也。海山與馬占山將軍同里，幼同學。日人嗾一老人名馬榮者，方在天津冒認馬將軍爲子，云耳有「拴馬樁」，纏訴不休，法廳票傳馬將軍質案，新聞鬨傳國際。海山爲語同學時事及馬將軍家譜其悉，余據以發稿，同業豔羨之。

同盟諸人以次參加革命：或返東北游擊，劉十五兄振東（字興亞），在熱河朝陽，後殉其職：

王二十一兄震（字治民），在熱河淩南，後亦殉其職。或打入僞軍中：賈二十三兄秉彝（字明倫），在僞通縣保安隊；呂三十一兄存義（字路亭），在察北王逆道一部；欒五十四弟法章（字約三），在灤州僞保安隊，呂、欒成就爲尤巨。語見「欒法章與陳大凡」篇。此五君者入黨，決策，備案，出發，報告及家庭善後，終始由余任之。其上級則爲東北力行社，陳委員立夫任社長，梅委員公任，齊委員世英先後任總幹事主持之，其對外機關曰東北協會。余所決策曰：「聯僞造僞，裏外一齊打。」「聯僞」云者，聯絡僞軍，使之反正；「造僞」云者，製造僞軍，使之內應也。

蒙事決策甚宴，事在二十五年夏，余偕海山入京，齊委員引見陳社長、簽謁　蔣委員長。海山候於東亞旅館中。一日，適定期傳見，海山忽拔店，余覓得之另一旅館。蓋海山以候謁久，疑其事無成，別經劉伯華包景華兩君介諸劉委員建群文簽呈　委座矣，遂誤期。伯華君知其故，商諸齊委員，乃以其事耑屬劉委員辦之。旋發表軍委會參議，駐蒙古。時有關起義者（勝利後已投入共黨），嫉海山工作，洩之德王，又洩之日軍，海山遂不能入蒙古。年餘，參議編餘，海山貧既甚。適蘆溝橋變作，北平陷，余促君振作精神，從頭幹起，深入虎穴，長期潛伏；議既決，遂入蒙，余亦循海道南下。

海山抵僞都嘉卜寺，德王知其爲軍委會參議，陰佑之。顧日軍亟欲得之而甘心，瀕死者殆數。年餘，始定。漸與余社特派員裴滌塵同志密取聯絡。裴同志名春霖，於同盟行四十九，蘆變以來，潛偽蒙軍色令布部任參謀長，保持中樞與德王間連繫者也。裴君工作洩於民國三十年，逃之豫，後引劉昌義偽部二萬人反正，余與海山之通問亦斷。其後，余遣徐同志，偽厚和市長榮侯之子也，入蒙，晤德王及補英達賴，始重得海山報告，稱德王反正無問題云。

日人降，總裁有通電，飭偽文武官員待命；余亟電轉榮侯，交亢壽亭（仁）送偽都張家口，德王遂偕李守信（偽蒙古軍總司令）飛重慶，九月二日事也。海山兄駐蒙凡八年，未用政府一文錢，功行至此遂圓滿。三十六年北平重晤，豪健猶昔，年五十七矣。余私人多方設法酬之，始得東北保安司令長官部少將參議耳。君固民國二十年張主任漢卿所委之中將司令也。

五十八、李守信

前記李海山，涉李守信事。扎記「再記傅作義」中亦記守信爲「五原大捷」之眞正作戰者。李君近隨德王游擊賀蘭山闕，近傳百靈廟之捷。茲詳其大事。

余知李守信之名，始自民國二十一年六月。時，東北義勇軍（東北國民救國軍）第四師方編成。四師十一團團長王震，十二團團長預定劉振東，十三團團長李沐唐，蒙古柏蔭德根任師長，劉存起，綽號亮山，任副師長，均余在天津請准朱委員霽青者。後，劉與柏不協，余別任之爲第九師師長，尙未得請，而熱河省主席湯玉麟突以李守信，白××，宋××三團來攻，入羊山，直撲蕭家店（均在松嶺山脈中）。義勇軍抗日者也，余不能以之抗國軍：乃趣劉存起速退。劉拒余命，率王、劉、李三團及未收編各部凡三千餘人反攻，晨而蕭家店安，夕而羊山復，湯軍大卻，時人呼之爲「白送禮」（白團宋團李團也）。劉與李相約休戰，湯軍不得過小淩河南（羊山）。其後，朱先生出關，建游擊區於其東，屛障熱河，進圖遼西者凡年餘，均此役意外之結果也。李君於是知余，余亦知李君。

李白宋三團者，湯軍崔與武旅也。守熱東，崔降日。守信籍蒙古，獨得板垣垂青。初駐朝陽，後任偽多倫地區司令官。駐朝陽時，劉十五振東再出關（見李海山條），游擊夏五家子、蟒牛營子迤帶，聚眾二千餘，日軍汗奸痛恨之而不能制。劉所用子彈，均由守信密給之。蓋守信乳名三喇嘛，父為悍匪，父子為毅軍外八營李營長所俘，愛守信，妻之以女，而殺其父。守信後漸為團長，絕畏其妻。妻之妹，嫁劉十五，連襟也。李駐多倫時，劉十五已殉國，其妻及其弟（五弟）子女輩，住南京將軍廟，余為請於東北協會，月給八十元贍之。

二十五年夏，偽「蒙古軍政府」僭號察北嘉卜寺，德王為傀儡（偽總裁），守信任偽總司令，南侵及張北，西抵商都，張家口北門外偽騎充斥。我參謀本部苦之，派參謀周裕君往策反，久而無功。周君與余同鄉相友善。余過張家口赴京，周君逆於站，出巨函，請帶交參部二廳徐無謀（祖貽）廳長。明日，徐廳長約余談，談甚爽朗，即託余助周君聯守信。余因介劉十五夫人及其弟任之，徐君稱快不止。事既訖，余不復向。後月餘，周偕劉十五夫人自商都守信處返，云晤談甚良好，而參謀部忽免周職，事不得已，囑余逕自任之。余知力不能勝，堅拒，不可，姑以薪俸供周劉交通費，使再赴商都，約守信派親信來洽。不久，守信果派其婿名吳繼鳳者來平，余宴諸西長安街蓉園。繼鳳語絕恭謹，云：「李司令官囑余稟告先生，久以汗奸為悔，而苦不能自拔。蓋其部眾眷屬四百名及老母均在熱河，長子在東京，倘在張北反正，行將為日軍一網打盡矣。目下願得中央恩准，番號大小不拘，俟國軍反攻，請由張北進兵，渠必東退，一到熱河，即行効順。『子忠既然不忠，守信必定有信』（按：李字子忠），請先生為轉陳中央……」。

時，日軍嗾偽蒙古軍正攻綏東，余不能放棄新聞崗位，當晚，即返綏遠採訪，並將密電商南京為之。次晨抵歸化，而參謀本部高參黎明（字伯豪）、郭殿丞兩少將方坐候余社內，必挽余介紹守信。余因語以昨晚與吳繼鳳晤談者，黎郭兩君大喜躍。請余立電周君來，復其參謀職，偕劉十五夫人及吳繼鳳赴商都。又數日，周返，引郭高參往晤守信。郭返，黎高參又赴晤守信，下達我五十八軍軍長委令焉。攻綏東之軍亦退。

七七事變作，馬占山將軍組東北挺進軍，黎君任參謀長，召守信反正張家口。事微覺，日軍急調傘兵脅之，差兩小時，遂敗。守信重賂日軍松井師團長，始不究。此其團附周東義君三十六年語余者。周君屬裴春霖組，潛李部七八年，其言絕可靠。黎君久候李反正不得，遂報李背信，而張五十八軍幟，以副軍長代行云。

五十九、說周作人

三十八年春我到上海的時候，在報刊上讀過幾篇小品文，筆調雋逸沖淡，絕似周作人。後經詢問，證明果然是他，以其獄中生活清苦，得邀默許，可以化名賣文。關於他的不知自愛，「老作北朝臣」，我曾以對於庚信和吳偉業的心情，寄予同情。後來有遺送汗奸囚犯來台之訊，我曾商請關係人，要將他先送到台灣來，多給紙筆，准他寫點新東西。不曉得因爲什麼，又把他留在上海了。近據報載，他在僞「亦報」上寫「吶喊演義」，替魯迅的小說重加註釋，也作了一部分考證。不知怎樣一來，又開罪了僞組織，於本（三）月十六日，將這文章予以腰斬云云。才知道他又幫閑秧歌王朝了，未免可惜。

我其實不認識他。但對他的作品從「自己的園地」「雨天的書」直到盧溝橋事變前所作，一篇一本都仔細讀過。十五年，在他編的「語絲」上投過稿，有「到書店去」等篇。他在「談龍集」（或「談虎集」）上引用過我所寫的舊詩，我曾函他，說他誤解了我的原意，來往只此而已。三十六年我復員回北平，他當然以汗奸罪被判繫獄。爲了了解他究爲什麼，想去訪問一番，但不得其門。後來聽說他起解到上海去，也便作罷了。在東安市場的小書攤上，我將他的著作，搜集齊全，計盧變前十餘種；盧變後四種：「藥堂雜文」，爲三十三年一月出版，「書房一角」，爲同年五月出版，「秉燭後談」，爲同年九月出版，還有「藥味集」一種已記不得出版年月了。「藥堂雜文」有日文譯本，其中「中國的思想問題」中稱：「儒家的根本思想是仁」，「所以只以共濟即是現在說的爛熟了的共存共榮爲目的」，將孔子學說牽強扯到日閥欺騙中國人的「共存共榮」口號上去，重誣至聖，也正是文飾自己之作了文化汗奸，亂國人之聽視也。又，同書「漢文學的前途」中云：

「必先樹立了國民文學的根基，乃可以大東亞文學之一員而參加活動。」

勸青年作「大東亞文學」的一員，即作文化汗奸，一如其令兄魯迅以「普羅文學」，網羅青年去作赤色汗奸。又、同書「留學的回憶」中云：

「我初到東京的那一年是清光緒三十二年……那時日本曾經給予我們多大的影響，這共有兩件事，一是明治維新，一是日俄戰事。當時中國知識階級最深切的感到本國的危機，第一憂慮的是如何救國，可以免於西洋各國的侵略，所以見了日本維新的成功，發現了變法自強的道路，非常興奮；見了對俄的勝利，又增加了不少的勇氣，覺得抵禦西洋，保存東亞，不是不可能的事。中國派留學生往日本，其用意差不多就在於此。我們留學去的人除了速成法政鐵道警察以外，也自然都受了這影響，用現在時髦話來說，即是都熱烈的抱著興亞的意氣的。中國人如何佩服贊嘆日本的明治維新，對於日俄戰爭如何祈望日本的勝利，現在想來實不禁感覺奇異，率眞的說，這比去年大東亞戰爭勃發的時候還要更眞誠更熱烈幾分。假如近來三十年內不曾發生波折，這種感情能維持到現在，什麼難問題都早已解決了。」

可以看出他是「熱烈的抱著興亞的意氣」，對於「大東亞戰爭」即日閥擴大侵華戰爭的「勃發」，是「眞誠」「熱烈」「祈望日本的勝利」了。他在上引文中用了兩個「都」字——「都受了（抵禦西洋，保存東亞）這影響」，這是污辱當年一切留日學生，掩沒了成千成萬反日的留學生；「難問題都早已解決了」，則是他心中之言，因爲中國人如果都像他一樣「熱烈的抱著興亞的意氣」，對「大東亞戰爭」「眞誠」「熱烈」「祈望日本的勝利」，則全國爲奸，供人宰割，尙有什麼「難問題」不能「解決」乎？問題之難，便難在日本必要在「興亞」「共存共榮」的烟幕下侵吞中國，而中國人必須抗日耳。

周氏兄弟的文章，實爲五四白話文運動一大成功，魯迅的潑辣，作人之沖淡，可稱二難，上得文學史，本是沒有問題的。而魯迅一經作了「普羅」文人，供赤色帝國的利用，他一經作了「興亞」文人，供白色帝國的利用，不自知不自覺地作了赤白汗奸，實在說來，便無足觀了！據孫伏園三十三年面談：「作人爲奸，非出本懷，只是盧變當時沒有搬家費，老三寄他三百元，又以素來不睦，退了回去」云云。我在北平仔細打聽，並不如此簡單，他有日籍太太，有日本親戚，這些人百般留難，使他走不成，而這些人之所以留難他，則是日閥的技倆，所謂「因（姻）其鄉人而用之」者是；其次他在八道灣有頗爲精緻的住宅，藏著不少他認爲珍本孤本的書籍和「鳳凰磚」之類的古董，在一個文人，這都是頗難割據的；又次是日軍先宣傳他「靠攏」了，隨後打了他一槍，逼他既走不了又不能不受日軍的保護，漫漫便入轂了；主要的還是上面引文中他自己所說者，從光緒三十三年就受了很深的日本影響，始終誤認日閥侵華爲「興亞」，自動自發地覺得「抵禦西洋，保全東亞，不是不可能的事」。以致入了日閥的圈套。也正和他的老大一樣，不曉得「普羅文學」乃麻醉中國人不愛中國而愛俄國之一付迷魂湯也。

日閥侵華，毀滅了許多中國的國寶，如「北京人」；尤其是糟蹋了周作人及殺害了郁達夫，郁達夫是極可能成爲莫仲則的，作人的成就無疑地已超過了袁宏道，這是文化上的無從要求賠償的「損失」；但日本人是應該知道的。

——四十一年三月二十三日作

六十、謁古軒轅黃帝陵

古軒轅黃帝陵前有亭，中豎石碑、書「橋陵」七大字，筆力渾凝，宋朝所作。我事先沒有準備祭品，冬天更難得鮮花，在左右折取了一把柏枝，獻在亭下，虔誠地行了敬禮，默禱始祖靈佑，抗戰早日勝利。亭東北十餘丈有枯柏一株，多巨杈，傳係漢武帝掛甲樹。能見度不出百米，山形地勢無從窺視。松陰四合，反較平地為煖。流連片刻，背誦五帝本紀首段，多已不能貫通，感到熟書都快忘光了。下山、上車、車繞山半週，又北上連山，下望橋陵，渾圓蒼鬱，氣象莊嚴，就堪輿家言，這眞是好墓田了。晚宿延安，按圖：子午山為涇洛二水的分水嶺，南達富平，北接橫山，緜亘八百華里；橋山卻是子午山的一峰，沮水繞成九曲云。

橋陵載於祀典，始自公元前四二二年，即秦靈公「作上畤，祭黃帝」，上距黃帝即位已是二千二百七十餘年，見史記封禪書。秦時上畤在吳陽，傳即今陝西省黃陵縣（舊中部縣）。秦係顓頊的苗裔，顓頊為黃帝孫，靈公作畤（廟），殆純為「追遠」，那時黃帝還沒有被神話化。漢武帝親率騎兵十餘萬，北巡朔方（今伊克昭盟），還師時曾祭橋陵。他說：「吾聞黃帝不死，今有冢，何也？」這便已中了公孫卿一班方士的毒了。宋朝和西夏對峙，依橋山爲寨，宋史稱爲「橋山之險」，重修、植柏，當在此時，似有建立精神國防的意思。我在陵上尋覓許久，不見秦漢的遺跡，只有那株枯柏，年齡總在二千年以上，算是唯一的古物了。陵下小鎮沒有喬姓，中部縣卻有喬家，一位同業喬某便是中部的老戶，這該是眞正的黃帝子孫罷？但他在三十二年便跟毛澤東去另認祖先了。想到妄人顧某，刊行「古史辯」，說黃帝是「大蟥」（大丘蚓），而夏禹也成了「爬蟲」這同是數典忘祖，爲之一嘆。其實，戰國時魏史官的竹書紀年，已首列黃帝；司馬遷父子作史記，參考五帝繫、尙書集和許多諜記，愼重下筆，在五帝本紀上也用黃帝開篇。直到陳侯因資毀發見，載明「紹統始祖黃帝」，陳侯即齊威王因齊，器作於公前三七八年至三四三年之間，較秦靈公爲晚，史料越晚出越可靠，作器更不比作時，作時還不出迷信窠臼，而作器卻只爲紀念，陳侯不會亂寫家譜的。

近來，我發見最古有關黃帝的記載，殆爲「湯誥」（史記殷本記引文）。原文云：

「……昔蚩尤與其大夫作亂百姓；帝乃弗予。有狀。先王言不可不勉，曰：『不道，毋之在國。』女毋我怨。」

「有狀」即有案可查之意。商湯作誥時，一定還存有黃帝討伐蚩尤的史書。「帝乃弗予」之「帝」，便指黃帝；唐、司馬貞史記索隱注稱：「帝，天也。謂蚩尤作亂，上天乃不佑之，是乃弗予」，這是後人的看法，不足爲據。「先王言」之「先王」，司馬貞註：「指黃帝」，對的；

但他不明白湯誥文法：先王也便指黃帝。古文同一爲中爲有兩主詞，必各換一名稱，其例極多。「不道，毋之在國」六字，也正是黃帝的遺教。湯誥作於滅夏（桀）以後，故用黃帝討平蚩尤爲例，湯引此言，謂桀亦「不道」，可援例「毋之在國」，即革你的命，你「毋我怨」也。又，左傳僖公二十五年云：

「晉使卜偃卜，曰：『吉。遇黃帝戰於阪泉之兆。』公（晉文公）曰：『吾不堪也。』對曰：『周禮未改，今之王，古之帝也』……」

卜、古人以爲神道，斷斷不敢瀆神作僞，「黃帝戰於阪泉」，必係古傳的卜辭，卜辭更無須作僞。我們細玩文公的話，不敢與黃帝相比，足見這位老人也頗讀過黃帝戰史的。又，左傳昭公十七年云：

「郯子曰：『昔者黃帝以雲紀……炎帝以火紀……』仲尼聞之，見於郯子而學之（按：時孔子二十八歲）。既而告人曰：『吾聞之，天子失官，學在四夷，猶信。』……」

郯子說「黃帝以雲紀」，孔子便去留學，研究的結論是「學在四夷」，可見孔子也承認「黃帝以雲紀」了。——商湯、管仲、晉文、郯子、孔子都說定有黃帝，獨顧某硬說是「無是公」，無怪其向毛朝靠攏了。「疑古史者，賣祖國。」信然。

三十二年，我復由西安飛返榆林，在平涼強迫降落。第二天，便道航往崆峒山一遊。山在平涼西，有岩洞，有廟宇，正作道場，遊人如織。我們在天上飛，香客在地上逃，誤認敵機轟炸，見青白徽始定。崆峒山傳爲黃帝訪道廣成子處，這卻是西漢方士的神話了。

——四十一年三月三十一日作，載中副。

六十一、鎬京神殿記

抗戰勝利後，閑住西安。一天，張子寓兄惠贈一隻新近出土的陶鬲（瓦鼎），灰黑色，繩紋，古色古香，那三條肥胖的大腿，尤爲可愛。他說出土的地方名爲豐鎬村。這是周武王到幽王三百年間的首都——鎬京遺址，值得憑弔。我提議去玩一趟。張先生在郵局供職，邀了一位熟悉當地情形的郵差，三輛自行車，我們邊走邊談，出西安西門，沿渭水西南行到達斗門鎮，拐彎往北又走了二十分鐘，便是豐鎬村了。一路都是碧油油的麥田。

我們在這古墟上流連了半日。約略看出它南北寬約一百米，東西長約三百米，所謂「京」者也小得怪可憐的！西半城早已陷入地下五六米。在地層下陷的斷崖上，稍用木棍撥掘，便洩出許多灰黑的碎陶，都有繩紋。我們用「覓寶」的心情，挖了許久，沒有發現半件像樣的器物。但當在一個小廟裏野餐時卻從廟祝手中買到一個紅陶小罐，據說也是當他出土的，可知那裏也有紅陶了。覺得有趣的，按方位看，這座小廟似乎是建在這古都的中心，即在周朝神殿所謂「中室」的位置。我對子寓說：假定有機會作田野考古，當由這小廟掘下去，大約到五六米處，便可能發現

「中室」的遺址來。

提到周朝的神殿，令我們想到：當二千七百多年的幽王時代，該是它香火鼎盛的時期吧？殿瓦是黑陶，這是沒有疑問的。四壁繪滿了五彩的壁畫，也許是石刻，這是夏、商以來的遺俗，由現存山海經和楚辭（特別是天問）所描寫的內容，可以引起許多的想像。

神殿共有五座，這是漢初伏生在他的尚書大傳上說得明白的。當中的一座，便是上文所說的「中室」，建在鎬京的中央（今天小廟的位置），構成圓形，高度層次已不可考，據理推來，應爲五層，每層五尺。北平的天壇，就是根據「中室」的制式所築成的，不過規模業已擴大了。殿中供奉著兩位木主，一爲黃帝，稱之曰「帝」，即周族的始祖；一爲后土，稱之曰「神」，是共工氏之子，名爲句龍。黃帝姓公孫，名軒轅，少典之子，這是人人所知的。而共工氏之子名爲句龍的人，又是誰呢？漢朝以後的人，卻都不懂了：原來就是禹，共工就是鯀。

東方的神殿名，爲「東堂」，在鎬京東門外八里。殿爲方形，八層，每層高八尺。這就是後世的東嶽廟。「東堂」裏供奉著的「帝」，是太皞伏羲氏；「神」是勾芒，是少皞的兒子，名重。

南方的神殿，名爲「南堂」，在南門外七里。方形，七層，每層七尺。供奉著的「帝」是炎帝，即少典之子神農氏；「神」爲祝融，係顓頊氏之子，名犂，一說乃老童之子，名吳回，或者就是一人。

西方的神殿，名爲「西堂」，在西門外九里。方形，九層，每層九尺。供奉著的「帝」是少皞，即金天氏，係黃帝之子，名摯；「神」爲蓐收，係少皞之子，名該。北方的神殿，名爲「北堂」，在北門外六里。方形，六層，每層六尺。供奉著的「帝」爲顓頊，即高陽氏，係黃帝之孫，昌義之子；「神」爲玄冥，係少皞之子，名脩，一說名熙，兩者也許就是一人。

這五位「帝」和五位「神」的故事，都畫在牆壁上。繪畫的人，是古代的巫覡。對於「帝」的歷史，還沒有摻入多份的神話；但對「神」，卻給畫成「鳥身，人面，乘兩龍」等等怪模樣了。繪畫（或浮雕）技巧，又不高明；再被後世巫覡筆記下來，便是山海經，而經文學家筆寫出的，就成爲楚辭的內容了。

但有一事卻很値得我們研究，便是壁畫所繪「帝」和「神」所「建」的「極」，即他們生前所統治的地方。「中室」畫著黃帝和句龍的「極」，是「自昆侖中至大室之野」。這昆侖不是今天新疆西藏之間的崑崙山（這是漢武所妄定的），而是中央亞細亞的古昆侖；大室就是太室，在今河南省。「東堂」伏羲和重的「極」，是「自碣石東至日出搏桑之野」，其東有地名泰遠。這碣石不是今天的秦皇島而係青海的積石山，搏桑即扶桑，但更不是日本，而係今外蒙古與鮮卑利亞之間的釜山，泰遠即古太原今平涼。「南堂」神農和犂的「極」，是「自北戶南至炎風之野」，其南有地名濮鉛。北戶即北胡，也就是北夏，地望難於確指，大約不出今天的內（外）蒙古，濮鉛可能是今天的濮陽（河南省）。「西堂」帝摯和該的「極」，是「自流沙西至三危之野」，其西有地名邠國。流沙即今天新疆大沙漠，三危不是漢朝人所認的三危，當在中央亞細亞的南邊，邠國即孟子「太王居邠」的地方，但不在今陝西的邠縣而在新疆。「北堂」顓頊和脩的「極」，是「自丁零北至積雪之野」，其北有地名祝栗。丁零即漢朝人所知的今外蒙古，積雪之野毫無疑問是鮮卑利亞，祝栗係古氏族名，一作祝犂，以蛇爲圖騰，乃涿鹿的另一錄音，古地址在外蒙古和鮮卑利亞之間，而不是今天察哈爾省的涿鹿縣。

這是最有趣味的古地理。我們如果把大傳和爾雅上的五「極」繪成一幅新圖，便可看出我們祖先起居坐臥的老家是在何處今天並已陷入何人之手了。我和你，總不會在家譜上濫寫姓名，認異族爲祖先，也不會胡塡籍貫，指異鄉爲故里吧？可知周朝神殿這些壁畫也不致於胡塡濫寫的。

——四十五年刊於聯副

六十二、成陵演劇記
——記念成吉斯汗三月會

農曆三月二十一日，是民族英雄成吉思汗誕降的八百零一年大祭的吉辰。在這一天，成千成萬的蒙古同胞，從遙遠的鮮卑利亞、外蒙古、呼倫貝爾、內蒙古各盟旗，集體地聚攏在伊克昭盟伊金霍洛的大汗陵前，虔誠瞻禮，俗名「三月會」。會期規定二十一日到二十三日，二十一日稱爲「正日子」。「正日子」的上午，由伊金霍洛的吉農，領導會衆，供奉著全牛、全羊、全豬，向大汗致祭。伊克昭盟在今綏遠省境內河套南岸，伊克乃蒙語「大」字；昭乃蒙語「兆」字即廟；盟係漢語「會盟」的意思。盟是蒙旗的常設機構，設有盟長，相當於縣，旗設扎薩克（旗長），世襲；盟長則由扎薩克互選而來。伊克昭盟盟長向來兼爲吉農，至民國後始偶爾由較比盟長聲望低一些的扎薩克兼任。吉農義爲奉祀官。伊金蒙語云「主人」，霍洛蒙語云「家」，伊金霍洛云「主之家」，指爲成吉思汗的家。當七百二十餘年前成吉思汗遺櫬奉安該處時，地面上裝置巨型蒙古包兩個，前後相連，前包較小，係祭堂，後包較大，內安大小銀棺各一具，大棺係汗的衣冠，小棺係妃的衣冠，另有大汗行軍時的銅鑼，馬鞍等物。守陵衛士原有五百戶，稱爲達爾扈特，譯爲親兵，當係由達爾虎人中選拔而來者。抗戰第三年即民國二十八年，達爾扈特僅剩了數十家，散住在伊克服盟各旗。「三月會」開始前幾天，他們才集合到伊金霍洛來籌備典禮。晉、陝、綏、寧四省的商人也紛紛運貨前往。這會期三日內的貿易數字是很有可觀的。在普通情形下，每年赴會的蒙漢商民不會少於二十萬人。自外蒙淪陷於俄，九一八後東蒙也淪陷於日，二十六年黃河以北成立僞組織，蒙人來者便大爲減少了，但還有些人偷越俄、日的監視線，千辛萬苦地乃至犧牲生命，向自己的祖陵來叩一個頭。我們當年參加這一大典，目覩他們發自心中的誠敬，曾比之爲耶教徒的朝拜耶路撒冷，和回教徒的瞻禮麥加。

想起民國二十五年我們幾個年青人第一次參加「三月會」的情景，歷歷猶在心目。事先，我們知道自稱爲美國人的甘珠爾（國籍不明），一個以基督徒爲掩護的野心家，由百靈廟來到歸綏，攜有大批蒙文聖經，將到會上去散發，於是我們也印刷了數千份蒙文的文件，喚起蒙胞抗日，並蒐集了許多蒙文的三民主義民族主義。甘珠爾說不好蒙古話，這一點我們這幾位青年佔了他的光；但他的聖經印有五彩封面，比起我們白紙黑字的民族主義譯本，大受蒙胞的歡迎。會期三天內，兩方的文件都贈閱一空；但這幾位青年的蒙語遊藝和演說的都被人山人海的觀衆所包圍以至跟蹤不放，要求「再來一個」。甘珠爾第二天便負氣跑回包頭去了。

我們帶去的三民主義蒙文本，係中央黨部所譯，譯者陳翊周先生。他所譯係民族主義六講。

我們根據書中血統、言語、文化、宗教相同者爲同一民族的道理，編出一個劇本，名爲「打鬼」。男主角是一位漢族青年，女主角是一位蒙族青年，兩人在喇嘛廟「打鬼」時相識，互通姓名、年歲，以後發生愛情，一道去抗日。在兩人問起歲數的時候，男青年肖馬，女青年肖牛。這裏有一節較長的對話，說明古代蒙漢兩族所說的話是一樣的。男青年說：『你小姐屬牛，今天蒙語念「烏斯」，古代的漢話也念「烏」（物），並不念「牛」。』女青年說：『你先生屬馬，古代的漢話，也念馬嗎？』男青年說：『不，古代漢話，馬念「冒」，正是今天蒙古話「冒瑞」的字頭。』下邊他和她一個一個地念出十二屬肖的蒙古話和漢話，互相比較，凡十二屬肖的古漢話，全是今天蒙古話的字頭。他倆從這對話上作出結論：大約四千年前，中國人完全說著今天的蒙古話。到夏朝末年，一部分中國人遊牧到蒙古地方去，仍然說著舊話，一部分留在中原種地，造出文字，畫上一匹馬，念爲「冒」，略去了「瑞」，畫上一頭牛，念爲「烏」，略去了「斯」，和今天念「蒙古」爲「蒙」，念「日本」爲「日」一樣，這樣經過了四千年，言語文字越變越遠，大家遂不相認是一家人了。他倆由這番對話而訂交，共同和日本特務鬥法，而將他捕獲。最後他倆結婚，穿著蒙古服裝，觀禮的人誰也分辨不出男青年是漢人，因爲他們原本是同一血統的蒙古利亞民族。這幕野台戲，對於「打鬼」這種喇嘛教在周朝名爲「儺」和「鬼」之名爲「方相」等等遺跡，也有考據。全部使用蒙語對話。——抗戰期間，「打鬼」劇本被沈逸千改成「塞上風雲」，用楊某的名義出版，後經中電拍成電影。但內容已多有距離了。

這是二十年前的回憶了。當時參加演出的許多青年，有兩位任某大學蒙語蒙史教授，據說也被捕。我則僥倖來到台灣，並拜謁過當年手譯全部三民主義成爲蒙文的陳翊周先生，一代魯靈光，現爲守藏吏，已是七十餘歲的老人了！

——四十五年三月廿日刊於聯副

六十三、淮陽之旅

民國十八年的上半年，我在淮陽教過半年書。想起這段生活，依然留下許多有意義有趣味的回憶。

淮陽教書

那一年，我才是大學二年級的學生。課業很是輕鬆，有許多時間可以讀書、賣文。我的同班同學曹貫一兄爲第二集團軍主編「三民主義半月刊」，每月預送五十元稿費，我交一萬字的原稿，再寫些零星小品，投送報刊，每月大約可以收入六七十元；加上家裡給我的費用和大學的公費，錢是花不了的，於是私人出版了一個刊物，名爲「自己月刊」，每期兩萬字，都是自己所寫的文章，不收外稿。印一千册，定價一角，七折回本，並不賠錢。

「自己月刊」出版後，委託在河南省立第二師範學校教歷史的藺西疇兄代銷十册。書寄去不到一個星期，他便來信要求再寄二十册，並說前寄十册「一搶而光」。但第一期已無存書，所以自第二期起寄去三十册。不出兩週，他奉學校之命，乘寒假之時，專程來平，面邀我到第二師範去教黨義、中國文化史和社會學。他說：「校長姜荔青先生和全體學生（六百多人）在看過『自己月刊』之後，一致委託我來請你去教書。原聘的某先生（現在只記得他的綽號叫『蝈子』）已辭職赴開封去教大學了，校長囑我非要把你請到不可。」西疇兄並舉十四年我在京師第一女子中學替他代課的情形作證，相信以我的口才（？）學識（？）和「自己月刊」創造的名聲（？）必可勝任愉快。我本來預定十八年春以「交換學生」赴日本留學，大學已為我辦好一切手續，並每月津貼四十元學費，期望把我養成講師：因此取得江翊雲、夏敬民兩先師和先嚴的同意，遲去日本半年，籌些學費，便答允了西疇兄的要求。

學生考教員

大約在十八年夏曆元旦後不久（陽曆二月），便隨西疇兄南下，搭乘平漢鐵路火車，經鄭州，轉開封，會同新聘訓導主任張元生（默生之弟）兄和國文教員李先生（四川人，師大畢業），包租汽車，經杞縣、陳留、太康到達淮陽。在旅途上，西疇兄才告訴我們一個第二師範聘請教員的秘密，他說：「新聘教員到校後，先須接受學生們的『考試』，他們三五成群到教員宿舍，提出課業有關乃至無關的問題，向新聘教員請求解答。十幾天以後，校長才能根據學生的意見，決定是否下聘。如果教員被問『倒』了，學校便賠出旅費送走這位教員。」他私下又對我說：「你不會被問『倒』的，因爲你已『先聲奪人』；但也不能大意。」當時我責備他說：「你爲什麼不在北平告訴我？如果你早告訴我，我便不來，教員怎能接受學生的『考試』？校長對教員的延聘又怎能不自主？」西疇兄一面向我道歉，一面說：「我知道你沒問題！」

到校後，荔青校長熱誠招待，先發二十元零用，並爲我們三位刷新了宿舍。他知道我吃不慣淮陽土產的麵粉，特別每月補助一袋洋麵。學生每天總有三五幫前來「考試」，所提問題有計劃並頗爲廣泛，有關本課以外，從天下大勢到「何典」「性史」，無所不問。但他們考試我；我也「考試」他們，所得結論：這些學生大部都是「左傾幼稚病」患者，不信任國民黨，同情共產黨。幾天之後，他們的問題變質了，不再是「考試」而成爲「問難」，要我替他們解決思想、生活、心理上種種的苦悶。我知道他們對於我的答問必已發生了信心，便針對他們的疑問予以分別的指導。校長的聘書也已提前發下，而張訓導主任、李國文教員則仍受著困擾。隔了十多天，元生兄接到聘書，那位李先生畢竟被恭送回平了。

「考試」完了，便開學上課。那是星期一，先做總理紀念週。荔青校長沒有事先通知，便要求我作主席。我稍加謙遜，隨即就位，高聲默誦遺囑，教職員學生循聲宣讀，並講話約半小時。這大概也是一種「考試」——校長「考試」教職員的演說內容和主持會議的風度。元生兄也講了話。我說的是標準國語，他用的是山東腔的國語，我兩個都公開了明顯的國民黨立場，使這次紀念週開得相當火熱。會後，縣黨部書記長，一個瘦弱無神的四十歲左右的人，對我倆盛贊紀念週的成功。他並把我臨時急就的訓話介紹到同城的一個中學裡去。以後直到離開淮陽，每遇群衆大會，他們必請我作第一位講演人，因之使我和全城的仕紳、官長、男女教員學生、保安團隊……都結成了友誼。但這些人認得我，我卻無法全部認得他們。

發現白陶

我爲畢業班開了上述三種課程。荔青校長特別約好一所印刷局印刷我的講義。授課之前，三民主義和中國文化史新編新印的講義業已陸續先發；社會學則由學校規定採用了陶孟和所譯商務印書館出版的一種本子（這本子譯文生硬，內容不佳）。由於國文教員李先生之離去，沒法聘到新人，我更代授兩班第二學期的課。這半年中，除了上課之外，就是編講義和批改國文作業（每週百餘篇），終日通宵都在忙碌。好在那時年青力壯，血氣方剛，仍能「怕思」過來。到暑假結業時，三民主義十五萬字、中國文化史五萬字都如期完成。學校加印了若干部作爲以後畢業班的教材。那時中國文化史已由商務、中華出版了數種；但本頭太大，都不足以作爲師範教科書。我則重在簡明，並在不能詳述處註明參考書。當年一般中國文化史都僅依據我國經史紀錄而編成，似無利用田野考古成果者；我則採用仰韶等地出土的紅陶，說明夏朝以前的文化，河南出土的甲骨，說明殷朝的文化，只用經史紀錄以說明周秦以後的文化。

正當編寫中國文化史的時候，大約是四月，學校鑿井，在黃土層出現了埋藏的木器，教員學生紛紛圍觀。我請荔青校長停止發掘現場，另在距離現場十丈外新開一井。親率學生下坑，用撥土法發掘舊井：結果在黃土層底下——距地面兩市丈處發現大批白陶，相當完整，瓶、罐、壺、尊、盤、碗……古色古香，出土數十件。迨新井掘到黃土層下，也發現了白陶，仍由師生小心撥出。兩坑共出土白陶百餘件，刷洗整理（復原），共陳列六大木架，每架三層。由於我沒有受過田野考古和地質學的專業訓練，不能進一步研究，只好留下發掘紀錄，以待後人的探討了。但這次發掘留給學生若干知識，第一，古代中國文化在黃土層以下，尤其黃河兩岸低地爲然，白陶應比紅陶更早；二、田野考古不能使用鍬和鎬，只能用木片輕輕刮撥土壤；三、土質、土色、深度、年月日都要予以紀錄；四、破片黏合應在出土後就地便做等等。

反「唯物史觀」

前面說過，學生們對三民主義本無信仰，因此拙編三民主義於導言中詳述研究方法，期望他們自己研究，再定是否信仰。第一章題爲「三民主義與國民革命」；第二章至第四章講三民主義（節縮「三民主義之理論的體系」，並參考他書）；第五章講實業計劃和民生計劃。在第一章裡提出三民主義以民生爲重心，採用「新生命」月刊所發明的「民生史觀」一義以破共產黨的「唯物史觀」；關於國民革命，未採用全民革命，而強調國民革命的國民不是全民，中國國民黨應代表農工小資產階級，以適合師範學生之小資產階級性。學生們看到三民主義也有「史觀」，此「史觀」雖不全「唯物」，但民生有「唯心」之處，主要還是偏重「唯物」：這樣便把他們思想中的「唯物史觀」的成見滅除了。第五章講實業計劃實是民族生存計劃也即國防計劃，一舉可以解決民族、民生兩大問題而保證民權主義的實行：並在衣食住行四大需要之下添一「用」字，成爲「衣食住行用五大需要」。如這「五大需要」一齊由政府和人民合力予以解決，便可以減少民衆的貧困乃至於根絕貧富的分野。這更是師範學生人人追求的希望，因爲他們全數是來自貧苦的家庭。講義編一次校三次，我那時記憶力又強，幾乎全能背誦了，因此上課時我只拿粉筆，不帶講義，開口便講：學生對照講義看下來，雖然未能不差一字，但總算十九符合。這是對不信仰三民主義的人講三民主義的秘決：要讓他信，你需精通：如照本宣科，看一句講一句，他就更不起信了。當第一章講完時，我找左傾學生（現在記得祝壽江一名）談話，他們已對三民主義完全改觀了。半年教下來，我吸收了八十多位黨員，佔畢業班的三分之二。

民防的創立

當年淮陽左右有紅軍（二十七軍？）陸老九（名已忘）一股，十七年曾攻入淮陽西半城，二師的學生失蹤百餘人，先說是被擄，後來才知道是自動跟陸老九去了。我到達時有保安隊一團（實際不到一營）駐防，時常出剿。夏麥收割時，屢遭陸老九搶麥，城門終日關閉，只在早晨放農民出城，傍晚開城放入，如臨大敵。陸老九的宣傳品時常乘夜用箭射入城中，學生（還有教職員）

人人私藏「革命證」（陸老九散佈者，石印紅紙黑字，註有「收藏此證，算你革命」字樣）。當我吸收黨員後，便用黨員監視暗藏宣傳品和「革命證」者。如有發現，我便把這學生找來，加以說服，並囑其勸說同學：如此連環羅織，不久便將所有「左傾」學生全部查出，通統把陸老九的宣傳品交給了我。在說服時，我向學生保證，絕對不報告校長，也不通知訓導主任（這樣會被開除）。等到學生繳出陸老九文件，果然沒有受到處分，其他學生便放心大膽向我繳證了。

但他們心中仍有少數同情陸老九，多數則怕陸老九破城後玉石俱焚。為了安定他們，我請荔青校長建議縣長（大約姓顧，名已忘）和保安團，組織城防義勇隊，由工商農丁壯編成，二師願以身作則，分擔城防之責。建議馬上便被採納，由保安團撥給二師步槍二十枝，每槍子彈五排（二十五粒）：於是我把全校學生編成六十班，任用黨員和同情陸老九的學生為班長。任用黨員，是表示我信任他，任用同情陸老九者，是我為他「掛彩」，使陸老九恨他，迫他不能不反共。每晚我先率兩班上城，守衛西北角至西門的防線，兩小時換一次崗。我回來就寢。星期天上午，我帶六十員班長到城南兩個名墓（記不清是誰的了）去行軍，有時也練習打靶。所用子彈少數是向保安團領取，多數是我私人出錢向保安團士兵購買的。

在城防義勇隊普遍組成之後，縣長派我作總教練官，每夜輪流對值崗義勇隊作精神講話。崗位共分八區，東門至東南城角為第一區，東南城角至南門為第二區，南門至西南城角為第三區，西南城角至西門為第四區，西門至西北城角為第五區（二師義勇隊區），西北城角至北門為第六區，北門至東北城角爲第七區，東北城角至東門爲第八區。下午八點，我帶學生上城佈防後，便到第六區講話二三十分鐘；第二日到七區，第三日到八區……周而復始，直至我離開淮陽爲止。縣長曾給我一張獎狀。

梟首示衆

正因爲有巡城機會，我平生第一次看到梟首示衆（槍斃是看過的）。那是夏麥收割最後的某一晚，我巡迴講話正到西門。保安團隊押解三名便衣紅軍，登上西門箭樓前面。縣長坐在一張靠背椅上，犯人面西跪著。當我走到時，左邊的人頭業已落地，我只看到刀光兩閃兩顆人頭也都滾向女牆。馬上被刺穿人耳，用繩拴上，懸在西門城牆之上。據保安團長告訴我：「這是今天下午五點開城放入收麥農民時所擒獲的土匪。其中一人用獨輪車推著一大塊黃米切糕，弟兄已經放他進城了；但一個班長起了疑心，他覺得切糕早晨出鍋，賣了一天，怎會還剩下大半塊？用刺刀一挑，糕下赫然露出手槍三枝。班長立刻把推車者逮捕，向四圍一看，還有兩人驚惶欲遁，乃指揮士兵一併抓獲，解來團部，稟明縣長，立即升堂詢問，供認運械入城，內應陸老九不諱。戒嚴時期，縣長有權先斬後奏，殺一警衆，這樣才就地正法了。」這晚我便改變預定話題，以眼前土匪斬首爲例，說明凡屬暗藏「革命證」者都是紅軍的內應。要求聽衆死心塌地合力守城；將「革命證」自行焚燬；以後撿到共匪宣傳品者都要送呈上級，萬勿私自攜帶和傳閱。

學生守城，大約由四月開始，我離開淮陽後是否繼續保存此種制度？便不得而知了。這一制度發生了三種效果，一、由於二師倡導，全城丁壯都參加城防，使保安團隊增加了不少戰力，清鄉的次數隨之增強；二、二師學生的「左傾病」和另一中學學生們的「恐共病」，經過守城訓練後大部輕減了，這由縣黨部入黨人數的直線上昇，可以爲證；三、工商農丁壯入黨，也由守城後開始，並且直線上昇，這是淮陽從來沒有的現象。他們原來認爲「黨就是『攩』——『攩』著你，讓你寸步難行，啥事不幹」（某一次群衆大會中，我親自聽到的）。

奇士徐玉諾

二師同事裡有一位奇士，便是徐玉諾兄。他教高年級的國文。我到校後，除校長外，第一位請我吃飯的人就是玉諾兄。他預備了豐盛的西平（或西華？）菜，邀西疇兄作陪，在他的裝滿線裝書的小書齋裡，三人小酌，邊吃邊談。他拿出保存的兩期「自己月刊」和他的「將來的花園」（新詩詩集，商務印書館出版），天眞地說：「我們三個人是淮陽城中僅有著作的老師；其餘的都是『白板』！」自稱他有「三宗寶」，「兒子，驢子，褲子」。原來他有一位公子，大約七八歲，能朗誦他的新詩，故爲一寶。他太太開一片磨坊，每天磨麵，拉磨的一頭灰色毛驢，也是他的一寶。他每天替驢子洗澡刷毛，他說：「驢子接受刷毛，並不稀奇；接受洗澡，只有我這一匹。」有一天他拉我去看驢子洗澡，冷水澆在身上，搖頭擺尾，呱呱大叫，似乎非常受用。至於褲子算作一寶，那是因他太太也開裁縫店，由他首倡用淮陽土產「紫花布」（略帶紅紫色的棉線所織的布）縫製西式褲，不久通行全城，爲他家增加了財富，也使「紫花布」登上大雅之堂。後來推廣到「紫花布」中山上裝外套。淮陽教員公務員不少穿著「紫花布」大衣和中山裝。他送我一套，強迫我穿。入鄉隨俗，我亦從衆。那件大衣一直保存到「九一八」才被日本軍燒掉。

玉諾兄吃飯沒有定時，也沒有定量，一天可以吃上十次八次，有時三天兩天不食不飲。授課也沒有定時，有時他照表到堂，一堂一堂地講下去，講得沒完，直到校長趕到，催他下課，才算罷休。他位老師只好把鐘點讓給他，另行調課。有時三天五天不來授課，教務處派人去請，他正在閉戶寫詩。初開學時，天尚落雪，玉諾兄已曠課多日，家中也不知他何處去了，校長只好分遣學生，四路下鄉去找。最後在「孔子絕糧處」（城西南二里許的一座破廟）把他從神案底下拉出來，渾身顫抖，餓成半死，還笑著說：「我正體驗『絕糧』的滋味，爲孔子寫一篇小說。」三個月後，遇到玉諾兄不來上堂，學生便請我去塡空。他們告訴我許多有關玉諾兄的趣聞，値得發笑，可惜現在都想不起來了。但他極受學生們歡迎，講得好，改得好，論年算下來也並不缺課。

他很健談，有時拉我到他家去談，有時到宿舍來談。到宿舍來時，如果我正在忙於編講義或改作業，他不打攪，倒頭便睡，睡醒了再談，談個沒完，不會顧及主人的疲勞。有時抱一大堆古書來，告訴你這是宋版，那是元版，從中找出若干題目，像爲你上課一樣，邊翻邊講又是幾小時。有一次，他未上課，學生請我上堂。不久他也到了，我想下堂，他把我硬推到學生座上，聽他講書，有條有理，有典有則，邊講邊演，果然不同凡響。我爲他鼓掌，學生也跟著鼓掌，他高聲大叫：「痛快！痛快！平生講書，第一樂也！」

當西兄和我離開淮陽時，他來送行，送了一天路程，仍要再送。好說歹說，才算把他攆了回去，從此再沒有看到他。二十七年在西安遇見三個學生，問到玉諾兄近狀，學生之一說，曾在平漢車的某一車站見到了他，反托禮帽，向乘客募捐，爲一個買不起車票的流亡學生補票。我對學生們說：「徐先生是一『奇人』，可稱人師。」

他講的話，迄今我還記得的，只剩幾句了，他說：「中國文學中的用典，正是西洋文學中的象徵主義。」如果在他以前沒有人說過，他這兩句話確是學有心得，可點可圈。

一位女才子

西疇兄因爲攜眷，租住民房。房東×氏是一位年青的寡婦，生有一女。他原是淮陽世家的後裔，祖父曾作巡撫，父親也有功名。師範畢業，教過小學。論家世、容貌、學歷、資歷，在當地算是第一流的。在我到校三月後，一次西疇兄請吃便飯，座客只有這位小姐和她的小女兒。

隔了幾天，西疇兄問我對她有何觀感？我說：「滿是文靜的。」西疇兄順手從抽屜裡拿出一個抄本，說：「這是她作的舊詩。我已看了。如今女士少有會作這樣好詩的了。」並問我可否替她修改一下？我攜回一閱，確屬難得之作；但不便「修改」，就送還西疇了。又隔了幾天，西疇嫂領著她的小女孩到宿舍來看我。那時我好吃甜食，架上備有許多點心糖菓，拿來給她們吃。這小女孩天眞活潑，不怕生人，玩得很快樂。西疇嫂要我收這女孩作乾女兒。我說：「我已有了女兒。我家鄉的規矩，有生女不認乾女。」西疇嫂一楞。不久，西疇兄向我說：「我不知道你已結婚，曾對×小姐建議給你們作媒，她已默許，這可怎辦？」我說：「簡單得很，你說我已結婚，不就截了？」西疇兄一面說：「不簡單！」一面從抽屜裡拿出一幅花箋，說：「你看罷！」那是「題自己月刊」七律四首，遣辭運典，靡不工雅。小楷尤爲瀟灑，絕不似女士手筆。事隔四十多年，現在一句也想不起來了，只記得有「名滿全臣」四個字。我回到宿舍，步韻奉和，並在末首暗用「使君有婦」的典故爲西疇兄回答了她。

果然如西疇兄所說「不簡單」，第二天她的小女孩便把酬章送了過來。從此詩來詩往，唱和數月，積成一卷（燬於「九一八」日軍之火）。她的詩越作越多，透露的感情愈來愈發哀感頑艷。但從第二次詩來以後，我就不敢再履西疇之門，以避見面。西疇兄怪我不到他家，屢次爲作媒事致歉；他那裡知道我的詩篇每隔一天就會到達他們的院中？當暑假開始，西疇和我離開淮陽，她攜小女爲西疇夫婦送行，我猜恐怕是爲我送行罷？並面交祖餞詩兩首。我到開封才郵去謝餞詩。從此數十年來未見伊人，也沒有遇到作詩的仕女。二十七年六月黃河決口，水淹淮陽，死人頗多，我頗懷念那裡的朋友，×女士尚爲我所關心的一位。

鯉魚味美勝黃河

淮陽沒有什麼值得垂涎的菜，我初到時參加公伙，對於「蠶蛹炒蛋」尤爲噁心。不久自雇廚師，教他學作平津的菜，飲食才漸復正常。每天必吃的菜是淮陽名產的「黃河鯉魚」。淮陽怎會有「黃河鯉魚」？原來某一年黃河決口，水漲幾乎和城垣同高。後來水退了，留下黃河魚苗。我們初到淮陽的時候，由北門入城，還須乘船，便是黃氾的遺蹟。

當時淮陽北門、西門外的護城河水深可及丈，寬約半里，兩岸蘆葦叢生，鯉魚食息其中，有重達兩三市斤的。漁人駕著小舟，手持兩根丈許的竹竿，前部裝成剪形，每竿尖端用竹篾編成半筐，合起來便成一個竹網。他們站在舟上，把網探入葦中，輕輕夾動，夾住半斤左右的鯉魚，仍然張網釋放，待它長大；碰到一斤半以上的便撿入簍中，上市出售。「黃河鯉魚」本來生長在渾水裡，作起來必須加酒，才能除去它的土腥；淮陽的「黃河鯉魚」在淨水中長大，毫無土腥，無論怎樣吃法，都比眞正「黃河鯉魚」更爲鮮美。

我教給廚師種種作魚的方法。每天必吃兩斤重的一尾，直到離淮。有幾次我請士紳、校長和同人，吃這種種作法的魚，他們異口同聲稱讚他比開封作的「黃河鯉魚」更好。廚師經過大家的宣傳也成爲若干飯館的「鯉魚顧問」。我走以後，他必定會應聘做了大飯館的師傅。

暑假到了，我必須赴日留學，便謝絕續聘，離淮返平。這回所用的交通工具是人力車。那裡的人力車和平津的洋車也是一型的，只是從前轅到後背裝有長條的布簾，乘客車夫同受遮陽，這是平津人力車上所沒有的。我和西疇兄一行（他奉校長命去北平請教員），由四五十名學生持槍護衛，避開可能有匪的地方，繞道五六天，才到達開封。每過一處住有學生家庭的鄉村或城市，學生必先起早前往通知，家長和親友都來歡迎，備酒備飯。我們住過一個學生家，掘土成樓，高達五層，盤旋而上，整潔清涼。由華氏一百三十度的烈日下進入這種穴居，眞比今天住在冷氣房間裡還感到舒爽。學生沿途分散回家，只剩有二十多名開封、中牟、陳留的學生，我請他們大吃一頓飯並痛飲一頓冰，然後依依道別。九年後，在西北遇到當年的學生，都

第二師範同仁歡送蘭西疇及作者合影中坐係作者，左爲蘭西疇，作者右後方張元生，元生後爲校長，右爲徐玉諾

已大學畢業，大致認爲我在淮陽的半年講課，把河南東南部的若干青年，從滾滾的紅流中挽救出來了。四十三年在陸軍總司令部講演，也遇到一位學生，已是抗日戡亂無役不預而官拜上校了。他告訴我台灣共有三位同學。

——辛亥秋作於桃園

六十四、烏拉草

東北有一支民謠：

「關東城，三宗寶：人參、貂皮、烏拉草。」

當地人固然會脫口唱出，就是到那邊「淘金」的人，也都耳熟能詳。據故老相傳，這支民謠也正是「淘金」者所首唱的。這些人被叫作「跑關東的」，明末清初，他們到東北去「挖棒棰」（挖人參），打貂，獲利自然是很豐富的；但無論「挖棒棰」或打貂，都得進入荒寒的山林，因此必須穿著烏拉，才能防止凍掉了雙腳。

烏拉，漢化的寫法作靰鞡，是一種東北特產的皮鞋。用成張的牛皮，浸透，放入特定的木槽內，木槽凹入，恰為腳形，上面打入特定的木槽，於是一張牛皮便壓得近乎一隻鞋的模樣了。俟牛皮稍乾，成為定型後，取出，在腳面部分縫上牛皮蓋，在鞋幫上對等穿著六隻眼，鞋跟先剪開，再縫起，烏拉便製成了，然後在鞋眼上穿起「皮哨子」（牛皮條），市上到處「有售」。但烏拉不能赤足穿，腳上須「絮」以一種草。草的原名早已不傳，因為，被「絮」進烏拉，便叫作烏拉草，非草名爲烏拉也。——人參、貂皮自然是兩宗寶；而烏拉草則爲入山探寶的必須之品，也跟著出貴起來，成爲三寶之一，單就這一點說，它大有欺世盜名的嫌疑。

我第一次穿烏拉，大約六歲。祖母從城裏爲我買到一雙小烏拉，鞋幫油成綠色，鞋蓋紅色，似值銅錢兩吊。她向長工老滿索取一束烏拉草，教我「絮」在腳上。所謂「絮」，就是用草一市兩許，分成兩縷，縱橫舖在地上，然後伸腳草中，用手將草重複纏滿全腳，如有不勻不平之處，另行補草，直到舒展才止，隨著連草帶腳伸入烏拉，繫上「哨子」，走起路來，其軟如棉，其煖如火。冬天出街玩耍，下河蹓冰，規定要穿這種東西的。其後二十年，在東北打游擊，我們也都穿著烏拉，除了軟煖之外，我發現它還有一個優點，這便是輕，夜襲的時候，輕到使敵人聽不出我們的腳步聲。又十五年，我重回了故鄉，失去了重心，也失去了用武之地，沒有再穿烏拉的機會了；但每一看著家人穿上烏拉，或在街頭遇到出售烏拉草的擔子，便不勝艷羨之感。

烏拉，原是東北的方言。東北原始宗族，今天叫作滿族，在公元前一千年左右，他的族名卻是肅愼。周武王十五年，史載「肅愼氏來賓」，貢楛矢。周成王二十五年，大會諸侯於東都，孔子序書所謂「成王既伐東夷，肅愼來貢」，這都是滿族見於國史的文獻。秦、漢之際，他們被稱爲東胡。胡，是他們的方言，原音作 Hain，其義爲「人」。譯用母音，遂成爲胡。東胡云云，東方人也，如今之東北人然，本不是壞名詞。後來歐洲人把東胡譯成 Tungus，被我們不通古史的譯者，譯成通古斯或東古斯，一些近代史上竟沿用了這個誤譯，謂滿族即肅愼，亦即通古斯，眞是數典忘祖，可笑之至。南北朝時，這一族中姓拓跋的一支，從鮮卑地方（此四字，今亦誤譯爲「西伯利亞」）南下，建立北魏，統治北冰洋以南，黃河以北一大塊地方，凡一百五十餘年。拓跋、慕容等氏，終同化於漢族。北宋時，他們中姓完顏的一支，建立金朝，滅於蒙古。明朝，他們中姓愛親覺羅的一支，起於吉林，始稱瞞咄、滿住、滿殊，轉音爲滿洲。——這一段文字，寫得比較沉悶，也是莫可奈何的，只爲交代一事：肅愼、東胡、鮮卑、女眞和今天中華民族中的滿族，實爲眞正的東北人；而不佞等等只是移去的東北人耳。——烏拉是眞東北人的言語。

這些眞東北人，到中原來作皇帝，計北魏一次、金一次、清一次（一說，虞舜一次，殷亦爲一次，尙未定論）。就文化史的見地說，北魏的貢獻爲最大。例如「魏碑」，就是中國最端莊曼麗的書法。北魏的領土，西起烏拉山，北起北冰洋，東起太平洋，這原是他們的祖業，也都隨嫁到中國來。直到今天，無論俄國人也好，或歐洲人也好，在地圖上必須承認這塊地方名叫Siberia，即鮮卑利亞。而烏拉這宗文物，以及配合這宗文物的烏拉草，也一直留到今天，使每一個中國人都知道這是關東的一寶了。

其實也不止關東，烏拉草這種東西，在鮮卑利亞，原是到處有之。據我所見與所知，西起烏拉山（即歐亞交界），南至烏拉山（在綏遠省包頭縣西），東至烏拉街（吉林省），凡名烏拉之地，有水之處，便長這種草。在綏遠的烏拉山左近，叫作雉雞草，因雉雞得名。在東北的烏拉街，草以鞋名，稱烏拉草。在鮮卑利亞烏拉山左右如卜幼夫君「北極風情畫」所描寫，稍嫌失之耳食，即並沒有如他所說的一望無際。大約說來，生在西北的烏拉草，高四至五市尺，粗二市分，可用來製造草簾，如竹簾然。在東北省，高一至二市尺，粗半市分。叢生，春發，冬枯，根並不死，農人割取下來，用木槌拍打，使其纖緯疏散，便可柔軟如絲，成爲冬天的恩物了。

上文說到「欺世盜名」云云，只是與人參、貂皮比較而言；讀者倘看到這裏，也許會相信，烏拉草之可寶，或有過於人參和貂皮，如果你把烏拉草與烏拉山、烏拉街聯想起來的話。鮮卑故壤的烏拉山，從一五五二年便非我有，今天整整四百年了，吉林的烏拉街，綏遠的烏拉山，也變成紅色了。

——四十一年十一月，中副

六十五、烏拉山

在我對烏拉草發生好感的年光，我又懂得了烏拉山。那時先嚴教給我們的歌子裏，有「黃族應享黃海權，亞人應種亞洲田」一支。他講，黃族就是黃帝的子孫，黃海是中國人的海。又有「烏拉山，地中海，西界歐羅巴」一支。他講，烏拉山是歐亞交界處的大山，南北一千六百餘里，有一道烏拉河轉著山走，河邊滿長著烏拉草。山以東都是蒙古人的地方……他指著五色旗的藍條說：「紅是漢人，黃是滿人，這藍條便是蒙古人，白是突厥人，黑是土伯特（西藏）人，中華民國就是由漢滿蒙回藏『五族共和』而成的國家……烏拉山早被俄國人鯨吞去了。」這兩支歌子的題名和全詞，早已被我忘光，偶爾唱著一兩句，總覺得音韻雄壯、心胸恢廓，比起今天流行的好得多了。不久以前，和錢公來先生談起，此老還能引吭高歌，不落一字。對於自己的未老先衰，不勝嘆息。其後，東遊烏拉街，西遊烏拉山和烏拉特旗（此山此旗均在包頭西邊），遇到烏拉和烏拉草，必會脫口唱出「烏拉山、地中海、西界歐羅巴」來，想到說不定那年那月，我總會立馬烏拉山的最高峰，去看一看這藍色的領土罷！

烏拉山是鮮卑的西至。鮮卑，明末清初譯爲「西伯」或「西伯利亞」，新疆的公私文書和專門史地書上寫作「錫伯」。對於「錫伯」一詞，我想前新疆省主席盛晉庸君總會是頂了解的。據北齊魏收所著的魏書（鮮卑史）卷一帝紀第一序紀：

「昔黃帝有子二十五人，或內列諸華，或外分荒服。昌意少子受封北土，國有大鮮卑山，因以爲號。其後，世爲君長，統幽州之北，廣漠之野……」

魏收是距今一千四百餘年前的歷史家，去古較近，其言當有所本。據他說，鮮卑實爲黃帝的後裔。另據世界第一流歷史家司馬遷的史記匈奴傳：「唐虞以上有山戎」，漢代考據家服虔云：「山戎，蓋今鮮卑」（史記集解引），可知鮮卑縱然不必爲黃帝之後，但在唐虞時代（公前二三五七—二二〇六）便和中國發生了關係，自是有書爲證的。至於魏收所說「國有大鮮卑山」，又是何山？據清代西北史地專家何秋濤的朔方備乘，和另一位歷史學者丁謙的考證，「大鮮卑山」便是烏拉山。因爲丁謙在漢書匈奴傳註上說：

（「大鮮卑山」）「在俄屬伊爾古斯克北，通古斯河南，今稱其地爲西伯利亞……」

丁氏此註出自何氏，他們共同考定「西伯利亞」就是鮮卑利亞，而「大鮮卑山」是在「西伯利亞」。他們當時對於「西伯利亞」的史地知識還不夠豐富，所以上文沒有交代十分清楚；今天我們可以確說「大鮮卑山」便是烏拉山這句話了。然則「大鮮卑山」何以又叫作烏拉山？我根據鮮卑史和鮮卑語（沒入蒙古語中），曾經查出這個道理。

烏拉，今爲蒙古語，但實是遺留在蒙古語裏的鮮卑語。在拙作烏拉草一文中，我曾約略說過。英音作Ural。明，陶宗儀輟耕錄：

「忽見一物如屋。所謂烏拉赤者，下馬跪泣。」

這是鮮卑音轉爲蒙古音再譯爲國音的重要文獻。烏拉赤一譯兀拉赤，天香樓偶得：

「兀拉赤，元人掌車馬者之稱。故幽閨記有云：『兀拉赤，兀拉赤，門外等多時』……」。

這裏把兀拉赤即烏拉赤釋爲「掌車馬者」，也不盡然。烏拉或兀拉實爲原住烏拉山左近的鮮卑人，以山爲號。赤字在蒙文裏義爲下人，通於國音中之囝。烏拉赤即烏拉囝。「掌車馬者」可以是烏拉赤，其他下人也有烏拉赤，蓋鮮卑利亞人在被俄國人奴役之前三百年，便先作過蒙古人的下人了。

鮮卑是族名，烏拉是氏，一如拓跋氏，慕容氏然。在漢朝，不譯爲烏拉，而譯爲烏桓及烏丸，北魏譯爲烏洛侯，唐朝譯爲烏羅護及烏羅渾。桓、丸、洛侯、羅護、羅渾之中都有鮮卑語「人」字的音（即「胡」字），烏桓即烏拉人，烏羅渾亦即烏拉人。元朝的漢譯作斡亦剌，兀剌及烏拉，即自由的烏拉人；若作了下人，便叫烏拉赤或兀拉赤了。元朝失敗後，烏拉人大部解放了，譯爲兀良哈；一部同化爲蒙古人並作了後元帝國的統治者，則譯爲瓦剌，一部烏拉人自成局面，便譯爲衞拉特。清朝，瓦剌聲勢大振，經高宗討滅。其遺民留於外蒙西北者，俗譯稱烏梁海，仍應作兀良哈，尙自稱爲拓跋（明史譯爲東巴，誤；今人又譯爲杜發，東乃，更誤），一部留於新疆，就是錫伯旗，一部留於綏遠，稱爲烏拉特旗。

烏拉人和烏拉山是分不開的，烏拉山是烏拉人的「岳」。烏拉人是鮮卑族的一氏，凡名爲「西伯」或「西伯利亞」的地方，便是鮮卑的歷史領土。這一點便是俄國人也不能不承認，他們古今地圖上明明白白寫著：烏拉山以東是「西伯利亞」（即鮮卑利亞）；健忘的倒是我們耳。

——四十一年二月十七日作，載於中副

六十六、釋「烏拉」

「烏拉」實爲鮮卑族中之一支，以山爲名，漢時稱爲烏桓，北魏（拓跋）時名爲「烏洛侯」，魏書：

「烏洛侯國，在地豆干之北。其土下濕，多霧氣而寒。其國西北有完水，東北流合於難水，又西北有于已尼大水，所謂北海也。」

又，舊唐書：

「烏羅渾，蓋後魏之烏洛侯也。今亦謂之烏羅護。其國東北與靺鞨，西與突厥，南與契丹，北與烏丸接。風俗與靺鞨同。」

「烏羅渾」中「羅渾」二音急讀即成「桓」；故「烏羅渾」實亦即「烏桓」。此云「北與烏丸接」，度係當時不熟邊情，遂致此誤：「烏桓」亦即「烏丸」也。北魏時亦或稱之爲「北狄之國」，太平眞君四年，嘗遣使入朝；唐貞觀時，亦曾入朝。就地望言，唐以前，其國始行至今貝加爾湖之東，黑龍江之北。

「烏拉」，「兀拉」，烏桓，烏丸，「烏洛（侯）」，「烏羅（渾）」，「烏羅（護）」，均一音之重譯。「侯」、「渾」、「護」亦屬一音，義則爲「人」（今蒙語仍稱「人」爲「渾」，漢朝時所謂「東胡」，亦即「東渾」，指「東方人」）。「烏羅渾」即「烏拉人」。此族之大宗，史名爲鮮卑，建立北魏（拓跋珪），分爲東西，東魏後易爲北齊，西魏亦易爲北周，北周呑併北齊，旋統一於隋。隋楊堅，本姓名爲那羅延，亦鮮卑人即「烏拉人」也。歷隋唐宋玉於元朝，「烏拉」又譯爲「斡亦剌」及「兀剌」。自一二三八年，拔都攻陷「兀剌兒城」止，全部淪爲蒙古人之奴才，爲「元人掌車馬」，乃呼爲「烏拉赤」即馬車夫：故曰：「有一段悲慘之歷史在」。

元敗，「烏拉」東部「解放」。明史又譯之爲「兀良哈」。查明史所載，當時「兀良哈」編爲朵顏，福餘，泰寧三衞，居今吉林省，此爲鮮卑遺民之在東北者；其在北方者，名爲「瓦剌」，亦作「衞拉特」。英宗時，也先爲其部之太師，屢犯邊。英宗親征土木，竟至被俘。也先旋自立爲大元天聖可汗，據有大漠南北，勢極強。蒙古人稱此爲「後元帝國」。也先死，頓衰。

清朝，「瓦剌」復振，稱爲額魯特，分杜爾伯特，和碩特，準格爾及土爾扈特等四部，統稱四「衞拉特」。四部中以準格爾爲最強。乾隆間討滅之。其遺民留於外蒙西北邊外者，譯稱「烏梁海」，尚自識其爲拓跋（明史譯爲「東巴」，實誤，一如今人譯之爲「杜發」然）；留於阿爾泰山下者，稱「阿爾泰烏梁海」，在科布多邊外者，稱「阿爾泰諾爾烏梁海」。

元以後之「斡亦剌」，「兀剌」，明以後之「兀良哈」，「烏拉」，「兀拉」，「瓦剌」，

「衛拉特」，「烏梁海」，及唐以前之「烏洛侯」，「烏羅渾」，「烏羅護」，「烏桓」，「烏丸」均一音重譯，通蒙古語者無不知之。譯名凡十三，族只一鮮卑，姓爲拓跋等。

「烏拉」人在漢朝時代稱爲「烏桓」。北魏時稱爲「烏洛侯」，魏書：

「烏洛侯國，在地豆于之北。其土下濕，多霧氣而寒。其國西北有完水，東北合流於難水，又西北有于己尼大水，所謂北海也。」

他們已由「烏拉山」發展或移徙到今混同江玉貝加爾湖一帶了。又舊唐書：

「烏羅渾，蓋後魏之烏洛侯也。今亦謂之烏羅護。其國東北與靺鞨，西與突厥，南與契丹，北與烏丸接。風俗與靺鞨同。」

「烏羅渾」中「羅渾」二音急讀即便成「桓」，故「烏羅渾」亦即「烏桓」。所云「北與烏丸接」，度係當時不明邊情，未知「烏桓」也就是「烏丸」，因有此誤。

北魏係鮮卑人拓跋氏所建的國家，而鮮卑另支的「烏拉人」自行遊牧。歷隋、唐、宋而至於元，整個鮮卑都被蒙古人所征服，於是而有「烏拉赤」；又譯爲「斡亦剌」和「瓦剌」，似自由人也。明朝譯爲「兀良哈」和「瓦剌」，亦或譯爲「衛拉特」。清朝，「瓦剌」復振；乾隆間討滅之。其遺氏留於外蒙西北邊外者，譯稱「烏梁海」，尚自識爲拓跋氏（明史譯爲「東巴」，誤；今人又譯爲「杜發」「東乃」，更誤）。——故「烏拉人」在漢即稱「烏桓」及「烏丸」，北魏時爲「烏洛侯」，唐爲「烏羅渾」及「烏羅護」，元爲「斡亦剌」及「兀剌」，明爲「兀良哈」、

「瓦刺」及「衛拉特」，清「瓦刺」、「烏梁海」。

六十七、夢魂飛過不周山

「餘生欲老海南村，帝遣巫陽招我魂。
杳杳天低鶻沒處，青山一髮是中原。」
——蘇軾、澄邁驛通潮閣

在我們二千年前的文史上，最有權威的山是崑崙山。據說黃帝的都城便建立在這座山上。蘇雪林先生以爲崑崙山就是舊約上的亞拉臘山；我則以爲應係今天的伊朗高原。大文學家屈原也曾想到「登崑崙兮食玉英」。

其實，在崑崙山東北一千七百古里，還有一座不周山，來頭也是不小呢。

不周山首見於山海圖。山海圖是繪（或浮雕）在夏、殷、周各朝神殿牆壁上的若干幅古地圖。經殷、周、楚、齊、秦、漢各朝巫覡先後按圖作成說明書，就是保存到今天的山海經。山海圖繪成時代不會少於四千年，大部分山海經的寫成時代也不會少於三千年。

我們首先注意到不周山在文學上的地位。——屈原的離騷是我國文學史上的偉大作品，已成定論。離騷中篇先說要「往觀乎四荒」，即遊覽山海圖所繪的東南西北四大荒野，約當於今天內外蒙古、鮮卑利亞、新疆、中亞及西亞；接著說：「朝發軔於蒼梧兮，夕余至乎縣圃」，「蒼梧」不是今廣西的「蒼梧」，其地在新疆，「縣」爲夏語，殷朝寫爲「山」，「縣圃」就是山頂花園；下接「吾令羲和弭節兮，望崦嵫而勿迫」，「崦嵫」即今新疆的焉耆（Yangi），也就是匈奴謌「失我胭脂山，令我婦女無顏色」的「胭脂山」；然後說：「飲余馬於咸池兮，總余轡乎扶桑」，即他又往北拐了一個彎兒，到達了鮮卑利亞和外蒙古之間的「釜山」（即「扶桑」）。這是屈原第一天的遊程。

第二天，「朝發軔於天津兮，夕余至乎西極」，這「天津」不是今天的天津市，「西極」則指新疆到西亞一帶，於是屈原駕著「鳳凰車」飛上不周山。以下他又說：「路不周以左轉兮，指西海以爲期」，意思是由不周山轉道，目標是直到黑海去。——我們的屈大夫，滿腹牢騷，無處發洩，才面對著楚先生廟壁畫上的山海圖，劃定路線，要叩拜黃帝的天闇，儘情哭訴。

我們再看不周山在天文學上的地位。——古代中國人非常關心風向。甲骨文、山海經、堯典、爾雅、呂氏春秋、淮南子、史記、說文……對於東南西北八面吹來的風都賦予專門的名字。這裡只談西北風：東漢許愼所著說文，便把西北風叫做不周風，服虔所作左傳注也稱西北風爲不周風，鄭玄注易緯通卦論也說：「立冬，不周風至」，可見漢朝人都把西北風喊爲不周風，即從不周山上吹下來的風。這些人把其他七方的風命以漢文名字，如說文「東北曰融風，東曰明庶風，東南曰清明風，南曰景風，西南曰涼風，西曰閶闔風，北曰廣莫風」，單單給西北風冠上不周山的名字，這表示不周山在天文學上是有它特殊的地位了。

而不周山在神話上即在巫教——道教上的地位，尤其值得一談。——這種神話見於二千年前淮南王劉安的淮南子上，說：

「昔者，共工與顓頊爭帝，怒而觸不周之山，天柱折，地維絕……」（天文訓）

郭璞注山海經引用這如原文後，注云：「故今此山缺壞不周匝也。」巫覡對於不周山也有記載，見山海經的大荒西經，說：

「西北海之外，大荒之隅，有山而不合，名曰不周（負子），有兩黃獸守之。有水，曰寒暑之水，水西有濕山，水東有幕山，有禹攻共工國山。」

山有山神，也都繪成「羊身人面」的怪狀。我們對照這兩段著錄，看出不周山在神話上的重要性；而由這神話的史地背景上，也可以看出共工、顓頊、禹都曾在這山左近打過大仗。

上邊我們說到不周山引起屈原的神往，成為西北風的專名，並演成天翻地覆的神話，來頭畢竟是不小了。我們的新問題是：它何以名為不周？它在今天的何地呢？

古人對於它何以名為不周，曾有三種說法：上引郭璞說它「缺壞不周匝」；上引大荒西經說它「有山而不合」；還有西漢班固的白虎通說：「不周，不交也——陰陽未合化也。」這三說實指一事，即謂不周山乃是缺壞而不成圓形的山。

我疑惑不周二字是夏語即今所謂阿爾泰語的錄音字。

按：古代的山名水名地名人名統通是殷朝人用甲骨文記錄夏朝的音，例如上文所見的「崑崙」、「蒼梧」、「崦嵫」、「咸池」、「扶桑」、「天津」……等等山水地名，以及「共工」、「顓頊」、「禹」……等等人名，字是殷字，音則是夏音。夏朝人所說的話（音）是聯綴語而不是今天我們所說的孤立語。這一點，我已在別處予以充分的證明了。因此，不周二字也是用殷文紀錄的夏音。那麼不周二字在夏語裡究竟含有什麼意義呢？

我現在僅能作些粗淺的考證：大約不周乃是夏語中疾病的意思。

查不字古音弗，周字古音茲，不周山古音弗茲山。上引大荒西經「有山而不合，名曰不周」，下有「負子」兩字，我在標點時，於「負子」上下加以括弧。最早注解山海經的東晉郭璞，對「負子」兩字無注，最近注者清朝郝懿行也未贊一詞；其實「負子」正是郭璞以前注經的人所加的注音，謂不周古音「負子」即我所說的弗茲。這種例子也見於山海經海內東經「國在流沙中者埻端璽（按：當爲皇字之譌）喚」條，也爲歷朝注家所未解，實係「埻」下注「端」音，「璽」下注「喚」音，「埻璽」即「端喚」，也就是今天的敦煌。

我們明白不周古音「負子」即弗茲；再查一查「負子」的意義，便可恍然大悟了。「負子」見於白虎通，說：

「諸侯疾，稱『負子』。『負子』者，諸侯子民；今不復子民也。」班固講「負子」乃是疾病的另一名詞。而「負子」又寫爲「負茲」，見公羊傳桓十六年，衞公子朔「屬負茲」，漢何休注：

「天子有疾稱不豫，諸侯稱『負茲』，大夫稱犬馬，士稱負薪。」

疏：「諸侯言『負茲』者，謂負事繁多故致疾」。「負子」、「負茲」都作疾病解。（一音兩錄，說明「負子」即「負茲」必係由另一種言語轉譯而來者。）

現在我們知道了：不周山在夏語原義乃是「疾病山」。這一拙說，也可以和「缺壞而不成圓形的山」相通，可知漢朝人還懂得夏語。

上面我已解答了不周山的原義；現在再研究這座山究在何處？——開頭我說不周山在崑崙山東北一千七百古里，這是依據山海經西次三經（神殿西堂壁畫第三幅）計算出來的，原文說：

「西次三經之首，曰崇吾之山……西北三百里曰長沙之山……西北三百七十里曰不周之山，北望諸毗之山，臨彼嶽崇之山，東望泑澤，河水所潛也……西北四百二十里曰密山……西北四百二十里曰鍾山……西百八十里曰泰器之山……西三百二十里曰槐江之山……西南四百里曰崑崙之山……」

據此已可大概知道不周山的地望在今新疆；尤其原文載明不周山「東望泑澤」，更足據以徵明它的確址：蓋泑澤即今天的羅布淖爾，以郭璞注云：

「泑澤即蒲澤，一名蒲昌海，廣三四百里。其水停——冬夏不增減。去玉門關三百餘里。」

（戴震云：「關下奪千字」。）

山海經新校正著者畢沅也說：

「泑澤……史記謂之鹽澤，地理志謂之蒲昌海，在敦煌郡。又，括地志云：『蒲昌海一名泑澤，一名鹽澤，一名輔日海，亦名牢蘭，亦名臨海，在沙州西南。』見史記正義。」

這是漢、晉、唐、清學者所知的泑澤。不周山既然可以「東望泑澤」，說明它在泑澤即今羅布淖爾的西方：正是天山東端的一座山。

我已考定不周山古音弗茲山即「負子」山，乃新疆天山東端的一座山，在羅布淖爾的西方。這裡是五帝之一的顓頊對共工，及夏禹王對共工作戰的戰場，誠然是中華民族四千多年前的老家了。不知今天還有沒有屈原其人，在精神上，在作品上，要回老家去遨遊一番？

寫到這裡，令人對於離騷發生新的認識：這是一篇「還鄉曲」或「懷鄉曲」。——屈原這篇奇文的主題，是企求回歸他的老家——也是中華民族的老家——新疆、中亞和西亞去瞻禮崑崙山以及不周山呀！

開頭所引東坡詩，精神雖是屈原的；但精神領域卻較屈原小得多了。我也有小詩一首，抄記於下，結束本文：

餘生不欲老臺灣，

何日崑崙躍馬還？
濁酒一杯騷一卷，
夢魂飛過不周山！

——四十五年二月三日於臺北（邊疆文化）

六十八、女師流汗記

兒時，一位老師爲我們講四書古文，他講「子曰學而時習之不亦說乎」道：「子」是夫子，「曰」是說，「學」是念書，「而」是虛字，「時」是時常，「習」是溫書，「之」是虛字，「不」是虛字，「亦」是虛字，「說」是快活，「乎」是虛字。講到「夫天地者萬物之逆旅也」，「夫」，「者」，「之」，「也」，當然也是虛字。「虛字」連篇，誰也不敢問他什麼是「虛字」。

若干年後，輪到自己做了「人之患」。時代進步，學生的膽子也大起來，不會饒你。記得在一個女師的國文班上，有崔鶴齡者，「家學淵源」，能作「雪鴻淚史」體文。第一天上堂，沒有等我講到「虛字」時，她首先說：「代表全班，請問先生，虛字到底是什麼字？」據後來知道，前一任的國文老師北平師大畢業小有名氣的李先生，便是被她這一當頭砲打下講堂去的。接著她侃侃而問：「夫」字怎樣講？「也」字怎樣講？「乎」字怎樣講？她在堂下念，我在黑版上記，一會兒她數出來幾十個字，都是「虛字」。一百多隻眼睛在看著男先生當堂出醜。

這時，得用些「技巧」。我先按點名簿喊起一個女生來，要她打開自己攜帶的什麼字典，先查出「夫」字的註解。查了半天，她答道：「夫，起語詞。」

崔鶴齡嘴尖舌快，又站起來說：「什麼叫『起語詞』？起語的時候，爲什麼要用一個『夫』字？先生！我們不明白。」

我說：「你等一等」。又喊起一個學生來，讓她查明「也」字的講法。這時五十多個頭都低到桌子底下去了，生怕我會一個一個地喊她起來。

她答道：「也，女陰也。」她查的是康熙字典。

崔鶴齡又要站起；我用手勢按她坐下。有些歲數大點的學生已竟紅漲了臉。

「好了」，我說：「現在你們抬起頭來，我不會把你們當作先生的。」她們都長吁了一口氣。

我於是講下去。

「『夫』，不錯，是『起語詞』。古人在說話之前，常常先說一個『夫』字，尤其在寫文章的時候，這個字用得很是普遍，譬如『夫天地者，萬物之逆旅也』，就是用『夫』字起語的。

「今天，你們作語體文，想寫『天地是萬物的大旅館時』這一句，必會在開頭加上『我們知道』四個字，成爲『我們知道：天地是萬物的大旅館。』古文上的『夫』，等於語體文上的『我們知道』，『且夫』等於『我們又知道』。今天，某一位的父親在衙門裡擬了一道文稿，開頭是『查某某貪污有據；著即撤職』，這裡的『查』，也就是『夫』；公文裡有『又查』，就是『且夫』。『夫』字用在文章的開頭，有『查』或『我們知道』的作用。」

崔鶴齡不覺地低低叫了一聲「好」。

「『夫』字用在古文某句的末尾，譬如『逝者如斯夫』，『唯爾與我有是夫』，這個『夫』字便當『！』講，用『夫』的聲音表示驚嘆。

「『也，女陰也』，是講它的古義，這是名詞。」我在黑版上寫出了「也」字的篆書，「這是象形字」，我僅說到這裡，接著說：「假如當作『虛字』用，有時當作『○』，表示終止，例如『環滁皆山也』，這句話圓滿地說完了。有時當作『！』，表示驚訝，例如『野哉！由也』的『也』。有時，便是『呀』字，例如『萬物之逆旅也』就是『萬物的大旅館呀』。

「所謂『虛字』，並不是什麼『虛字』：大半都是古代的標點符號。譬如『乎』就是『？』；『野哉』的『哉』就是『！』；『夫』就是『：』或『！』；『而』就是『；』；『耶』，『歟』……就是『？』。古代也有標點符號，不過用一個『字』表示出來就是了。你們明白了嗎？」

「我們明白了！」一片悅耳的回聲。但我已汗流挾背。

——四十三年七月十三日新生副刊

六十九、男師作戰記

寫罷「女師流汗記」（見十三日本刊）以後，想出「男師作戰記」這一個題目。這是我在男子師範學校教書時代的一個特寫的鏡頭。所稱「男師」，是河南省立第二師範學校，校址在河南淮陽，時間是民國十八年的春天。

淮陽又名陳州，看過國劇「包公放糧」的人，對於陳州這一名字，想來不會感到陌生的。在三千年前，原是陳國，周武王封帝舜的後裔，建此國家。孔子南遊楚國，絕糧陳蔡之間，便在此地，城西南二華里有一古剎，仍名「絕糧臺」。城北三華里有古代帝王陵一座，佔地很廣，古柏參天，都是二三千年以上的古樹了。縣志載稱：陵爲太昊陵，係太昊伏羲氏的寢陵。陵上長滿筮草。城東一華里許有「畫卦臺」，志稱爲伏羲畫八卦的所在。總之：淮陽是一座歷史上很有名的古城。

那裡的土匪也是很有名的。民國十六年到十八年最有名的土匪，綽號「陸老九」。而那裡的學生更刁鑽得有名：原來，學生在接受教員的講課之前，必先把教員「考試」一番，「及格」了才准你上堂，校長才能發給聘書；否則便請你走路。我在應邀之前，並不知道學生們有這種特別作風。直到從開封搭汽車動身之後，故我去教書的藺西疇先生，覺得我不會半途「逃」回北平去了，才慢條斯理地告訴我這一秘密，並囑我作一準備，接受學生的「考試」。事已至此，只好硬著頭皮到校。

當晚「考試」果然開始了。方式是這樣，每天必有學生多人，按照預定計劃，分成三五人到十餘人一群，準備了許多和課目有關的問題，駕臨教員宿舍，名為「拜訪」，實際作了口試的「主考官」。大約平均每天要提出一百多個題目。這是第一場，共為三天。

第一場通過以後，第二場又開始了，方式同上；但問題變成了上天下地，無所不包。第一場如果可以名為「專長考試」，那麼第二場便可以名為「常識考試」了。

記得「常識考試」中，學生們所出的衆多題目之一，是「陸老九究竟是不是土匪」。「主考官」先為我作了題解，說「陸老九在這地區打了幾年游擊了，人槍各有一千。他是「共產黨」。他的部隊名為「中國工農紅軍第×十×軍」，陸老九是「司令」。他們專門「打土豪，分田地」，是宋江一派的「替天行道，殺富濟貧」。「先生你說他們是不是土匪？」我在連日的「疲勞考試」裡，原已得到一個結論了：這些學生大都是左傾得可怕。而我是被學校請來的黨義教員，教三民主義，學生問我是否國民黨員的時候，我已答覆他們「是」。現在進入「決戰」階段了：我如答覆陸老九是土匪，則我以前的五天等於「考」了零分；我若說陸老九不是土匪，則教員的飯碗便端定了。

我毫不遲疑地答覆學生說：

「陸老九不是土匪！」

我看到學生們面有喜色。然後我叫著提出這一問題的祝壽江（我這幾天來已認定他是學生首領，最左傾的）的名字，接著說：

「但他是另一性質的『洋匪！』土匪是土生土長的匪，他們不會聽外國人的命令，進攻自己的祖國，殘殺自己的同胞，毀壞民衆的產業。至於像「中國紅軍」這樣的匪，本是俄國人爲了搗亂國民革命，爲了毀滅中國，才利用他們在中國作亂的。

「我的家鄉是在東北。東北和日本人爲鄰。遠自民國元年起日本人爲了在東北搗亂，就曾利用一個名叫巴佈扎布的蒙古人，號稱「蒙古獨立軍」，派巴佈扎布作「總司令」，並組織什麼「宗社黨」，高喊「反民復清」主義（反抗民國，復興滿清），殺人放火，大鬧了五年，後被張作霖剿平了。當年我們也把巴佈扎布叫作土匪；其實他和陸老九一樣，不是土生土長的土匪，而是日本人製造的「洋匪」。陸老九的所謂「共產黨」和巴佈扎布的所謂「宗社黨」，陸老九的所謂「共產主義」和巴佈扎布的「反民復清」主義，陸老九的所謂「中國紅軍」和巴佈扎布的「蒙古獨立軍」，都是互成對比的。帝國主義都是利用「洋匪」來搗亂中國。

「巴佈扎布這段歷史，載在商務出版陳恭祿所著的「中國近世史」，稱爲「鄭家屯事件」，可惜不如我說的明白；所謂「中國紅軍」和俄國人的關係，載在民智出版劉蘆隱所編的「革命與反革命」裡，你們可以去看」。

說到這裡，我再掃視「主考官」們一下，他們的表情都很嚴肅，並不如我所想像這將激怒了他們。於是我再接說下去。

「主要的問題是，祝壽江同學，我們是不是中國人？如果我們是中國人，便不必管什麼陸老九或陸老八喊什麼「革命」或「共產」的口號，替外國人來進攻中國。如果我們不願意再作中國人了，那麼我們便跟陸老九去罷，何必接受官費作師範學生？」

第二場便在這一問答之後，無形「考」畢了。我打算遊覽淮陽一過，三二天內便回北平。蘭先生對我十分抱歉，深悔不該拉我南來。但事情出人意外：學生們聽說我要走，由祝壽江作代表，三番兩次前來挽留；校長姜荔青也提前送來聘書。對同時到校的一位國文教員和一位訓育員，仍未下聘。蘭先生覺得局面轉變，更是堅不放行。一週後開學，我在禮堂更爲明朗地強調痛剿「洋匪」。陸老九匪部那時距城不遠，城門已關閉許多天了。三四月間，陸老九進攻淮陽，風聲鶴唳，滿城自危；我建議縣黨部編組「學生義勇隊」，由我親自率領，祝壽江等均編爲列兵，擔任城防，參加作戰。

這是二十五年前的舊事了。聽說同事尹騰霽先生現在臺灣，不知確否？校長姜荔青先生恐已早作古人了。蘭先生也在勝利後去世。抗戰期間，在西安遇到二師學生，已是大學畢業，談到我在淮陽半年，把許多同學從赤潮滾滾中拉救出來，似乎頗爲難能。當年學生雖和教員「作戰」，但比起勝利以後的「職業學生」，總算還客氣得多吧？

——四十三年七月卅一日新生副刊

七十、男先生出醜記

兒時，某師爲我們講古書，譬如論語第一句，他講道：「子」是夫子，「曰」是說，「學」是念書，「而」是虛字，「時」是時常，「習」是溫書，「之」是虛字，「不」是虛字，「亦」是虛字，「說」是快活，「乎」是虛字。再譬如「夫天地者，萬物之逆旅也」，當然「夫」、「者」、「之」、「也」也都是「虛字」。「虛字」連篇，誰敢問他什麼是「虛字」？

幾多年後，輪到自己也爲學生講古書了。時代進步，學生的膽子也大起來，不會饒你。記得在一個女生班上，有雀鶴玲者，家學淵源，能做「雪鴻淚史」體文。沒有等我講到所謂「虛字」時，她先「代表全班，請問先生，虛字到底是什麼字？」接著她侃侃而談：「夫」字怎樣講？「也」字怎樣講？「乎」字怎樣講？她在堂下念，我在黑版上記，一會兒她數出來一大套，都是「虛字」。一百多隻眼睛看著男先生出醜。

我在她數落完了之後，叫起一個學生，要她打開自己攜帶的什麼字典，要她先查出「夫」字的註釋。這一段時間，是男先生的討巧工夫，自己考慮對於這些「虛字」該怎樣給以滿意的答覆。

她答道：「夫，起語詞。」

崔鶴玲嘴尖舌快，又站起來說：「什麼叫『起語詞』？起語的時候，爲什麼要用一個『夫』字呢？先生！我們不明白。」

我又喊起一個學生來，讓她查明「也」字的註釋。這時五十多個頭都低到桌子底下去了，生怕我會一個一個地喊起她來。

她答道：「也，女陰也。」她查的是康熙字典。

崔鶴玲又要站起：我用手勢按她坐下。有些歲數大的學生已竟紅了臉。

「好了」，我說：「現在你們抬起頭來，我不會把你們當作先生的。」她們似乎都長吁了一口氣。

「『夫』，不錯，是『起語詞』。古人在說話之前，常常先說一個『夫』字，尤其在寫文章的時候，這個字用得很是普通，譬如『夫天地者，萬物之逆旅也』，就是用『夫』字起語的。」

「今天，你們作語體文，想寫『天地是萬物的大旅館』這一句，必會在開頭加上『我們知道』四個字，成爲『我們知道：天地是萬物的大旅館』。古文上的『夫』，等於語體文上的『我們知道』。今天，你父親在辦公處擬了一道文稿，開頭是『查某某科員貪汙有據，著即撤職』，這裡的『查』，也就是『夫』。『夫』字用在文章的開頭，有『查』或『我們知道』的意義。」

崔鶴玲不覺地低低叫一聲「好」。

「『夫』字用在古文某句的末尾，譬如『逝者如斯夫，不舍晝夜』，這個『夫』字便當「！」講，用『夫』字的聲音表示驚嘆。」

「『也，女陰也』是講『也』的古義，這是名詞。假如當作『虛字』用的時候，有時當作『。』，表示終止，譬如『環滁皆山也』，這一句話圓滿地說完了。有時當作『！』，表止驚訝，譬如「野哉，由也」的『也』。有時，便是『時』字，譬口『萬物之逆旅也』就是『萬物的旅館呀』。

「『虛字』，大半都是古代的標點符號。譬如『乎』字就是『？』，『野哉由也』的『哉』就是『！』『夫』就是『：』或『！』……」

「我們明白了！一片悅耳的聲音。男先生已經汗流浹背。」

七十一、記「老門房張順」

本刊第四十卷第十一、二期合刊載有王冠吾學長「欣逢校慶言校事」，白頭宮女談天寶，許多掌故，均爲吾輩後學所不知，讀來津津有味。例如母校在民國四年以前原名「民國大學」，到袁世凱帝制自爲時，始被迫改爲「朝陽大學」，在我於民國十六年暑假考入母校時就不知道「朝陽」二字係由北京東城的「朝陽門」而起的名字；並跟著一般讀音唸成 Chaur Yang ㄧㄠ ㄧㄤ了。其實「老北京」讀「朝陽」是唸 Jau Yang ㄓㄠ ㄧㄤ，義爲「早晨的太陽」；若照一般讀若 Chaur Yang 便變爲「朝向著太陽」了。我想老校長汪公子健改名當時大約是按「老北京」的讀法唸爲 Jau Yang 的，義取「早晨的太陽」光明閃耀。一說「朝陽」（Jau Yang）音近「遭殃」，所以一般人就讀成 Chaur Yang，便如王學長所說「有應合帝制意味」了。

我讀王學長大文裏最感興趣的，是他提到「老門房張順」。四十二年我寫「反共抗俄經驗談」，想到不可不談談這位「老門房」，但搜盡枯腸怎樣也想不起他的姓名，因而只好略去了他。經王學長這一提，我應把這位「老門房」補記一筆。——我第一次認識張順是十五年念弘達中學三年級時候。在一次國民黨區分部小組會中，遇到這位張順同志，四十多歲，黑黑瘦瘦，貌不驚人；但十分忠貞。我倆有時被小組長張胖子（名已忘，山東人）分配在一個兩人組成的粉筆隊，黃昏或黎明各騎單車（自行車）到北城去寫標語，反對張大元帥（作霖）、歡迎國民黨一類語句，都是小組製定的。兩人於約定時間到一條胡同碰面，不點頭，不交談，他看看我，我看看他，心照不宣。然後他騎車向前走，我離他約十幾步跟進。到他轉回頭時，這表示前面沒有警察或行人，我便趕緊下車，掏出粉筆，在牆上寫出標語。這時他已回去，回到何處？我不知道；我也扔掉粉筆，搽淨手指，上車返回西城。大約半個月就見這一次。

直到十六年七八月我到門房去取掛號信，才知道他原來是母校的「老門房」，點頭一笑，莫逆於心。張順同志是當時在校同學眼目中最怕見最怕管的一位人物。他面孔嚴肅，一絲不苟，到他手去領掛號信，若是忘記帶學生證，絕對不能只憑名章所能拿到的；同學出入校門，若稍有被他看不上眼的地方，例如穿大衣而不扣上全部鈕扣，輕者被他兇狠地瞪上兩眼，重者竟會罵一句「那裏像個大學生」；但對我則不然，忘帶學生證也能領到信件，還會笑一笑。

大約是十七年秋，或十八年春，穿夾衣的時候，北京早已被國民革命軍光復，北京市黨部也已經公開，忽有「考黨員」的事發生。北京市黨部公告，某天在某處報名，所有黨員不論有沒有黨證，有沒有小組會紀錄，只有「考試及格」才能換發新的黨證：就是說不管你的革命歷史，任憑你坐過牢，賣過命（喪了命的當然不談），有小組長或更高級的同志證明，也非參加考試，便不能成為「革命成功」後的同志。據我所記得的：十七年春寅夜帶領憲兵捕我去坐牢的母校校警（請願警）某某，和一位帶著極深度近視眼鏡的某教授，平時在講堂公然大罵國民革命，也都去報了名。而張順和我的黨證早已銷燬，他又不識幾個大字，連三民主義和黨章都看不很懂，尤其反對「考黨員」的辦法，他問我怎麼考？我也不知道。後來我想出找張胖子出證明一法；我倆到市黨部去找張胖子，才知道他是什麼「大同盟」份子，由於某種事件早被通緝而逃走了。因此我倆都沒有參加「考黨員」，當然也就換不到新黨證了。反之那位教授卻在講堂上出示他領到的新黨證，自鳴得意。

先是，上海「五卅慘案」發生，南方學生罷課、商人罷市、工人罷工，表示抗議，如火如荼。北京則在張大元帥治下，各校都不敢有所行動。母校同學也在大講堂自動集會，討論如何發動北京學聯會領導遊行。但因匆匆集會，臨時卻推不出主席來。不記得是李敬穆同學抑是管歐同學，起立發言，說：「我們推舉趙尺子同學作主席，他是東北人，又坐過牢，因係東北人關係而被釋（其實他不知我的被釋是因為抓我的憲兵隊長李才——即黎天才是本黨跨黨份子），他當主席，在張作霖治下，最為適宜」云云，於是全體鼓掌，我走上主席台。隔不幾天，北京各大學學生上萬人結集天安門開會，也由我擔任總主席，發表演說。會後分路遊行，朝大由天安門向南，經東長安街，轉東單牌樓，過東四牌樓向北返校，我才看見張順打著校旗，一位東北關姓同學撐著國旗（五色旗），走在前頭。因為我喊出「歡迎三民主義到東北去」，全隊跟著喊，那位關姓同學以後見著我就向我怒目而視，大有飽以老拳之意。我眞擔心一陣子——怕他向憲警告密呢。

十八年我經母校保送留日，離校之前，張順請我吃小館子，他告訴我已經加入「西皮」，他說國民黨「考黨員」，不革命，不要老國民黨了云云。至今言猶在耳，相隔四十餘年，不知將近九十歲的張順是否還活著？他就是還活著，也許做惡多端，我上大陸，也會赦免了他；因爲他之走入歧途是北京市黨部所逼成的。謝謝王老學長，還記得張順之名。

——刊於四十二年法律評論第十一卷第二期

七十二、火鍋子

抗戰末期，在一個女子中學講演，預定的題目，原是有關時事的問題。不意臨時被粥粥羣雌所迫，要我以東北人的資格來談東北事情；只好改變方針，大講所謂東北文化。我告訴她們，東北並不是荒沙大漠、渺無人烟的所在。「那裏有滿山遍野的大豆高粱」。這是你們都會唱的。那裏有武化，也有文化。譬如，中國第一部言情小說紅樓夢，和第一流武俠小說兒女英雄傳，便都是東北文化的碩果。接著，我指著她們穿著的旗袍，和她們住著的火炕、吃過的火鍋子……說明這都是東北的文化。結果還算好，在掌聲中下了講台；但卻已汗流浹背了。

勝利後重返一別十六年的故鄉，先嚐了錦州名產蝦油小黃瓜，也吃過遼陽的香水梨和鐵嶺的榛子。盼到天氣稍微一冷，便趕緊想吃火鍋子。對著窗上的霜花，嗅著木炭的香味，吃著東北大鍋，也不能不算是一顆勝利的菓實罷？但總覺著這顆菓實並不見得是甜的。

記得我開始懂得吃火鍋子，大約是四十年前的事了。那時祖母還建在，老人家很喜歡這味食品，第一、似乎因為它熱烘，不像其他菜蔬一上餐桌便放冷了；第二、一邊吃著，一邊可以不烤火而烤著火，酒壺也能就便在烟筒上隨時加溫；主要是第三、便因爲我也愛吃這種東西。祖母愛我；我愛火鍋，她便時常吃火鍋。至於我爲什麼愛吃火鍋？想來也很可笑，因爲它裏邊煮著湯粉、東洋菜之類，都有一二尺長，我可以站起來挑菜、一上一下，好玩得很。若是吃著普通的菜，便得規規矩矩坐在炕上，顯得拘束。祖母也曾問過我；我並不告訴她這個理由，只說：「你老愛吃，我就愛吃。」孩子的心裏本沒有誑語，我這樣答覆，不過爲討取老人家的歡喜和謀自家便利耳。

祖母雖然因爲愛我而常吃著我愛吃的火鍋子，卻不容亡妹來共享。她的理由也正大得很；女孩子不能學饞嘴。所以直到祖母逝世，除了大年初二和正月十五這兩次火鍋，是全家同吃之外，由冬季到正月，大約三四十次火鍋，直到亡妹饞得哭泣了，才被分給一碗或一碟。先嚴和家慈當然也爲了愛我，而坐視我隨同祖母偏吃火鍋；但也爲了愛亡妹，而不滿意我的長期被偏愛，這從他們爲了亡妹坐對火鍋，嘗背地打她，一面怒目看我，便可推而知也。幾年之後，祖母逝世，亡妹也長埋荒草之中了，每到正月，吃起火鍋子來，想著祖母的深恩，和亡妹被責罰時的情景，不禁泫然。

先嚴繼承了家業，也「接收」了祖母的火鍋，一個錫製的大肚鍋。吃了十幾年，而有九一八之變。先嚴舉旗起義，兵敗，隱居北平，因爲家產淪入敵手，生活艱難，除了正月，便不常吃火鍋子。抗戰既起，我在後方，不能回平，和大肚鍋久不相晤。開頭幾年，先嚴和家慈在平還是吃它，後來忽然改爲「火鍋菜」，一名「汆白肉」，不再用這大肚鍋。據家慈後來對我說：「老爺子，一吃火鍋，便想起你來。」到三十三年正月，先嚴的病已經很重了，不能坐起進餐。一日，吩咐必須升鍋子。家慈對他說：「你又不能上桌，何必非吃火鍋子不可？」先嚴說：「你不懂！」接著說：「我要看我的兒子！」這年四月十二日，先嚴便在洛陽失守之後，扔掉手中的短波收音耳機，一慟而逝了！家慈也就就養西北。在艱苦的抗戰生活中，記得只侍家慈吃過一次火鍋，但木炭不對，火鍋不對，一切東北口味如蝦油、紫蟹、銀魚、湯粉、凍豆腐和東洋菜之類，全然沒有，更主要的是隨著炭烟的繚繞，仿彿看到祖母先嚴和亡妹，當然相對不歡，食難下嚥，而痛感「我要看我的兒子」一句遺言之可悲！

千辛萬苦，我個人總算回到東北去了，看到一別十幾年的大肚鍋，故鄉的銀魚、紫蟹和蝦油，也沒有被日本人吃光，很可以放肚吃它幾回了。只是家慈以下還羈留西北，阻於匪氛，不能早日還鄉，火鍋子所代表的東北文化的溫情方面的人和事，都已不堪回首。及至家慈等輾轉到達北平，東北的匪勢已經坐大，還是不能團聚，看到勝利的菓實並不是甜的，個人也便不願自己吃它。查三十六年一月十七日（三十五年農曆臘月）的日記有云：

「勝利的菓子並不甜，火鍋不失為一例。也許例子還多，但此則非鄙人所敢説者也。」

記得這話正是預測故鄉的再度淪亡。當時，接收大員們正大啖其火鍋，某巨公甚至於讚不絕口，而一些還鄉的人們也在夢中得過且過，天天出入「那家館」（專賣火鍋和涮白肉的菜館）。二年之後，我不能不拋下家傳的大肚鍋，奉母將雛，避地台灣。現在正月又到了。

——四十一年一月，中副

七十三、「九一八」之歌

(1) 序

余書生耳，省變後，爲不抵抗主義叛徒，辦農民抗日軍；失敗，做義勇軍，不知死期何日。偷軍書旁午之暇，寫俚詩若干首記行事；醉臥沙場之意也。友人××先生讀而笑之，謂油味太濃；余則告以醋味殆尤濃於油味也！並謂有贈林二爺一詩曰：「世味頻年比醋濃，嘗來度度病喉嚨；先生嘔盡酸心水，不是纔離大甕中」；實自贈也。余荷槍既久，所學都荒，試讀此詩：不中規矩，不拘韻書，多用塞聲俗字：即是證據。若曰：此人聯絡七絕，紀事本末，打破束縛，自成一格……余惟有報之以苦笑：余早已薄詩人而不爲矣。又此若干首之少半，乃成於退居外國（非下野出洋，乃住租界耳）之時，非全部寫於戰場上者；若全部寫於戰場上，人將謂我未打仗，但作詩耳，豈非有損於不抵抗主義叛徒之令譽耶？短堂自序於×國大樓之上，時中華民國二十二年三月，正不抵抗主義首領飛往上海之日也。

(2)先見

中東局勢瞰棋盤：『遲早胡兒定入關』。說到『避秦』親一笑——不堪回首七年前！

（民國十四年冬，商請先嚴賣產移家北京。）

(3)『九一八』序幕

韓人種稻侵農田，愁雨悽風萬寶山！不問是非不講理，倭兵踴躍按刀環。抱定方針不惹他，又生狡計計尤佳：三韓一夜刀兵動，顚倒華僑死似麻。

（東北當局對萬寶山案置之不理。）唾面能容自己乾，『支那政府太濂憨！』忽然又出中村案，正好增兵藉一端。大將單于記姓南，懸旗挑戰鼓聲喧。老夫枉有三刀計，其奈無名卒不前？

（南次郎爲『九一八』事變之決策人。）

(4)日僑

『居留民會各機關——』有客終霄話大連：『膺懲高呼「張果老」，戰氛高過日俄前。』（邵丹甫說大連日人開會，高呼膺懲張果老。張果老係袋鼠譯名，日人以稱中國人。）

(5)悼僑

追悼亡僑已布壇，幾人處地設身看？歸時讀到阿房賦，收尾文章可借觀。嗾使韓人殺我僑，倭奴毒計豈一條？君看東北三年後，引頸人人挨一刀！『反日宣傳已過時，實行抗日不容遲！』書生壇上陳三策，祇博如雷鼓掌兒！

(6)『九一八』日——可憐的記者

馬路灣頭鐵騎圜，軍門仍做示威觀；傾城士女私相告：『這次來頭不等閒！』勸登此息首欄中，編輯先生未敢應。『縱是事實說不得；說來報館要查封！』原知今夜是難關，發稿刊登未肯閒。天近子時聞霹靂，文章校到第三篇。

（余正校對「社會」週刊程東白兄所撰白銀問題論文。）

(7)驚鳥——慰同人

同聽槍聲與砲聲，驚心展轉夜三更。

『君歸我倦相安睡，今夜敵軍不進城。』

(8)同情

喚人工友語匆匆，齊道：『同居跑一空！寇入已深還熟睡；荒涼全院剩先生！』擁衾坐勸：『勿慌神；多謝諸君一片心！』益信艱危能相顧——同情最富是窮人！起看曉霧色微灰，炮彈飛過響若雷。獨倚闌干聽彈道，聲聲祇是自西來！

(9)『九一八』風景

兵聲昨夜劇驚魂，起覺硝煙味尚溫。闔巷商民階上立，戰車開進大西門。門前都是冷清清——走過行轅看各廳；藍黑衙牌糊白紙；橫槍悄立幾名兵。
日軍佔領各機關。馬跡蛛絲早已聞，兵工廠址定金屯；枉圈民地三千頃，未到搬家寇入門。
運械車輪走似風，有人指語悄無聲：『三千萬點蒼生血，鑄就如山齎寇兵！』一輛輪車載一箱，沉沉何物不知詳；人談：『這是湯公館，樓底掘來現大洋。』
熱河主席湯玉麟。聽說商人最吃香；背頭一夜盡推光。朝來試上長街看，都作長袍馬褂裝。

(10)搶米

奉洋買米等鴻毛——價比平時十倍高；一怒窮人圍米舖，打開門扇用筐挑。搶米窮人尚可原；

富家携筴亦臨門。不亡應算無天理，愛占便宜是國魂。

⑾警寇

街前街後寇聲喧，白晝公然搶刼繁；入夜分班更坐守，倦依木棍不成眠。有槍同志睡不驚，守望輪流議未成。不管他人管自己，完全軍閥小雛形！

『有槍同志』高某。

⑿送昕初之妹回遼陽

五分腳費變一洋。紅帽華人罵口張：『若和老夫來講理，除非閣下國不亡！』行李皮箱疊萬千，南行滿鐵客星繁。『省亡國破干何事？我有樓台在大連！』

⒀存書四大箱於鮮文處

坑儒信到毀書忙，深院家家起火光。伴我半生携不得，臨行含淚看箱囊！

⒁深誓

『無補絲毫愧使徒，空談革命六年餘！班生此日不投筆，還有男兒事業無？』『現狀恢復事變前，個人出路付雲烟！在天總理靈恒住，應鑑鏗鏗此志堅。」

⒂離瀋

前是失學此省亡，八年行腳曆不祥！兩番八月十三日，擁得濃愁出瀋陽！

⒃夏曆八月十三日余離瀋。

逐電奔車直向西，風聲鶴唳起驚疑；遼河渡過心纔放，看見青天白日旗。

⒄不抵抗之兵

車上相逢一老兵，爲言：『死裏已逃生！敵人那夜環珠炮，炮彈直投北大營！』『炮聲過後敵兵來，放列機槍似水開；離著營門一二里，我軍密密兩旁排。』『藉著敵人砲火光，對方行動看眞詳；忽升忽沉諸黑影，正在攀登大土牆。』『本來稍候幾分鐘，等到敵人近射程——全體弟兄都決意：先開槍打後衝鋒。』『忽然有令退離營，其妙於今尙不名！走出途

程三十里，東山嘴子正雞鳴。』『回看遠處起紅烟，照亮西方半壁天。可惜我們張大帥，花錢修的好營盤！』『百姓房門齊叫開，煮茶親自替燒柴；剛才攤得一茶碗，忽報追兵後趕來！』『忙亂提槍走出門，轟然一炮落前垣！同行伙伴全腔血，濺我軍衣尙有痕！』忘記他曾早化裝，言時擬示血衣裳；低頭忽又抬頭笑：『我老神經已受傷！』『山路高低不自知，放開老步似飛馳。聽人告訴才明白：手裏新槍剩半枝！』『一條老命未傷亡，最大恩人是此槍。打算到家頭件事：刻牌供入祖先堂。』『手裏無槍衣血新，倦飛老雁又離羣！山中遇見擔柴叟，破爛衣裳換一身。』『不向東行轉向西——老妻壯子在昌黎。偷過南滿雙行鐵，好比昭關伍子胥！』暢談到此語音低，倦倚車窗撐眼皮：『廿載當兵身百戰，這番作了落湯雞！』

(18) 又一兵士之言

『營官手把指揮刀，怒目橫眉罵卒曹：寧可全營繳械死，服從命令最爲要！』

(19) 回縣——紳士之言

『不良份子又重回！』紳士圍談面色灰：『標語傳單呼打倒，生生鬧得日兵來！』

紳士呼余爲『不良份子』。

『不惹惡熬不嚙頭；青年專與日兵仇！昨天鬧得遼寧陷，今日還來鬧錦州！』

(20) 闖開——第一次會

『流氓旅館』鬧紛紛，抗日聲高唱出雲。悲壯青年來似水，闖開紳士之大門。

（官紳呼余等抗日集合處爲『流氓旅館』即田樹森兄之照像館也。）

(21) 作戰計劃

川原指掌即輿圖，配備民丁一萬餘。暮雨瀟瀟燈半蕊，琉璃界裏草兵書。

(22) 紳士之言二

『抗日爲名別有心，當權更要打官紳；青年都是國民黨，千萬提防殺我們！』

(23) 第二次會

縣長紳商計亦工：避不出席會不成。可憐抗日聯合會，落得無實祇有名！

⑷民情

百多里外屬樓蘭，咫尺兵聲大虎山；迷信童謠『不要緊（錦）』，殺豬淘米過新年。

⑸縣太爺

『照壁高懸令戒嚴！』客來勸避帶愁顏：『本席寧負擅殺罪，惡棍不容在世間！』縣長谷金聲爲余等頒戒嚴令，指抗日青年爲『惡棍』。錦州淪陷，谷投敵續任多年。

⑹父親

失敗一回又一回，抗爭心未半絲灰；難排紳士迎降計，已報敵兵入寇來！老父憐兒枉費心，親身出馬冒風塵；號召十六聯莊會，成立農民抗日軍。七百民丁半有槍，矛頭鑄造解私囊。激昂壯士偕來住，都把吾家作會場。

⑺錦縣淪亡

綏衝地帶中敵謀，誰意敵兵未肯休？午日曈曈二十九，三軍齊向古灤州。

（二十年十二月二十九日，東北軍全部不抵抗撤入山海關。）

密令來時暮色紅——『僞裝抵抗』計尤工？騎兵下馬匆留影，好製新聞表戰功。累詔憑關卻寇兵，府中主義定難更。錯將不抗失遼吉，不抗復看失錦城！瀟瀟車馬下鄉村，兵士橫刀摘木門；

造壘築壕如死守，洞開門戶又何言？

(28) 偏安政府星散

倭寇逼人亦太難！兵車一直上楡關，不留半角江山在，賞給逃官再做官！

(29) 信

雪片軍書四座譁，周郎正自顧銅琵；紅芽板底傳新令，三字輕輕『不理他！』錦繡江山滿寇兵，百天亡盡太匆匆！府中偶然觀察誤，斷送關東二百城！

(30) 縣亡

紳商代表兩行排，遙指空城請進來。二十一年初二日，白旗一面四門開！

（廿一年元月二日錦州亡。）

(31) 別樹森等錦州

『各去提兵上陣頭；此間不必再勾留！』臨歧重握田橫手，急走出城已淚流！

(32) 縣中雜景

官妾官妻逃命忙；尚攜苛扣好軍糧！眼看大米兼洋麵，兵士垂涎一尺長。東往西來西往東，南來往北北南行；看他南北東西跑，誰個逃出虎掌中？年年枉費考究功，訪遍哲人講不明；忽在國亡家破日，悟來『跑』字是人生。

(33) 入屯

入村即被困核心，鄉老紛紛問戰雲。還看兒童圍幾起，滿街遊戲『打洋人』！

(34) 有福之人

伯母新亡正蓋棺。深深三拜告靈前：『此時長瞑非無福，免看胡兒入漢關！』

(35) 送榮營長奉命入關

男兒莫漫整軍裝，再向離筵進一觴；西入榆城無此味！關東眞正老『高粱』。

(36) 兵誓

士兵駐久似一家，立誓辭行淚似麻：『不打倭奴打自己，丘八不是王八！』

(37) 縣亡之夜

父子不甘看國亡，雙雙帶劍走疆場。滿城老幼牽羊夜，正喚農民上武裝。孤懸海外一台橫，似水清兵繞幾層。能爲大明留正氣，鄭家父子亦英雄。

(38) 前途

成敗胸頭了不存，卻提木挺撻秦人。欲傾一片犧牲血，洗出千年舊國魂。

(39) 離家之前

爲言：『風雪冷如刀！』代著豐狐舊錦袍。偷看慈親拴下鈕，滿頭白髮已飄飄。戍裝已具漫逡巡，默默無言踏旅塵。困我十年憂患裏，更無餘淚哭辭親！

⑽可憐之書生

高歌『頭去一身輕！』慷慨沙場躍馬行。

可嘆省亡邦破後，執戈父子是書生。

——刊於民國六十年九月六日至十月廿五日萬里新聞畫刊第 267～274 期

七十四、祭母文

維

中華民國五十七年五月五日。兒鴻楷敬率全家族，謹奉鮮菓時蔬，奠於吾母之靈，而祭以文，曰：

吾母吾母！終身命苦：僅十六齡，來歸吾父。

祖父美食，調羹偶鹹，推置案頭，怒目巖巖！

祖母重禮，家法繁稠，見衣罵衣，見頭罵頭！

父年十四，未知正誤，親罵亦罵，親怒亦怒！

吾母善良，賠罪陪笑，退在私闈，自省自肖。

祖父從公，夙興夜寐；夏為扇席，冬則薰被。

祖母久病，排便艱難；母持象箸，跪而輕刮。

吾父夜讀，恒至三更；吾母坐候，髮焚於檠。

祖父致仕，還鄉督農，長工八九，獨無膳傭。

四更即起，三更始眠，負薪燒飯，吾母身肩。
祖父祖母，急於弄孫。不孝遲降，凡七八春。
每歲除夕，祖母必怒，曰「再不生，明年另娶！」
每屆中秋，祖父延賓，曰「又不生，煩爲覓姻！」
吾母語兒，不怨奶奶，不怨祖父；怨吾不生，
辜負兩祖！迨兒出世，母弱缺乳，兒拒奶娘，
惟恃嚼哺。早秫初沸，笊取盈盂，口嚼成漿，
布漉成糊，和飴煑熬，含於母口，俟其微溫，
哺于兒口。當兒六歲，受父戒尺，左掌半寸，
血凝腫赤。祖母杖父，強奪兒出，吾母驚懼，
三日不秫！此後七孕，皆告凋謝，大妹二弟，
殤於同夜！父母痛悼，令兒兼祧，彿彷二弟，
侍奉夕朝。侯弟乃福，與弟同庚，母見乃福，
今猶淚盈。祖父逝世，兒才三歲，祖母作古，
兒病殆斃。親友會葬，議諸廟濱，共稱吾母，
「慈孝夫人」。父性狷嚴，感此情誼，矢對吾母，

「歡天喜地」。九一八後，吾父抗日，毀家抒難，
二分之一。兵敗避寇，隱居舊京，吾母往返，
遼寧北平，搶救祖產，賴以卒歲，敵人鷹犬，
迫母極厲。八年抗戰，兒在邊疆，菽水不繼，
僅恃祖糧。吾父重病，無資住院，大痛而逝，
貧無以殮！幸得友助，薄葬西山，祧媳迎母，
就養邊關。抗戰勝利，毛賊猖狂，復員虛話，
終未還鄉。大陸淪陷，全家渡台，缺衣少食，
十九年來！雙白白幃，兩腿須扶，便溺失制，
滿褲髒汙！子媳不孝，致母生疾，心肌梗塞，
苦命以卒！昊天不敏，上帝無靈，奪我慈母，
俾余伶仃！入母之室，不聞母語，撫母之床，
空餘蓆苧，倚母之枕。尙留遺髮，推母之窗，
惟見殘月；啓母之箱，理母之裳，一生儲蓄，
五塊銀洋！自做壽衣，七件無缺，最後遺言，
著之入穴。親母面頰，奇冷如冰，含笑似睡，

快樂安寧。祧媳裹足，兒子捧頭，長孫捧腳，孫女奉幬，長棺一封，人天永別，丁丁斧鳴，寸寸心裂！葬母高山，面迎大陸，西向而行，魂依父墓；北向而行，見祖父母，弟妹兩墳，在祖塋右。三代八靈，倘能相遇，爲告「孤兒，亦將遲暮！諸事粗了，尚欠三事：還債著書，安塋村次」。祈母長佑，踐茲三願，兒與兩媳，靜聽召喚。伏維

上饗！

——民國五十七年農曆四月初一泣祭

七十四、祭母文

七十五、「駱駝草」詩選

杜墓

『便下襄陽向洛陽』，詩聲秋草兩茫茫！剛收墮淚㊀徑山腳，忽訝豊碑出驛旁。千古流離同去國，古年道路是還鄉。我身未卜埋何地？墓不能言野莽蒼。

㊀墮淚碑在峴山腳下

桃林山莊主人端午抬飲即呈二首

述十五歲出玉門關詩

麥苗風暖又端陽，三度征人在異鄉。手種駱駝城下柳，數來細細綠成行。
樽前聽唱玉門詩，滿座低頭看采綵，不會蒲桃杯酒味，能消兒女憶家時。

壽桃林山莊主人（即鄧寶珊將軍）

四十九年無不是，只甘澹泊到如今。客來問遍桃花林，會得英雄用武心。
黃花照座小春妍，吟一章詩獻倚筵；莫怪封人慳壽字，願公長遠是青年。

倒門

八年挾策走荒邉，道阻應遲奉詔還。喜入此關揮涕淚，回看來路感危艱。我如爲我眞何必？成不能成只自然。耐得宵寒吟斷句，忽聞樓上有哀弦。

——民國二十七年至卅四年

跋

先嚴緯尺子，幼名雲樵，光緒三十二年（民前六年）生。六歲入私熟，博讀經典、群覽古籍，手不釋卷，文筆流暢。善於寫作，勤於投稿，凡專欄、評論、散文，常見於報刊、雜誌、媒體、報界，譽為「政論家」、「史學家」。致其筆名甚多，不勝枚舉，然貫用者「孽子」一名也。（見其大作「反共抗儀經驗談」一書）。

民國十六年北平朝陽大學政經系肄業，民國二十年留學日本早稻田大學。歸國後，一心為黨國艱勤奮鬥，不辭辛勞。閒暇或夜晚乃執筆寫作，著書立說。任職各軍事學校主任教官、教授，並兼職各單位授課、演講。如此奔波於教職三十年如一日，以至健康亮起紅燈，可懼之「職業病」——咽喉癌纏身，於民國六十四年十一月二十六日告離塵世，撒手人寰。

先嚴一生勤謹節約，其錢財（上校薪資）、稿費，供養七口之家外，即購置書籍、捐贈公益、幫助友人，故身無長物；窮困艱苦時，只有「賣稿」維持，以貼補家用，其友人偶笑謔：「君子之德，『兩袖青風』」焉。

身後遺物：只書籍、文稿，未完成之著作等；皆爲傳諸後世，永垂不朽之「精神食糧」。他老人家畢生爲黨國奮鬥；扛槍桿做義勇軍，時稱「記者司令」，執筆桿撻伐日寇，爲神聖的地下工作者，抗日反共的尖兵。日降來台，至各軍事學校任職，每日授課八小時；深入政工級層演講，不計其數。遲眠不休，硯田筆耕。著書立言，總是手不釋卷。讀書是他的娛樂、興趣，文章寫作是他的嗜好、消遣，故著作甚豐。民國十六年至五十八年，有著作三十八餘種，收入微堂全集。晚年研究「文字語言學」著有「蒙漢語文比較學舉隅」（收入「趙尺子先生全集中」）、「夏語殷文解聲」、「夏殷語文典」等，惜後者尚未完成。

先嚴「遺物」——著述、文稿、日記（三十二年—六十三年）、函件、功勳獎狀等證件五大紙箱，從平弟家運來。身爲不孝長女，理應負起整理任務。其實：按傳統「遺物」處理，該是「兒子」的事；兆平弟趙家第三代獨子，政戰學院十二期法學士，退役後，不倦不休，至監察院任十二職等監察工作。任律師之二妹（怡莊）又早於九十九年九月胰癌。隨父而去。我們姊弟三人，從小即感情深摯，一些家庭瑣事；從無計較。我幸能敬覩遺物；負於整理之工作。台灣氣溫潮濕、悶熱，儲存數十年之遺物；紙張脆弱、粗糙，被侵蝕下，做了蠹蟲之溫床「美食」，致使字跡模糊、破損不全。書釘生銹、零星散落，譬如民國三十幾年的日記，紙是大陸陝北榆林地方，用麥桿磨漿，手製的「草紙」，粗糙、灰暗，須毛筆以書之，也正是「蠹」之所愛。稿紙卻薄如蟬翼，需耐心謹慎粘貼，以恢復原狀。

整理後印製出書，著作部份擬捐贈各軍事學校，存作研究軍事及國家歷史重要參考，流芳後世。其他如三十年之日記、函件、功勳狀，各種獎勵證件，生平事跡等，擬一併捐付國史館，立傳永存。

先嚴已出版之著作七種，因時日過久，多所損毀，故重新再版。零星散稿，彙集成兩本文集為：「趙尺子先生文集上下册」，二者合而為「趙尺子先生全集」計九册。先嚴逝世後，多年以來，即思整理其遺物並出版全集，幸平弟孝順，願全集付梓。

所謂：樹欲靜而風不止，子欲養而親不待。先嚴於民國三十九年十一月二日日記中曾留言：「……以出版全集，付諸後人。」等遺言。至今，他老人家離開塵世亦已四十餘載；肅兒、平兒、婿國藩，方能完成「遺願」。不孝子女、兆平、肅莊，生前未能全心盡孝，如今盡孝道於萬一，望　父在天之靈，含笑諒佑。

民國一〇六年九月不孝肅莊叩首敬書

附錄㈠趙尺子先生民國三十六年前之簡歷

<table>
<tr><td>姓名</td><td>年齡</td><td>籍貫</td></tr>
<tr><td>趙尺子</td><td>四十二歲</td><td>遼寧錦縣</td></tr>
<tr><td>參加戰役</td><td>勳獎</td><td>詮敘</td></tr>
<tr><td>一、梯子溝之役（二十一年）
二、義州之役（二十一年）
三、朝陽之役（二十一年）
四、葉柏壽之役（二十一年）
五、義院口之役（二十二年）</td><td>一、國民革命勳績證書（十九年）
二、勝利勳章（三十四年第二次授勳）</td><td>簡任五級</td></tr>
<tr><td colspan="3">任職</td></tr>
<tr><td colspan="3">甲、黨職　一、奉天省黨部籌備委員（十四年至十五年）　二、東京特別黨部委員（十九年至廿年）　三、瀋陽市黨部委員兼書記長（廿年）　四、獨立第四師黨代表（廿一年至廿二年）　五、東北力行社宣傳部長（廿三年至廿四年）　六、陝西省黨部委員（廿七年、未到任）　七、中央調查統計局專員（簡七）（廿七年至卅二年）　八、黑龍江省政府調查統計室主任（簡六）（卅二年至卅四年）　九、中央調查統計局專門委員（簡五）（卅四年至卅六年）
乙、政職　一、熱河政治特派員（廿一年至廿二年）　二、凌原縣長（廿二年）　三、蒙藏委員會委員（卅二年、未到任）　四、東北行轅政務委員會參議　五、遼寧省政府參議
丙、軍職　一、遼寧省警務處錦縣民團督練專員（廿年）　二、遼西農民抗日軍總指揮（廿年）　三、獨立第四師副師長（廿一年）　四、獨立第一師師長（廿二年）　五、六十七軍參議（廿二年至廿四年）　六、剿匪總部（武昌）上校秘書（廿四年）　七、廿二軍參議（廿七年至卅四年）　八、晉陝綏邊區總司令部少將參議（廿九年至卅四年）　九、東北挺進軍少將參議（卅年至卅四年）　十、騎兵挺進總隊司令（卅四年）　十一、東北行轅新聞處軍簡二階專員
丁、教育職　一、河南省立第二師範教員（十八年）　二、遼寧</td></tr>
</table>

省立第一高中教員（廿年）　三、東北大學講師（廿年九一八事變未到職）四、東北中學訓育主任代理校長（廿七年）　五、北平私立北方中學校長（廿五年、未到職）　六、國立西北大學教授（休假中） 戊、新聞職　一、大同晚報編輯（十四年）　二、自己月刊主編（十八年）　三、東京民報編輯（十九年至廿年）　四、東三省民報編輯（廿年）　五、東北商工日報編輯（廿年）　六、復生新聞社編輯（廿二年至廿三年）　七、東望週刊社長（廿三年至廿四年）　八、北平晨報編輯（廿三年）　九、邊疆通信社社長（自廿四年迄三十六年）
工　作　摘　要
一、參加國民軍革命之役（十四年）　二、開創遼西黨務（十四年至十六年）三、領導「關外五四運動」（廿年）　四、首倡東北義軍（廿年至廿二年）五、配合友軍遲滯日寇進攻熱河一年（廿一年至廿二年）　六、扶值僞「東亞同盟軍」金甲山（廿四）年　七、扶值僞獨立第二旅呂存義（廿五年）八、召國僞呂存義部解決綏東之戰（廿五年）　九、密勸張學良陪送　委座返京（廿五年西安事變）　十、組織「青天白日黑十字軍」（廿四年至卌四年）　十一、策動李守信受我五十八軍軍長委（廿五年）　十二、破壞日寇僞「西藏國」陰謀（捕獲間諜笹目）（廿五年）　十三、策動僞蒙軍馬子禧一團反正（廿七年）　十四、捕獲日冦間諜太田永四郎截獲親日王公沙王阿王圖王（廿七年）　十五、截獲班禪弟策覺林投僞（廿七年）　十六、奉移成吉思汗陵（廿八年）　十七、策動僞劉昌義部一萬三千餘人反正（卌年）　十八、澈底擊敗潛伏蒙古之僞黨（廿七年至卌四年）　十九、展開邊疆「啓蒙運動」（廿四年迄現在）　二十、「青天白日黑十字軍騎兵挺進總隊」（陳秉義徐榮侯兩部）首先光復包頭歸綏（卌四年）　二一、發動「八一四新文化運動」（卌六年）
著　作
一、去國集（十九年出版）　二、三民主義與國民革命（十八年）　三、古代文化史（十八年）　四、中國社會病的總源（十八年）　五、義勇軍日記（未刊）　六、東望集（廿三年）　七、青年集（廿四年）　八、德王論（廿四年）　九、邊疆十年（未刊）　十、蒙古問題與啓蒙運動（未刊）　十一、元史大綱（廿五年）　十二、蒙古近代史（卌二年）　十三、中共論綱（卌二年）　十四、乙酉六十年祭（卌四年）　十五、周史

附錄㈡歡迎「邊疆屯墾員」

——爲邊疆通信社在瀋發稿作

趙雨時

友人趙君尺子辛苦支持的邊疆通信社，創立已經十二年，決於十月一日加入周君治平和一些東北青年記者，組織分社，在瀋發稿，要我寫點文字，藉表慶祝黽勉之誼。趙君和我同過患難，學問相切磋，道義相勗勵，是我生平有數好友。九一八前後，他兩度在我的民報和復生社工作。我們常常談到「應在人所不知處，爲國家民族作一些『傻事』和『冷事』；不要儘在人多處湊熱鬧。」他同意我的說法，在邊疆上苦幹了十二年。現在這個通信社已在歸綏復員，並且在瀋陽成立分社，我以一個報人的立場，對於這一群「邊疆屯墾員」，眞是不勝歡迎之至。

趙君自民國十四年起作新聞記者，計已二十餘年。二十四年，他領導一群東北青年，遠征塞上，開設蒙藏藏文語訓練，辦理邊疆通信社，發行蒙文的通信稿。二十八年創刊邊疆通信報，爲本黨建都南京以來唯一蒙漢合璧的報紙。這十幾位青年漸漸擴大到二十多人，精通蒙藏文語，默守長城陣線，以「中國之命運」裡所說的「屯墾員」自任，算來已是十二年了。他們把頭埋在沙漠裡，發心苦幹，想長期駐在邊疆，立命安身。這是我願拋開朋友立場，向他們表示欽敬的，因為「在冷的地方幹冷事」是我有志未能的一點抱負。

這一群「屯墾員」也曾作了些人所難能的特殊工作：他們的社稿和報紙，深入了內蒙偽蒙和偽外蒙，「將國內的新聞，傳達到邊疆；邊疆的新聞，傳達到內地。」二十八年六月，有一樁中外歷史上破天荒的大事；成吉思汗移陵，便是這群新聞記者用蒙文蒙語的輿論，說動了蒙古的王公和青年，山沙王請求中央援助而舉辦的。成吉思汗移陵，帶來了全部蒙苦的人心。偽蒙團長馬子禧部四百餘名槍馬齊全的蒙古軍，在他們的特派員谷一非同志秘密宣傳之下，反正過來，瓦解了森蓋逆部，保衛住伊克昭盟；而谷君卻被推入黃河，殉身於新聞事業了。他們的特派員裴滌塵同志，從七七事變以後，一直駐在淪陷的包頭，秘密發行報紙，報導新聞，終於運用他們發明的所謂「口頭輿論」，策動了劉昌義部一萬餘名反正，當場擊斃西尾大將駐華派遣軍總部部附河口少佐，偽綏靖軍最高顧問眞野大佐，寸板少佐，和南京偽軍政部第一廳副廳長王弼中將，克復了溫縣城，殲滅日冦正規軍一營和野砲一連，保衛了太行山，遲至一年以後始告淪陷。裴君那時才離開了新聞崗位，就任劉部的第二師師長。他們的特派員張凡林同志，七七以後，逐走了日寇間諜內田永四郎，搶救出來投偽王公沙王阿王和圖王（後來阿王又被日寇搶去），卅一年便預報了卅卅二年「三二六」和「四一五」的伊盟事變，截留下了投敵活佛策覺林（班禪之弟），預防了卅二年春烏審旗的「都貴」（即暴動）；但這位新聞記者畢竟在烏審旗「四一五」叛變中，被領導暴動的僞黨（中共）所慘殺了。這些轟轟烈烈的記者光榮史，他們一向不作自我的宣傳，後方的報人，除開我之外，自然也不會知道。

在他們還有一件政治外交上的重大發現。據他們在邊疆上長期採訪研究的結果，知道「滿州國」，「蒙古國」（德王），「蒙古人民共和國」，「烏梁海人民共和國」，「東土耳其斯坦共和國」，「中華蘇維共和國」，「陝甘寧邊區政府」和「西藏國」，都是帝國主義在我國組織的「第五縱隊」（內間），外籍政黨國家之名，陰行「從國家內取得國家」之實。帝國主義者遠在四十年前，便設立了蒙藏文語的間諜學院和大學，造就出許多精通蒙藏文語的爪牙，化裝爲蒙人和藏人，潛伏在我們的邊疆，宣傳「民族自決主義」和「共產主義」，組織王公和青年，後來便出現了或醞釀了這些僞國。二十五年，他們發覺伊盟達拉特旗王愛召的「僧大」喇嘛是一個日本人，這個日本喇嘛，後來雖然被他們逮捕了，但終被蒙古兵放脫；趕到「僧大」喇嘛作了日本駐百靈廟的特務機關長，姓名是「盛房角房」，一般人才佩服這群記者的發現。同年，他們又採訪出「羅卜僧沙沙墨」這個喇嘛也是日本間諜，化裝藏人，攜帶白洋二十萬元，和重機關槍四挺，經百靈廟，阿拉善，到玉樹去追班禪，組織「西藏國」他的日本姓是「笹目」。「笹目」雖然也被他們在西寧捕獲，但卻被引渡到天津去了。「盛島」在蒙古駐了十三年（二十五年前），「笹目」更潛伏了十六年，人們不曾注意，也未曾發現，幸虧有這群記者，運用警犬的嗅覺，認出魔鬼的原形，否則不又有「西藏國」在邊疆上出現了嗎？

光復以前，他們在綏包一帶組織的地下軍——所謂「青天白日黑十字軍」，以趙君爲總司令，僞綏西聯軍第一師師長陳秉義和僞歸綏市長徐榮俟分任一二騎兵挺進縱隊司令，早已組成。八月九日，日寇方一暗示投降，這部地下軍立刻光復了包頭和歸綏，抵抗住來犯的僞黨（中共），接迎東進的國軍。青天白日上繪著黑十字的特別旗幟飛揚在平綏草原，使日寇無一漏網，僞黨不能乘虛而入，開拓了國軍前進的道路。同時他們的報紙揭開僞黨必將來到東北，建立第二個僞「滿州國」，並且主張在長春設立行營，以張學良爲主任，掌握全部僞滿機構（包括僞滿「國兵」），以東北的力量，關閉上僞黨東進的大門。可惜這些寶貴的意見被樂觀的人士所忽略了。

這群東北的青年的「邊疆屯墾員」，現在重回到家鄉來了。他們在前年八月十二日發表的社論上說：「現在日寇投降了，抗戰勝利了。」赤色第五縱隊，二十四年的一切陰謀詭計，也同時歸於粉碎。勝利便是一顆原子彈，炸毀了延安。近幾天來，他們的措施又走入了一個新階段：由「賣身」進入「投靠」。送家眷，賣青苗，買黃金，糶谷米，結束合作社，大批赤僞軍向華北，東北挺進。從這一串事實看來，他們正在企圖到東北去建立另一個赤色僞國，和外蒙巴桑同朝並貢去了。本報願鄭重寄語毛澤東和大小毛孩子們：你們廿四年來的行動，非出本心，也非始料，這是人民所原恕的。但你們不知不覺地作了赤色「內間」，効忠外國，背叛祖邦，卻是國法所不容的。盼望你們在新的「長征」路上，問問良心，看看歷史，照照石敬塘，張邦昌，劉豫，溥儀，德王，王克敏，汪精衛，以及吉斯林，木戈爾，洛勒爾，鮑斯……的東洋鏡和西洋鏡，洗心革面，從新再作中國人。本文也屬於臨別贈序之列。你們如果不聽，咱們東北再見。」這回他們果然以「東北再見」的姿態，在瀋陽發稿。他們一定會本照十二年來和日寇僞蒙苦戰的精神，再和僞黨（中共）接火。邊事國是一誤再誤，讓這群青年變成了哀兵，轉戰西北和東北，這是我們所不能不表示遺憾的。因此對於這群「邊疆屯墾員」的復員而又動員，自不勝其欣悅，和歡迎，同時，我又感到像他們像這樣傻幹苦幹的人太少。希望這篇短文，能把矢志報國的青年，多多送上邊疆，以他們的傻幹苦幹，爲國家寫下一篇光輝燦爛的籌邊史。

轉三十六年十月二日中央日報前進報及小公報

附錄㈢請中央日報轉一封信

——二十一年前的舊事

張季光

民國三十九年，中共利用傅作義的影響力，沒有一兵一卒便侵入綏遠省，我於歸綏市淪陷之前二日間還逃出鐵幕，順利進入澳門，才看到了青天白日旗，也從報攤上看到了中央日報。當我丟下一角港幣，拿起了中央日報，你該知道我是多麼喜悅，我一面走一面看，幾乎撞上了馬路上的私家小汽車，回到旅館的小屋內，便一個字一個字的讀起來。看完了國際要聞、國內要聞、地方新聞，以至中副，和那些數不清的廣告。由這份報紙我知道了政府正在勵精圖治，以臺灣省作爲復興基地，特機反攻。

我一連數日，早晨起來，第一件事，便是跑到旅社街口買一份由臺北空運到澳門的中央日報。連續數日，更增加了我反共復國的決心，建國必成的大願。但是有一點小小的願望卻未達成，就是我想看到我的老師趙尺子先生的一些消息。趙先生是東北剿匪總司令部的少將參議兼發言人，他是一位報人，曾任北平晨報的記者，瀋陽商報總主筆。任瀋陽剿總發言人時，更與中央社及各省市報社駐瀋記者建立了非常友好的公和關係。但是南京失守後，我和他失去了聯繫。我只是在南京失守前，聽到了中央電台的廣播和中央社發出的新聞，內云「趙尺子將軍已到南京，正在洽請飛機，撤退滯留在北平的東北青年學生」云云。但是這時我卻未曾看到趙先生在臺灣省的消息。

後來我想了一個主意，便是寫一封信寄臺北市中央日報社轉交趙尺子先生。信交航空郵去，我終日盼望著回信，這是我唯一與老師聯絡的可行方法，不知經過了多少時日，大概是半個月，也許是二十天，我終於接到一封字跡極爲熟悉的臺灣鳳山來信，那便是趙先生的來信，原來他那時正任陸軍官校的政治主任教官。他叫我稍安勿躁，他正在託唐健侯兄在臺北市爲我申請入境證。

我讀完了信，欣喜若狂，我逃出匪窟，惟一投奔的就是我的老師。但是不知詳細地址，只是猜想他在臺灣，無從致函聯絡。現在只寫上請中央日報社轉交，便不費吹灰之力達成了願望，而這願望，卻關係著我半生的安身立命。

就從那日起，四個月後，我終於得到了趙先生和唐兄給我寄來的入境證，當天我便到了香港，買了船票，第二天坐上盛京輪來到寶島了。迄今已經是二十七年前的舊事了。

這二十七年安康快樂的生活，是賢明的政府所賜，是趙老師尺子、唐健侯兄所賜，更是中央日報所賜。但是尺公老師已逝世兩年了。他不幸得了耳下腺癌，當醫生告訴他那不幸的消息後，他毫不在意，仍然安之若素。回憶我因避匪禍離開家鄉後，貧無立錐之地，妻離子散前途茫茫，初至寶島，寄居友人家，一身之外，別無長物，而吾師與友人都是過著軍公教人員的艱苦生活，愛莫能助。我常以此感慨，老師便說：「人生就是如此！」蓋吾師哲人，雖得不治之症，並不苦惱，也是這句話給他以莫大的力量，意志堅強地抗癌，長達三年之久。時吾師任中正理工學院教授，雖有病，仍力疾上課，直到第三年體力不支時，始報請退休。

初識吾師，是在塘沽停戰之後，那時我在六七軍野戰醫院服務。部隊正在整編，軍中發刊了一份東望週刊，開始徵文。我不自量力，參加應徵，厚蒙吾師栽培，拔識我於衆軍之中。時吾師以六十七軍上校參議名議，主編此刊。後吾師任北平東北青年週刊主編，復任通訊社總編輯，並主辦蒙文語訓練班，馳書河南商城（我在軍中的駐地），要我赴平受訓。結業後，即赴綏遠各蒙旗服務，並創辦邊疆通信社於歸綏市，實乃奉中央命，安撫各蒙古王公青年才俊，使之擁護中央，效忠領袖。抗戰時，吾師又深入陝西榆林，一面抗戰，一面著書，揭發朱毛僞裝，實乃蘇聯第五縱隊，名噪一時的「因國史」，就是那時出版的。

吾師日本早稻田大學畢業後，恰逢九一八事變，乃憤而組織義勇軍，親率遼東健兒，與日寇作殊死戰，奉朱霽青將軍爲總司令，家財消耗殆盡。著有義勇軍日記，以紀其事。我曾手抄原稿付印，故知其詳。現在他家中仍懸有當時在冰天雪地中作戰時的照片。吾師發喪時，我曾以聯敬輓：

畢生力行兩件事，上馬殺敵，下馬爲文，無非是打倒日本軍閥，消滅共產邪說。

終身保時一信念，升台講學，降台著書，只爲了重返大陸國土，實行三民主義。